TPP/CPTPP
知识产权问题研究

丛立先等◎著

中国法制出版社
CHINA LEGAL PUBLISHING HOUSE

序

《TPP/CPTPP知识产权问题研究》一书即将出版，是国家社会科学基金项目的最终研究成果。本人较早关注并研究TPP知识产权问题，曾分别于2013年和2016年完成国家商务部和外交部委托的TPP知识产权问题研究报告，也曾专门发表论文讨论TPP知识产权的谈判问题。在这一论题的国家社科基金项目立项时，《跨太平洋伙伴关系协议》（TPP）的谈判和研究正如火如荼，引起业界的广泛关注。时移世易，研究项目进行过程中，也是TPP即将完成谈判之时，美国于2017年宣布退出TPP，但以日本为主导的亚太11国并没有放弃TPP谈判成果，随后重新命名并签署了《全面且先进的跨太平洋伙伴关系协议》（CPTPP）。从TPP到CPTPP，虽然世界最大经济体美国从协议中退出，但是整个亚太地区紧密的贸易和投资联系更进一步。对于我们的研究而言，TPP谈判的核心争议事项之一是知识产权部分，而CPTPP中最重要的修订也是知识产权部分，因此研究背景的变化反而带来了更多的研究内容和新的研究视角。

在经济全球化的背景下，创新经济迅速发展，智力资源的丰富程度逐渐成为国际分工与贸易的决定性因素，知识产权正成为国际竞争力的核心要素和国家发展的战略资源。以美日欧为代表的知识产权传统强国，不断在单边、双边、多边和区域层面订立更为严苛的知识产权相关条约和贸易协定，推行更高水平的知识产权保护标准，保护和促进本国知识产权的国际输出，扩大知识产权国际贸易的相对优势。TPP知识产权章节充分体现了美国的强保护倾向，打上了深深的美国烙印。在美国宣布退出TPP后，CPTPP由日本主导并最终达成，其中冻结了未披露试验或其他数据的保护、技术保护措施（TPMs）、权利管理信息等争议条款，但总体上仍继承和发扬了TPP关于知识产权保护的基本内容。本书以此为研究对象，对TPP/CPTPP的知识产权条款进行深入解读，并与我国的知识产权政策和国际知识产权条约进行比对，具有深刻的理论价值和现实意义。

在实践层面，CPTPP的正式生效，以及之后开始考虑新成员的加入问题，又引发了关于中国是否应该加入CPTPP的新一轮争论。美国的退出，使CPTPP无论是在地缘经济价值上还是地缘政治意义上都大打折扣，但成员国仍执意推进CPTPP的缔结，其意义绝不能单纯从知识产权保护带来的经济效益来阐述。美国退出后，CPTPP国家的经济总量占全球的13.2%，贸易总量占全球的15%，拥有5亿多人口的大市场，进出口总额和对外直接投资流出与流入规模在世界总值中的同期占比已分别达到28.77%和34.81%。此外，CPTPP正在争取其他国家加盟，并试图将其规则打造为世界标准。考虑CPTPP成员国与我国的地缘关系、贸易关系和知识产权条款的示范性效应等因素，TPP/CPTPP的整体内容和知识产权部分都将对我国产生巨大影响，无论我国是否加入，皆无法置身事外。

自改革开放以来，我国作为当今世界上发展最快的国家之一，在知识产权法治体系、公共政策体系、产业服务体系等方面获得了长足发展，并取得了突出成绩，为国际知识产权发展做出了重要贡献。2019年，中国通过世界知识产权组织《专利合作条约》（PCT）途径提交了5.899万件专利申请，超过美国跃升至世界第一位。世界知识产权组织总干事高锐先生表示“世界创新地理格局在向东方转移”。但我们也应该认识到，我国知识产权“大而不强”“重数量轻质量”等结构性问题还较为明显，在国际知识产权贸易与规则话语权等方面与欧美国家仍然存在着利益冲突。我国知识产权在发展过程中大量借助了以TRIPs协定为代表的国际多边贸易体系，已加入了大多数知识产权多边条约，在国际知识产权保护水平不断被推高的时代背景下，独善其身或置身事外已不可能。回顾“中美贸易战”整个谈判过程，审视最终达成的阶段性贸易协议，关注其重点事项的知识产权内容，我们深感我国的知识产权制度体系建设还远未成熟，我们还有很长一段路要走。作为学术研究人员，我们能做的积极事项之一便是因时因事开展针对性研究，使我国知识产权制度体系研究紧跟国际形势变化，为丰富理论、指导实践、解决问题提供助益。

我和我指导的华东政法大学知识产权学院的部分博士生和硕士生共同完成了本书的写作。具体写作分工如下：绪论由我撰写；第一章一般条款由张媛媛撰写；第二章合作、第六章专利和未披露的试验或其他数据中的第一节至第七节由徐伊丽撰写；第三章商标第一节至第六节由巩丽雯撰写；第三章商标第七节至第十一节及第四章国名由徐瑛璐撰写；第五章地理标志由黄益相撰写；第六章专利和未披露的试验或其他数据中的第八节至第十八节由吕子乔撰写；第七章工业品外观设计及第九章执行的第七节至第十节由曾云鹏撰写；第八章版权和相关权利由庄蕾撰写；第九章执行的第一节至第六节由杨晨璐撰写；第十章互联网服务提供者由洪靓勤撰写。本书由我负责策划并统一安排研究内容，在拟定大纲的基础上征求了作者们的意见；在初稿写作过程中，召开了两次专门交流会，对初稿的核心内容和突出问题进行交流、探讨；初稿完成后，又召开了全体作者审稿会；在修改稿完成后，最后由我审阅定稿。

本书的写作和出版得到了学校管理部门和有关专家的支持和帮助。博士研究生张媛媛同学做了相当多的组织、联络与文字整理工作；博士研究生吕子乔同学在本书交付印刷前，协助我做了认真审校。出版社的工作人员也为本书的出版付出了很大的努力。在此致以衷心感谢！

是为序。

丛立先

2020 年 9 月 15 日

目录 Contents

绪 论

2018 年 3 月，也就是在美国特朗普政府宣布退出《跨太平洋伙伴关系协议》（以下简称 TPP）一年之后，TPP 成员中剩下的 11 个国家正式签署了《全面且先进的跨太平洋伙伴关系协议》（以下简称 CPTPP）。2018 年年底，随着协议要求的 6 个成员国予以批准的生效条件已经达到，CPTPP 正式生效实施，这标志着 TPP/CPTPP 这一重要区域性贸易协定终于结束了纷扰争议，从而进入了尘埃落定的实施新阶段。TPP 本是太平洋两岸四个小国签署的一项区域自由贸易协议（RTA），2008 年，美国高调宣布加入该项协定谈判之后，顿时引起了全球关注①，并促使谈判国增加到目前的 12 个国家。② TPP 的构想与当时的美国奥巴马政府一直崇尚的亚太自贸区颇为合拍，因此美国政府非常重视，力主尽快达成协议。TPP 原定于 2013 年完成所有谈判，后又不断延期。最终由于美国特朗普政府执政后，认为 TPP 的区域自由贸易理念并不符合美国的战略和利益，从而宣布永久退出 TPP。美国的退出，并没有使 TPP 流产，剩下的 11 个国家反而迅速达成、签署协议并使其生效。

TPP 的知识产权谈判文本，也就是 CPTPP 所最终采纳的知识产权文本，是前期美国在 TPP 谈判中主导的内容。美国推动 TPP 知识产权谈判的目的，其实是不满国际贸易中的知识产权保护现状，企图在世界知识产权组织和世界贸易组织之外建立更高水平的知识产权保护体系。尽管我国被排除在 TPP/

---

① 陆建人：《美国加入 TPP 的动因分析》，载《国际贸易问题》2011 年第 1 期。

② 按照加入时间顺序，依次为：文莱、智利、新加坡、新西兰、美国、澳大利亚、秘鲁、越南、马来西亚、墨西哥、加拿大、日本。

CPTPP 谈判之外，但 TPP/CPTPP 的成员国几乎都是我们的重要贸易伙伴。国内外舆论普遍认为，TPP/CPTPP 将对我国产生巨大影响，无论我们是否加入 TPP/CPTPP，都无法置身事外。

一、TPP/CPTPP 知识产权文本解析

（一）TPP/CPTPP 知识产权文本的总体情况

知识产权是 TPP 重要内容之一，TPP 设有知识产权的专门一章（第 18 章），谈判内容非常详尽。TPP 知识产权内容代表了当今世界知识产权保护发展的最新方向，昭示了知识产权国际强保护将更加得到加强。[①] 在一定程度上，TPP 谈判项目中争议最大的问题之一就是知识产权问题。可以说，TPP 知识产权内容谈判是美国将知识产权保护与贸易政策相结合并试图进行国际推广的最新例证和尝试。或许正是出于这种敏感性的考虑，包括知识产权内容在内的 TPP 谈判采取的是文件保密方式，当然，这种严重缺乏透明度的方式招来了国际社会的不满，其中包括美国的学者和社会公共群体。

TPP 知识产权谈判被披露的版本有两个：一个是 2011 年 2 月文本，另一个是 2013 年 8 月文本。2011 年文本共 38 页，包括：总的一般条款、商标和地理标志、互联网域名、版权及相关权、卫星节目和有线电视信号保护、专利、某些规定产品的相关措施、知识产权执法义务的一般条款、知识产权执法实践、民事和行政程序及其救济、临时措施、关于边境执法的特殊要求、刑事执法、关于数字环境下执法的特殊措施，共 16 个部分（条），每个部分（条）的内容均比较详尽。2013 年文本共 95 页，长达 30000 字，包括：一般条款、合作、商标、地理标志、专利权/未公开的实验或其他数据/传统知识、工业设计、版权和相关权利、执法、网络服务提供商。与前一个文本相比，

---

① 陈福利：《知识产权国际强保护的最新发展》，载《知识产权》2011 年第 6 期。

内容更加全面详尽，规则更加细化。

最终生效的 CPTPP 知识产权文本，仍然为第 18 章，基本上完全照搬了 TPP 的知识产权谈判文本，只是考虑到美国的退出，对其中由美国主导、并具有争议的条款予以冻结。CPTPP 知识产权章节的实质内容共 82 条（部分），其中全部冻结的条款有 9 条，部分冻结的条款有 2 条，冻结附件 2 条。具体来说，全部冻结的条款有：第 18.46 条（因专利局的延迟而调整专利保护期），第 18.48 条（因不合理缩短而调整专利保护期），第 18.50 条（保护未披露的试验和其他数据），第 18.51 条（生物制剂），第 18.63 条（版权和相关权利的保护期），第 18.68 条（技术保护措施），第 18.79 条（对载有加密节目的卫星和有线电视信号的保护），第 18.82 条（法律救济和避风港）；部分冻结的条款有：第 18.8 条（国民待遇），第 18.37 条（可授予专利的客体）；冻结的附件有：附件 18 – E（J 节附件），附件 18 – F（J 节附件）。

（二）TPP/CPTPP 知识产权文本的基本特点

1. 全面化与具体化。TPP 知识产权谈判文本和 CPTPP 知识产权文本的全面化，主要是指该文本的知识产权内容范围和类别比较广泛，基本上涵盖了知识产权国际保护所有可能的问题，较之以往的知识产权国际条约要全面许多。从 TPP 知识产权谈判的长期进程来看，其文本经过了成员国之间的反复博弈和考量，基本上涉及国际知识产权保护的方方面面，CPTPP 知识产权的法律文本在其基础上形成，其实是接纳了前期谈判的成绩和结果。考虑到美国对于知识产权谈判的重视和主导，美国退出后，其他成员国根据需要适当冻结了原来的知识产权谈判内容。TPP/CPTPP 知识产权文本的具体化，表现为其规则非常具体，即知识产权文本中的法律规定非常具体细致。谈判文本的每一个部分（条）的内容都非常详细，不但不怕麻烦地把一些既存的知识产权国际公约的规则引述进来，而且还增加了很多额外的具体规定。不但非常详细地设定了一些知识产权的基本规则，还非常详尽地规定了各缔约国应该履行的义务或应该达到的规则标准。

2. 美国化与日本化。TPP 谈判是美国抢占国际贸易规则制定权的重要战略。目前，TPP 协议中有关知识产权的谈判是以 2012 年生效的美韩自由贸易协定为基础。分析认为，TPP 协议中设立的规则也将是以发达经济体为核心的准国际贸易规则。① TPP 知识产权谈判文本的美国化，主要是指该文本很大程度上代表了美国意志，被打上了深深的美国烙印。从目前反馈的情况来看，该谈判文本应该由美国一手操控——由其起草并主导谈判（虽然采取"两两谈判"方式，但谈判内容集中于美国提案版的内容），这与其他知识产权国际条约有所不同：此前的知识产权国际条约，一般是由多数知识产权大国或者几个有影响的知识产权大国主导，经过长期的协调和谈判达成的，其诞生周期少则几年，多则十几年甚至几十年。随着美国的退出和 CPTPP 的达成，其知识产权文本并没有另起炉灶，而是基本照搬 TPP 文本，这不得不说是日本主导的结果。在知识产权国际保护问题上，日本与美国是天然的利益共同体，对于整体保护水平和具体规则的倡导，美日之间并没有冲突和龃龉。美国退出之后的 CPTPP，主导国和带头大哥顺理成章地变成了日本，这是日本在国际贸易领域的一次成功突破，其尽可能完整地继承和发扬了 TPP 关于知识产权保护的内容。

3. 超前化与利益化。TPP/CPTPP 知识产权文本的超前化，主要是指该文本的知识产权规则的保护水平大幅度提高，部分内容超出了目前国际通行的准则水平。TPP 知识产权内容的高水平保护条款的出台，一方面是美国联手日本以及其他贸易伙伴所设定的知识产权保护高标准，为自身占据贸易制高点创造法律条件；另一方面也迎合了自《反假冒贸易协定》（以下简称 ACTA）诞生以来所强调的激励全球创新与竞争，为建立区域性乃至全球性知识产权积极保护标准提供文本和范例。TPP/CPTPP 知识产权文本的利益化，体现为该文本片面追求知识产权利益价值的实现，忽略了知识产权的公益属性，

① 暨佩娟、田泓：《日本正式加入 TPP 谈判，中国或失去部分经济影响力》，http://business.sohu.com/20130724/n382439123.shtml，2013 年 7 月 24 日访问。

忽视了知识产权的均衡保护，具体反映为其没有设定保护弱势群体和公共利益的规则。适当保护弱者的知识产权利益①和社会公共健康利益是国际社会达成的普遍共识，TPP/CPTPP知识产权谈判对此没有任何涉及，不能不说是一个遗憾。

（三）TPP/CPTPP知识产权文本与TRIPs、ACTA的关系

1. TPP知识产权谈判文本与TRIPs的关系

TRIPs的主要内容是：提出和重申了保护知识产权的基本原则，确立了知识产权协定与其他知识产权国际公约的基本关系。协议保护的范围包括版权及相关权、商标、地域标识、工业品外观设计、专利、集成电路布图设计、未公开的信息包括商业秘密七种知识产权，规定了最低保护要求；并涉及对限制竞争行为的控制问题，规定和强化了知识产权执法程序，有条件地将不同类型的成员加以区别对待。截至目前，TRIPs是国际社会所广泛认可的最有拘束力的强制性国际条约，其第一次将知识产权保护与贸易制裁措施结合起来，从而保证其强制力。

TPP虽然吸收了TRIPs的主要内容，但其主要目的是在TRIPs之外建立新的知识产权保护标准。在TPP创始之初，知识产权问题并非关注的重点，创始四国关于知识产权的讨论内容不足4页，基本是对TRIPs的确认，只是另加入了一些地理标志和WIPO邻接权条约的内容。美国加入TPP谈判后，将知识产权内容大幅度扩大，并演变为现在的美国版知识产权谈判内容，其中大量的具体知识产权保护要求已经明显超出了TRIPs设定的知识产权标准。可以说，TPP知识产权谈判文本是美国根据自己需要而炮制，吸收了目前通

---

① 例如，2013年6月27日，世界知识产权组织成功缔结了《关于为盲人、视障者和其他印刷品阅读障碍者获得已出版作品提供便利的马拉喀什条约》（简称《马拉喀什条约》），美国和中国等国签署了该条约。Marrakesh Treaty to Facilitate Access to Published Works for Persons Who Are Blind, Visually Impaired, or Otherwise Print Disabled. Document Code VIP/DC/8 REV. Meeting CodeVIP/DCPublication Date Jul 31, 2013. http://www.wipo.int/meetings/en/doc_details.jsp?doc_id=245323.

行的国际条约中的知识产权保护条款，并将美国知识产权法律制度的部分内容放置其中的结果，其知识产权保护水平已经大大超出 TRIPs 设定的基准。应该说，TPP 知识产权法律文本对于 TRIPs 的规定有所继承，但更多的是超越。CPTPP 知识产权文本虽然没有 TPP 谈判文本那样高水准地超越 TRIPs，但仍然有着一定的突破。

2. TPP/CPTPP 知识产权文本与 ACTA 的关系

ACTA 是一个维护知识产权的多边协议，目的是全面加强国际贸易中知识产权的保护。自愿加入的国家将建立一个国际法律框架，并建立一个类似于世界贸易组织和世界知识产权组织国际机构以外的理事机构，被认为是对“全球贸易下的仿冒商品的增加和盗版的保护”的回应。ACTA 的范围包括仿冒商品、仿制药品和网络上的侵权行为。ACTA 基本囊括了所有知识产权强国，发展中国家和非政府组织被排除在讨论之外，因此多数发展中国家和非政府组织对于 ACTA 的态度是反对或者不支持。① 2010 年 11 月，日本、美国、欧盟及其成员国、韩国、澳大利亚、加拿大、墨西哥等国在东京签署 ACTA。2011 年 10 月，ACTA 的 11 个成员国向 WTO 与贸易有关的知识产权理事会通报协议的签署情况。目前，澳大利亚、加拿大、日本、摩洛哥、新西兰、新加坡、韩国、美国、欧盟、墨西哥和瑞士已签署该协议。ACTA 将在成员国国内立法机构批准后生效。② 值得注意的是，2012 年 7 月 4 日，欧洲议会否决了 ACTA。③ 实际上，只有日本批准了 ACTA。④

ACTA 的谈判过程严格保密，许多国家都担心 ACTA 的谈判透明性不足。谈判过程主导的国家以美国、日本、欧盟为首，三者都是大宗知识产权商品

---

① 参见维基百科：《反假冒贸易协定》，http：//zh. wikipedia. org/wiki/%E5%8F%8D%E5%81%87%E5%86%92%E8%B4%B8%E6%98%93%E5%8D%8F%E5%AE%9A，2013 年 3 月 22 日访问。

② 刘欣欣：《反假冒贸易协定》，http：//www. cacs. gov. cn/maoyijiuji/Show. aspx? str1 = 8&articleId =103586，2013 年 3 月 22 日访问。

③ 驻欧盟使团经商处：《反假冒贸易协议遭欧洲议会否决》，http：//www. mofcom. gov. cn/aarticle/i/jshz/zn/201207/20120708218192. html，2013 年 11 月 5 日访问。

④ 《日本批准反假冒贸易协议》，http：//www. ipr. gov. cn/guojiiprarticle/guojiipr/guobiehj/gbhjnews/201209/1695357_ 1. html，2013 年 11 月 5 日访问。

的出口国，其意见对于知识产权商品的进口国而言相当不利。包括澳大利亚、新西兰、加拿大、欧盟、美国在内的多国政府全部以“国家安全”为由拒绝公布谈判中的协议内容，因此许多公民组织对其封闭性严厉批评，并担忧公民对这项协议的不知情。[①] ACTA 的规定较为细致，从而有利于知识产权权利人，但可能对公民自由构成威胁。同时，一些权利限制条款和灵活性规定在 ACTA 中消失了。

ACTA 所开启的立法路径和所追求的政策目标，被 TPP 所继受和发展。[②] TPP 知识产权谈判吸取了 ACTA 的教训，但其适当增加程序透明度也带来了谈判困难，势必会引起民众对公共利益的广泛担心，同时，其对于发展中国家来说仍然是不利的。[③] 对于 TPP 知识产权内容与 ACTA 的关系，学者麦克·马斯内克（Mike Masnick）曾撰文指出：“TPP 是 ACTA 的‘儿子’，但是更糟。”[④] 不管 ACTA 与 TPP 是父子关系还是兄弟关系，二者皆为美国等知识产权强国主导，极力倡导提高知识产权保护标准，却是客观事实。总的来说，二者都是知识产权强国为了保持经济核心竞争力优势，保持和长期占据世界经济贸易食物链顶端地位的措施和工具，是不平等国际经贸竞争的手段。具体来说，二者的知识产权内容虽然在本质上是相同的，但仍有一定程度的差别，主要体现在：ACTA 是美国、欧盟、日本等知识产权强国共同主导的，因此其内容在一定程度上体现了知识产权发达国家协作协调的结果，并且，这种知识产权内容指向的范围更加广泛，代表范围更大，所以 ACTA 可以被理解为世界性的知识产权保护的高标准。TPP 知识产权谈判主要是美国一家主导，因此其内容在一定程度上体现了美国的意志和利益，同时，TPP 知识产权内容指向的区域为太平洋地区，是一个区域性的知识产权新标准的尝试活

---

① 参见蒋阳阳、刘正：《ACTA 对我国国际贸易的影响及其应对策略》，载《行政与法》2012 年第 8 期。

② 参见张猛：《知识产权国际保护的体制转换及其推进策略》，载《知识产权》2012 年第 10 期。

③ Jeremy De Beer, Applying best practice principles to international intellectual property lawmaking, IIC 2013, 44 (8), 884 -901.

④ 陈福利：《知识产权国际强保护的最新发展》，载《知识产权》2011 年第 6 期。

动。当然，二者的具体差异并不影响其共同目标的指向，那就是为今后建立知识产权国际保护的高标准进行积极准备和动员，并力争达到实质性目的。CPTPP 知识产权法律文本实际上也是 ACTA 的继承，并且较之 ACTA 专注于反假冒领域，其更加全面，可以说是目前较高水平的区域性知识产权协议的范本。

二、TPP/CPTPP 知识产权谈判的进展及谈判方态度

（一）知识产权高标准下的美国利益

对于美国来说，TRIPs 的知识产权保护标准显然是不够的，ACTA 和 TPP 是美国谋求知识产权保护标准实现转变的平台。TPP 知识产权保护标准较之 TRIPs 和 ACTA 来说，更加符合美国的利益，美国的愿望基本反映在美国提案版之中。[①] TPP 对于美国来说不是普通的自由贸易协定，而是美国总体战略部署的关键环节，其长远意义大于短期意义，战略意义大于经济意义。[②] “TPP 知识产权保护高标准”反映的是美国的实际利益。美国依靠高水平的技术创新能力和市场化优势，力图通过 TPP 谈判提高知识产权标准，从而实现美国利益最大化。

TPP 知识产权谈判，美国的要价在版权保护、专利保护、知识产权成本保护、互联网域名、地理标志等方面已远远超出《与贸易有关的知识产权协定》的范围。特别是药品专利保护，澳大利亚和新西兰等国均对药品实施价格控制，美国药品专利保护方案将大幅提高普通药品的价格，并危及这些国家医疗保险制度的正常运转。其他参与谈判的国家也对美国专利保护方案提

① Susan K Sell, TRIPS WAS NEVER ENOUGH: VERTICAL FORUMSHIFTING, FTAS, ACTA, AND TPP, 18 J. Intell. Prop. L. 448 2010 - 2011.

② 曲凤杰、朱梦曳、牛桐：《美国加入 TPP 的动因、挑战和影响：从美国视角分析》，载《国际贸易》2012 年第 9 期。

出异议，认为过度的专利保护不但会阻碍科技创新，还将损害发展中国家的经济增长。美国是世界上最大的专利出口国，强化专利保护将把更多的财富转移到美国。另外，在与知识产权关联的投资争端解决机制上，美国拒绝采用世界贸易组织的“国家间争端解决机制”，主张外资企业在遭遇争端时可以诉诸“投资者——国家争端解决机制”。由于该机制赋予企业起诉国家的权利，在谈判各方之间引起极大争论。澳大利亚明确指出，不会接受美国投资者在超国家机构对澳大利亚提出仲裁或司法程序的权利。美国是世界上最大的资本输出国，“投资者——国家争端解决机制”有利于强化美国的国家利益。①

（二）日本对于TPP/CPTPP知识产权谈判的重要性

TPP知识产权谈判的成败，系于TPP谈判的全局；TPP谈判的全局，系于TPP成员国的协作。美国最为看重的协定谈判国是日本，在某种程度上，日本的态度决定着TPP的成败。从目前情况来看，尽管TPP的12个谈判国尚存意见分歧，但因美国态度坚定并全力推进，最终协议应该会在不久的将来达成。严格地讲，到墨西哥和加拿大加入之前为止，所有的努力只是实现美国TPP战略计划的第一步。与原先的8个经济小国的贸易，仅占美国全球贸易总量的5%。在经济上，9国协议没有太大的实质意义。TPP必须再往前走一步，而这一步就是把墨西哥、加拿大和日本拉进来（特别是日本）。这样，12国的TPP经济总量占全球50%以上，相互间贸易总额达到世界的50%，其中仅日本就占美国贸易额的6%。现在看来，第二步计划已经完全实现，墨西哥和加拿大已于2012年加入，日本也已于2013年7月正式加入TPP谈判。

日本决定加入TPP，是安倍内阁权衡各方利弊后的结果，代表着这个国家产业界的一种要求。在经济增长乏力的情况下，日本希望通过加入TPP，实现再次开放，从而找到日本经济未来的增长点。此外，日本在亚洲和韩国

---

① 参见吴正龙：《TPP谈判何以久拖不决》，载《中国经济时报》2013年1月23日。

基本处于一个生产位置上，两国竞争较为激烈。韩国已经和美国、欧盟签了自贸协定，日本压力比较大，在 TPP 谈判中和美国达成协议，和韩国走在一个“起跑线”上，这也是日本加入的考量之一。在 TPP 框架之下，日本不同产业领域的利益影响各有不同，因此，有人认为，日本的加入会增加 TPP 谈判的复杂性。日本会成为“搅局者”，因为在很多领域都有它的利益。尽管很多国家希望在日本加入之前迅速完成规则的制定，然后让日本接受，但这只是一个想法，实际上在谈判中各国利益不一样，在核心利益上更是不可能轻易妥协，一些很难谈判的领域无论日本加入与否都会困难重重。应该说，TPP 谈判最终还是以美国为主导，其他国家在跟随，在一些问题上能否和美国达成妥协最为关键。[①] 与农业、汽车等领域相比，知识产权并不构成日本、美国谈判的阻碍，二者在此方面具有共同利益诉求，将成为规则的一致倡导者。实际上，最终通过并生效的 CPTPP 知识产权文本实际上完全符合日本的预期利益和政策构想。

（三）其他成员国对于 TPP/CPTPP 知识产权谈判的态度

TPP 知识产权谈判面临着两种冲突：一种是长期利益和短期利益的冲突，另一种是既往之政治现实与未来之政治现实的冲突。[②] 与 TPP 其他章节的谈判所取得的进展相比，知识产权章节的磋商充满阻碍且进展较慢。其中，主要原因是美国过于强调知识产权高标准保护，提出了一些争议问题，试图强迫他国采纳部分新权利和执法程序，各谈判国家的态度反应不一，其中不乏消极否定者。对于各谈判国对于 TPP 知识产权谈判的态度，经分析我们似乎可以看出这样的端倪：除了美国以外的其他 TPP 知识产权谈判国，在一定程度上是拿知识产权谈判作为赢取整体谈判中的实际利益的筹码，也就是说，美国将 TPP 知识产权谈判视为核心利益，而其他一些国家则将其作为谈判的

---

① 张燕：《日本下月首秀 TPP 谈判，多边押注意在权利双收》，载《第一财经日报》2013 年 6 月 28 日。

② Kimberlee G. Weatherall, The TPP as a Case Study in Changing Dynamics for International IP Negotiations, http://papers.ssrn.com/sol3/papers.cfm?abstract_id=2382282, 2014 年 2 月 26 日访问。

博弈工具，因此，在TPP“两两谈判”时，双方可以就彼此的利益关系进行讨价还价，而且，其中知识产权的讨价还价是与TPP其他方面的谈判搅和在一起的。

TPP的现有缔约方对美国草案也并非持全盘支持的态度，因为这对他们国内立法改革的要求也非常大。例如，澳大利亚就对地理标志的保护部分持反对意见，而新西兰政府也发表声明认为美国草案对知识产权保护过度。① 与美国主要为进行国际战略布局的战略考量不同，TPP谈判各方中的其他国家主要在算经济账。根据是否已与美国达成自由贸易协议来划分，美国以外的TPP国家可以分为两类：一类是与美国有双边或区域贸易协议的秘鲁、新加坡、澳大利亚、智利、加拿大和墨西哥；另一类是尚未有这样协议的新西兰、越南、马来西亚、文莱。前类国家在TPP谈判中压力较小，而后一类国家则问题很多。不过，文莱的情况特殊，它的人口和经济规模极小，并且已经与美国和秘鲁以外所有谈判国缔结有双边贸易协议，它的贸易自由化程度较高。对美国在谈判中的某些要求持异议的主要是新西兰、越南和马来西亚。新西兰强烈担心完全开放市场会导致外来者冲击本国本来容量就不大的电讯服务和医药业。越南希望正在谈判中的“原产地规则”不使越南现有利益受损，希望得到特别的和有差别的待遇。马来西亚自加入TPP谈判以来，国内反对的声音没有中断过。主要的诉求有三点。一是要求向公众公开政府的谈判立场；二是坚决反对可能让国家主权丧失的“投资者与国家争端解决”条款；三是呼吁政府在谈判协议中保留资本控制的工具。② 所以，在美国最终退出后，基于此前谈判形成的知识产权文本在冻结美国核心要价的条款之后，予以通过并生效，在最大程度上满足了各成员方的利益诉求，也化解了此前知识产权谈判中的突出矛盾和纠葛。

---

① 张磊、徐昕、夏玮：《跨太平洋伙伴关系协议（草案）之知识产权规则研究》，载《WTO经济导刊》2013年第5期。

② 参见叶兴平：《美国出手弱化东亚对中国经济的依赖》，http://blog.ifeng.com/article/19988035.html，2013年9月26日访问。

三、TPP/CPTPP 知识产权文本对我国的影响

（一）TPP/CPTPP 知识产权文本对我国对外贸易的影响

当多边知识产权保护协议的谈判陷入僵局时，就将知识产权问题与双边贸易协议挂钩。[①] 当年，美、欧、日等国主导 TRIPs，将知识产权与国际贸易挂钩，即为了将国际知识产权保护标准予以提高，并赋予其强制执行力。后来，以美国为首的知识产权发达国家，基于其对国际知识产权保护标准并不满意的利益导向，又试图通过 ACTA、TPP 等途径达到进一步提高保护水平的目的。TPP 知识产权谈判将中国等国家排除在外，是有其战略意图的。实际上，美、欧、日目前在极力建立世界知识产权新保护标准的过程中，为了减小阻力，故意将中国、俄罗斯、巴西、印度、南非等新兴发展中大国排除在外，以利于尽快达成既定协议。待协议达成并实施后，再通过经济贸易乃至政治社会因素向这些发展中大国施压，这个过程中一般会采取各个击破的方式逼人就范，最终达到全盘提高国际知识产权保护标准的目的。

从国际经济贸易的角度来看，TPP 的承继者 CPTPP 的成功签署并最终生效，将对我国的对外贸易和相关产业产生间接影响乃至直接影响。虽然我国因为没有加入 CPTPP 而不受其制约，但我们的对外贸易将会受到很大影响，因为我国在向 CPTPP 成员国出口商品时，很可能会因为知识产权问题遇到一定的阻碍，或遭到不公平待遇，甚至会被拒之门外，毕竟 CPTPP 成员国多数都是我国的重要贸易伙伴。CPTPP 针对各国如何实施他国的知识产权从法律方面制定了较为严格的标准，我国虽然不是 CPTPP 参与谈判国，最终达成的 CPTPP 知识产权规则也不会对我国产生强制力，但 CPTPP 成员国的知识产权法律制度会受到 CPTPP 的严格限制。CPTPP 知识产权规则生效后，协议成员

① 蔡晓东：《后 Trips 协议时代的国际贸易和知识产权规则》，载《政法学刊》2011 年第 5 期。

国将可能对进行贸易活动的中国企业实施较之过去更加强硬且严格的知识产权监督。毕竟，CPTPP 的一些知识产权规则已经超出了 TRIPs 规定的条件，这些高保护标准的条款可能会干扰 TRIPs 中权利和义务的良好平衡，对世界贸易组织既存的多边体制产生影响，同时也对我国的对外贸易产生消极影响。

（二）TPP/CPTPP 知识产权文本对我国知识产权制度的影响

对于我国知识产权制度来说，TPP 与 CPTPP 的影响包括两个方面：一是现实的直接影响，二是潜在的间接影响。从现实的直接影响来看，无论是解密的 TPP 知识产权谈判文本，还是正式生效并公布的 CPTPP 知识产权法律文本，都明确宣示了区域性自由贸易中的知识产权保护规则。且不论美国主导还是日本主导，亦不论该文本是有意为之还是不得已为之，这个文本已经对包括中国在内的利益相关国家施加了直接影响，各国在一定程度上都在评估和研究该文本的内容，就其与本国的知识产权制度的共同性及衔接性、差异性及冲突性作出分析，以提出有针对性的应对举措。从潜在的间接影响来看，因为参与谈判的 TPP 与 CPTPP 成员国均为太平洋国家，由于地缘的关系与我国有着重要的贸易往来关系，当这些国家因为 CPTPP 的达成而对知识产权规则作出调整后，实际上就逼迫我国必须在知识产权制度上作出必要的调整，否则就没法与这些国家保持正常的高新技术领域的经济贸易往来。可以说，关注 CPTPP 知识产权文本的具体内容，明晰其中具体规则的利弊，是判断这种直接或间接影响的程度大小的关键。

目前，中国知识产权制度体系已基本完备，但各项具体制度仍处于不断完善之中，包括立法、司法、执法等。从知识产权国际保护水平来看，我国知识产权立法、司法和执法制度和规则基本符合 TRIPs 的要求，并在一定程度上有所超越——我国的很多具体知识产权规则已采纳了知识产权先进国家的经验做法。从 TPP/CPTPP 知识产权文本内容与我国知识产权制度比较来看，TPP/CPTPP 知识产权内容将会对我国国家知识产权战略和具体制度设计产生影响。我国应该考虑 TPP/CPTPP 知识产权规则的利害关系，从利于国内知识产权制度完善、利于国家知识产权产业发展的角度对国家知识产权战略和具体制度设计作出必要的调整。从知识产权的具体规则来看，TPP 的超前规则可予以适当搁置，但 CPTPP 的知识产权规则必然对我国知识产权立法、司法、执法产生或大或小的影响，我国知识产权制度中的一些具体规定的设计需要考虑 CPTPP 知识产权规则的积极方面或消极方面。例如，我国知识产权刑事保护门槛、禁令、损害赔偿、数字环境下执法、边境执法等问题。

四、我国针对 TPP/CPTPP 知识产权文本的应对策略

对 TPP 和 CPTPP，我国官方曾在不同场合多次公开宣称："中方以包容开放态度高度关注。"对于 TPP/CPTPP 知识产权谈判可能的走向、未来扩容及其对国际知识产权制度的影响保持关注，对我国对待 TPP/CPTPP 知识产权文本的态度及其利弊情况加以分析，对我国当前和未来的应持立场和策略加以考量，是我们在提出针对 TPP/CPTPP 知识产权文本的对策时应该思考的问题。

（一）TPP/CPTPP 知识产权规则的未来前景分析

TPP 与 CPTPP 的经济和战略意义与其争议是共存的，该协议的规则是否能够反映合理的政策是非常重要的，知识产权规则的未来前景，或者说知识产权规则的效果，还有待时间的检验。虽然 TPP 的知识产权规则最终没有落地，但看起来是美国为保护其内容产业而尝试将其国内知识产权法律出口到国外，其指向的出口地区甚至包括那些国内法律框架还不完备的国家。① 其一揽子谈判方式增加了谈判的难度。根据 TPP 谈判所采取的一揽子方式，只要有一个问题没有取得一致，就有可能"绑架"整个谈判进程。尽管不时有消

① Taylor Washburn, GETTING COPYRIGHT RIGHTIN THE TRANS - PACIFIC PARTNERSHIP, 7 Yale J. Intl Aff. 117 2012.

息称，某某章节已经谈妥“关闭”，但是按照该原则，不到所有章节达成一致，任何一个章节都有被重新打开的可能。另外，随着参与谈判成员的扩大，达成一致的难度也将进一步增大。① TPP 知识产权谈判的过程可谓一波三折，包括其最终文本、缔约方的范围、知识产权多边体系和自由贸易协定双边体系的发展、发展中国家的态度分化、发达国家与发展中大国的实力对比等因素均处于动态变化之中。由于发展中国家及代表公共利益的公民社会组织的反对，发达国家推动的准多边国际体制的扩张之路并不平坦。TPP 知识产权谈判更是遭到了前所未有的国际性的抵制和抗议。② 有批评者认为，如果采用美国的提议，可能会颠覆既有的基于最低标准而实现平衡的国际框架，会创建迄今为止所有自由贸易协定中最高的知识产权保护和执法标准，势必会导致很多 TPP 成员国从药品、教科书到互联网信息等大批消费品价格高涨而获取量锐减，这对任何 TPP 成员的创新以及本土经济活动没有一点好处。③ 作为一个旨在促进多边贸易的区域性协议，不管成员国有哪些，非排他性和符合各国根本利益才是最终目标。

在知识产权谈判上，由于美国过于强势并有强加于人的嫌疑，因此，部分谈判方对美国越来越强势的做法有所抵触。积极主导 TPP 知识产权谈判，美国的真实目的是企图先行排除干扰，建立合乎自身利益的知识产权新秩序，再强迫其他国家被动接受，这与当年美、日、欧将知识产权问题纳入世界贸易组织体系如出一辙。美国为了尽早达到 TPP 谈判的目的，在继续笼络既有谈判方的同时，已成功拉拢日本加入，但日本对于 TPP 谈判亦有其自身的重要利益诉求，这在一定程度上也为 TPP 谈判增加了额外的不确定性。事实上，TPP 谈判的大结局以美国退出，日本接手为结局，最终确实在 TPP 谈判已经

① 吴正龙：《TPP 谈判何以久拖不决》，载《中国经济时报》2013 年 1 月 23 日。

② 薛虹：《知识产权准多边国际体制的扩张》，载《暨南学报（哲学社会科学版）》2012 年第 6 期。

③ See Sean flynn etc. , Public Interest Analysis of the US TPP Proposal for an IP Chapter, http: //ssrn. com/abstract = 1980173, 2013 年 1 月 18 日访问。

完成了大量工作的基础上达成了一揽子协议，并重新命名为 CPTPP。这样的结局，既出乎预料，又在情理之中。毕竟，一个符合成员国各方利益的区域性自由贸易协定还是存在合理性的。作为 CPTPP 的重要组成部分，知识产权文本已全面采纳了 TPP 知识产权文本的内容，只是将上述极具争议的体现美国利益诉求的知识产权具体规则予以冻结。当然，随着国际贸易形势的不断变化，如果未来美国可能重返 CPTPP，那么重启冻结条款或重新达成知识产权的规则文本并非不可能。

（二）国家内部战略和外部战略的采取

从国家的内部战略上来看，我国应进一步完善知识产权制度，加强知识产权保护和运用，加快创新型国家建设步伐。自改革开放以来，我国经济社会发展取得了巨大成就，但不可否认的是，我国的经济结构还很不合理，低端经济产业形式所占比重过高，经济社会发展的创新力明显不足。这其中的重要原因与我国知识产权战略、知识产权制度没有落实到位有关。今后，我国在调整经济社会发展方向，转变经济增长方式，加强创新型国家建设方面，应该以知识产权制度为核心，向世界发达国家借鉴经济转型的经验做法，通过构建知识产权制度从根本上实现创新经济的良性发展。从这个角度来说，虽然 TPP/CPTPP 知识产权制度是美国和日本主导的较高标准的知识产权保护制度，但其某些方面仍有值得借鉴之处，如其中对于技术创新的专利保护和版权保护，如果适当引入到我国的知识产权制度中，以此促进我国相关高新技术产业的发展，对带动国家高新技术产业创新，还是有积极意义的。

从国家的外部战略上来看，为了避免可能出现的不利局面，我国应有准备地从纵向和横向两个方面采取一定的策略。从纵向的策略来看，就是团结广大发展中国家，将连同知识产权在内的外贸和经济合作推向深入，形成紧密团结的相互依存相互促进的经济体。从横向的策略来看，就是要注重区域经济体的协调，有重点地形成国家间的伙伴关系，特别是注重与我国有着重要贸易往来的区域或国家形成双边或多边伙伴关系。无论是纵向的策略，还是横向的策略，其中的重点是不回避知识产权问题。我们应该充分认识到，知识产权问题与双边贸易或多边贸易紧密结合已经成为一种不可逆转的世界潮流，今后我国一方面要从自身修炼上做好内功，力争早日跻身知识产权发达国家行列，拥有完善的知识产权制度和强大的知识产权产业；另一方面也要占据对外贸易的有利地位，以健康、强大的经济竞争力为后盾，成为知识产权输出国，享受知识产权国际贸易的丰厚回报。所以，从国家战略的高度，牢牢把握知识产权保护的最新国际趋势，充分注意 TPP/CPTPP 知识产权文本带来的保护趋势和具体的规则变化以及其他的关联趋向，是我们掌握主动、避免被动的应然之举。

（三）对美国和日本提出有效的应对策略

对于美国与中国之间的知识产权问题，我们不应刻意回避，应该主动应对，这中间既要从宏观上把握好认识尺度，又要从微观上处理好技术环节。

在技术环节上，我们也应该主动寻求美国国内对我们有利的社会力量的支持，化被动为主动。无论从 TPP 谈判时反馈的情况来看，还是从新一届美国政府退出 TPP 的事后来看，美国国内对于 TPP 知识产权谈判的态度并不一致，基本可以分成三个阵营：第一个阵营是当时执政的美国民主党政府以及知识产权利益部门（主要表现为以知识产权为核心利益的企业集团），他们积极倡导 TPP 知识产权谈判并力争早日如其所愿达成协议；第二个阵营是公众团体、社会组织以及部分学者和反对自由贸易的团体，他们对 TPP 知识产权的高标准以及自由贸易的效果持怀疑态度，对 TPP 知识产权谈判的保密方式持反对意见；第三个阵营是保持中立的普通民众和社会机构，他们认为 TPP 知识产权谈判无关其生活，因此并无兴趣参与。其中，我们可见的反馈声音主要来自第一个、第二个阵营，这也主要是各自阵营基于自己的利益需要而发出的号召。其实，为了尽可能化解 TPP 知识产权谈判可能对我国产生的消极影响，我们可以考虑适当利用美国国内的相关平台：美国国内很多社会力量对于其国内知识产权利益部门一味提高知识产权保护标准是持反对意见的，这从美国知识产权利益部门曾经力主通过的两个法案“美国反在线盗版法案（SOPA）”“保护知识产权法案（PIPA）”最终失败的例子就可以看出来。[①] 所以，借助美国的反对力量消除 TPP 乃至 CPTPP 知识产权规则的消极影响并非不可能。其中，通过相关信息渠道关注 TPP/CPTPP 知识产权规则的具体变化，对我们论证 TPP/CPTPP 知识产权规则对我国的影响具有积极意义。

就知识产权保护水平的提高来看，日本与美国有着共同利益。本来，这种共同利益完全可以通过 ACTA 来实现，不必再通过 TPP 重新花费一次力气做同样目的的事情，这是日本人和美国人完全想得到的。但是，没想到欧盟否决了 ACTA，使得美日欧共同推动国际知识产权高水平国际保护出现了变故。由此，日本和美国携手促进 TPP 谈判，是为了实现其他方面的共同利益诉求和战略目的。对于美国来说，它绝不愿意和容许亚洲乃至太平洋地区的主导权旁落到中国手中，对于日本来说，它绝不愿意和容许东亚乃至亚洲地区的主导权旁落到中国手中。可以说，日本执意成为 TPP 的一员算的不仅仅是经济账，背后更隐含了战略意图。“若加入谈判就可以作为重要成员主导制定规则。”日本若加入 TPP，美日 GDP 总量将占 TPP 加盟国 GDP 规模的91%，TPP 将成为事实上的“美日自由贸易协定”。这就形成共同领导的局面，日本可以借助美国的亚太再平衡战略，在经济上保持对中国的优势，以削减中国的潜力优势。日本对签署有着更大经济利益的中日韩自由贸易协定态度消极，而对 TPP 情有独钟，确实有排挤中国的意图。[②] 而事实上，日本是否加入 TPP 的背后，也是中美两大国的较量。虽然美国退出 TPP 使得上述战略格局发生一定变化，但这只是形式上的变化，实质上的美日与我国的贸易竞争和利益博弈并没有改变，这也是日本很快接手并主导了 CPTPP 达成并生效的原因。所以，为了有效应对，我国必须考虑向周边各国“分散风险”，

---

① SOPA/PIPA 法案是美国众议院及参议院提出的关于知识产权保护的两个重要法案。其中“SOPA”为《禁止网络盗版法》（Stop Online Piracy Act）的缩写，“PIPA”则是《保护知识产权法案》（Preventing Real Online Threats to Economic Crevativity and Theft of Intellectual Property Act of2011）的缩写。

② 侯金亮：《日本加入 TPP 对中国影响几何?》，载《日本新华侨报》2013 年 3 月 19 日。

充分利用自身巨大的市场优势，继续推进中日韩自由贸易协定及“东盟+3”等东亚战略。①

（四）重视发挥中日韩自由贸易区和东盟“区域全面经济伙伴关系”的特殊作用

美国前国务卿赖斯在《金融时报》上写了一篇文章，认为遏制中国的最有效的方式就是区域经济制衡，即用区域贸易协议来拆解中日韩自由贸易区。这样的言论不能说是绝对代表美国针对中国的战略举措，但起码部分反映出了美国加强区域经济联合以制约中国崛起的意图。所以，根据美国的战略意图和重回亚太的实际行动来思考中国的应对策略，有针对性地在我国的家门口与美国展开必要的竞争是争取战略主动的必要之举。从应对 TPP 与 CPTPP 知识产权规则的目的出发，我国应该额外重视东盟和中日韩自由贸易区的特殊作用，尽可能加快中日韩自由贸易区谈判，重点推进“区域全面经济伙伴关系”（RCEP），在区域性或国家间自由贸易协定中加入知识产权内容，有意识地建立具有共同利益诉求的伙伴关系，抑制或排除 TPP/CPTPP 知识产权不利因素的潜在影响。同时，在世界贸易组织、世界知识产权组织等多边体系中积极参与并力争主导，对 CPTPP 施加间接影响。以掌握战略主动，避免美国先期达到目的从而使我国陷入可能的被动局面。

值得关注的是，东盟对于中国经济发展意义举足轻重。中国已经连续三年成为东盟的第一大贸易伙伴，东盟是中国的第三大贸易伙伴。东盟 10 国与 6 个自由贸易区伙伴国（自贸伙伴国——中国、日本、韩国、印度、澳大利亚和新西兰）已正式启动了“区域全面经济伙伴关系”谈判。建成后，包括东盟 10 国和 6 个自贸伙伴国，覆盖约 30 亿人口、区内经济总量约 20 万亿美元（约占世界经济总量 1/3）的自贸区将成为世界最大的自贸区。按照预计

---

① 蔡成平：《日本加入 TPP 对中国的影响》，http：//www. infzm. com/content/64753，2013 年 6 月 30 日访问。

时间表，“区域全面经济伙伴关系”谈判本应于2015年年底完成并运行，但目前仍处于各方的努力推进之中。CPTPP与“区域全面经济伙伴关系”有一个重大区别：前者并不包括中国在内，但后者把中国这个世界第二大经济体视为一个重要角色。“区域全面经济伙伴关系”一旦建成，对于中国统筹双边、多边、区域次区域开放合作，提高抵御国际经济风险能力意义重大。从未来发展的角度来看，CPTPP也在寻找更大的可能，韩国、印度等有关国家和地区将可能成为CPTPP努力的新方向。所以，我国加快“区域全面经济伙伴关系”的构建和谈判，是赢取战略主动的关键。并且，在今后我国构建区域性、多边性、双边性经济伙伴关系的谈判中，不应回避知识产权问题，而应该根据区域、多边或双边关系的特点，加强知识产权制度谈判，达成知识产权规则共识，掌握区域性乃至国际知识产权规则设定的主导权。需要强调的是，从长远战略来看，作为一个历史久远、继往开来的成长中的地区大国和世界大国，中国只能坚持创新发展和完善知识产权制度，不可过于倚重外来助力，古今中外的经验莫不如此。从眼前现实来看，我们理性客观地评价TPP/CPTPP的知识产权文本，特别是全面细致地研究目前已经生效的CPTPP知识产权规则，是我们不断改进和完善我国知识产权法律规则、建立符合我国经济社会发展需要的知识产权制度的立身之本。

第一章　一般条款

一、有关国际条约及术语的界定

CPTPP 在第 18.1 条对协定中涉及的主要知识产权国际条约所指出的文本作出了规定，并对一些重要的术语进行了界定。涉及的现有的知识产权条约主要有《伯尔尼公约》《世界知识产权组织版权条约》《世界知识产权组织表演和录音制品条约》《巴黎公约》《布达佩斯条约》《TRIPS 和公共健康宣言》《马德里议定书》《新加坡条约》《国际植物新品种保护公约》等，并对 CPTPP 知识产权章节中所涉及的主要术语进行了界定，如知识产权包括的范围、地理标志的含义、作品中需要明确的保护类型、版权与相关权的内涵、表演的范围等进行了规定。在第 2 款中，该条对 CPTPP 关于国民待遇、保护或承认地理标志的行政程序以及相关权中“国民”的范围进行了明确。CPTPP 在第 18.7 条规定了各缔约方必须加入的国际条约以及可以在协定对其生效时加入的国际条约，满足这些条约以及 TRIPS 协定规定的保护资格标准之人，都属于此处所指的“国民”。

（一）后 TRIPs 时代双边及区域协定作用的加强

TRIPs 达成之前，与知识产权相关的国际条约多是由世界知识产权组织主持缔结和管理的。而在 TRIPs 乌拉圭回合的谈判中，以美国为首的发达国家力主将知识产权纳入谈判的议题，贸易与知识产权挂钩自此开始。在此之前，与知识产权相关的国际条约多以调整某一具体领域为特征，偏向于实体规则的制定，缺乏有效的执行措施与争端解决机制。TRIPs 通过提供一个框架性的协议，纳入相关知识产权条约实体规则，在执法与争端解决机制上形成了基本规定，相比于此前达成的与知识产权相关的国际条约来说是一种突破与发展。TRIPs 也因与贸易规则的密切关联，涉及的内容较为广泛，对执法与争端解决机制有着具体的规定而在一定程度上削减了世界知识产权组织的作用。TRIPs 的成功缔结也使其主导者美国掌握了规则制定权，将对当时多数国家来说属于高水平的知识产权保护标准纳入规则体系，我国知识产权相关法的修改也因此而受到影响。

但 TRIPs 在实施的过程中也出现了一些问题，发达国家与发展中国家均对其实施效果感到不满。发达国家认为 TRIPs 中的知识产权保护标准不能与其国内日益提高的知识产权保护水平同步，且发展中国家在知识产权执法方面存在很多问题，未能有效遏制侵权行为并对权利人的损失进行弥补。发展中国家的不满之处在于 TRIPs 过于强调知识产权在贸易中的作用，而忽视了对公众健康和传统文化资源的保护，因此修改 TRIPs 的呼声日益高涨。而在 2001 年启动的多哈回合的谈判中，发达国家也愈加感受到通过多边协定提高知识产权保护水平的难度加大，在成员发展水平差异巨大的世界贸易组织中推行高标准的知识产权保护规则势必会遭到发展中国家和最不发达国家的抵制。多哈回合的艰难谈判已经证明了此点。于是，以美国为首的发达国家转而通过缔结双边或区域协定的方式，不断将自身的知识产权保护规则加诸贸易伙伴。通过减少谈判国的数量、降低谈判国的异质性，美国可以依靠自身的经济实力向贸易伙伴施压，或者以其他领域的开放换取贸易伙伴对知识产权保护水平的提高，从而较为容易地在知识产权保护问题上达成一致。所以在这些贸易协定中，知识产权的保护标准往往以美国的国内法规定为依据，具有超越 TRIPs 保护标准的特征，又常被称为是 TRIPs - plus 条款。以美国为例，与其达成有效的自由贸易协定的国家目前有 20 个，澳大利亚、加拿大、韩国、墨西哥等国都包括在内。[①] 在2012年3月15日生效的《美韩自由贸易协定》中关于知识产权的规定与TPP最为相似。在一定程度上可以说，美韩自由贸易协定是美国将知识产权高保护标准在亚洲国家进行推广的一次试水，美韩自由贸易协定中的诸多规定是对TRIPs的发展，而TPP是以美韩自由贸易协定为蓝本，在此基础上经各缔约国谈判与妥协而形成的。

（二）从TPP到CPTPP——争议条款的暂时搁置

TPP的前身是新加坡、新西兰、智利和文莱四国达成的《跨太平洋战略经济伙伴关系协定》（以下简称P4协定），该协定覆盖面较为广泛，包括二十章内容以及两个关于环境和劳工合作的谅解备忘录，但协定的内容较为简略。[②] 2008年9月，布什政府宣布加入P4协定的谈判，并将P4协定更名为《跨太平洋伙伴关系协定》（简称TPP），2009年11月美国总统奥巴马发布声明加入TPP谈判，在美国的推动下，TPP的成员国数量不断增加，秘鲁、越南、澳大利亚、马来西亚、日本、加拿大、墨西哥也先后加入TPP文本的协商谈判。在美国的主导下，各成员国进行了高密度的磋商，原本预定于2013年年底达成最终文本并进行签署，但由于谈判各方市场敏感区域的不同以及存在诸多的矛盾与分歧，直到2015年10月，美国等重要成员放弃部分高标准保护诉求以尽早结束谈判，才推动了协定的最终达成。[③] 美国为了利用TPP实施其“亚太再平衡”战略，于2015年6月29日通过了《贸易授权促进法案（TPA）》，根据该法案，国会对于总统提交的贸易协定只能表示支持或反对，而不能对协定的条文内容进行修改。这一法案赋予TPP在美国国会的快

---

① 与美国之间达成自由贸易协定的国家目前有20个，包括澳大利亚、巴林、加拿大、智利、哥伦比亚、哥斯达黎加、多米尼加共和国、萨尔瓦多、危地马拉、洪都拉斯、以色列、约旦、韩国、墨西哥、摩洛哥、尼加拉瓜、阿曼、巴拿马、秘鲁、新加坡。See Free Trade Agreements，https：//ustr. gov/trade – agreements/free – trade – agreements，last visited Jan. 28th，2019.

② 参见孙玉红：《多国博弈视角下TPP谈判引发的政策互动和中国的战略选择》，对外经济贸易大学出版社2014年版，第25页。

③ 参见李文韬：《TPP谈判未来走势及中国的应对策略》，载《南开学报（哲学社会科学版）》2016年第2期。

速通道权利。[①] 然而 TPP 被美国新任总统特朗普认为是“潜在的灾难”，会对美国的制造业造成巨大的冲击。在竞选中特朗普就表示在上任后会选择退出 TPP 的谈判，以签署双边贸易协议的方式来为美国的工业创造机会。[②] 在 2017 年 1 月 23 日，特朗普签署了行政命令，宣布美国退出 TPP，之后剩下的十一个成员国在日本的主导下继续就相关问题进行谈判并于 2018 年 3 月在智利签订了《全面与进步跨太平洋伙伴关系协定》（以下简称 CPTPP）。由于 CPTPP 的生效需要六个以上国家批准，并在第六个国家完成国内批准程序后的 60 天内生效，日本、墨西哥、新加坡、新西兰和加拿大已经完成了国内批准程序。2018 年 10 月 30 日，澳大利亚总理斯科特·莫里森通报澳大利亚已经完成国内批准程序，故 CPTPP 已于 2018 年 12 月 31 日生效。最终通过的 CPTPP 文本保留了 TPP 中的大部分内容，并暂时搁置了 TPP 谈判中美国极力主张而其他国家分歧较大的条款。暂时搁置的 22 个条款中，有 11 条涉及知识产权章节的内容，由此也印证了各国关于知识产权保护标准与规则的争议较大的事实。相比于 TPP 中关于知识产权的保护规定，CPTPP 在保护的范围和水平上都进行了缩减，版权保护期限延长的要求没有得到支持，技术保护措施、权利管理信息、传送卫星和电缆信号，以及互联网服务提供商的严格要求等都被取消。[③]

虽然美国退出后，该协定文本的国际影响有所减弱，[④] 但 TPP 以及 CPTPP 所反映出的新的国际贸易规则的变化以及知识产权保护的新要求是值得我们认真研究的。本书的研究围绕已生效的 CPTPP 中的具体规定展开，对冻结的条款会作出相应的说明。

---

① 何华：《跨太平洋伙伴关系协定（TPP）知识产权议题及中国对策研究》，世界图书出版广东有限公司 2016 年版，第 16 页。

② Trump Says US To Quit Tpp, Lift Energy Restrictions：https：//en. haberler. com/trump – says – us – to – quit – tpp – lift – energy – restrictions – 993047/, last visited Feb. 1st, 2019.

③ Matthew P. Goodman：From TPP to CPTPP，https：//www. csis. org/analysis/tpp – cptpp，last visited Feb. 3rd，2019.

④ 根据马来西亚国际贸易与工业部网站统计，TPP 成员国的 GDP 占世界 GDP 总量的 37.5%，CPTPP 占 13.5%，详见 https：//fta. miti. gov. my/index. php/pages/view/71？mid = 40，可见在美国退出后，该协定无论是在经济占比还是在国际影响力方面都大为下降。

（三）各公约文本的简称及术语的含义

本条是对 CPTPP 协定涉及的一些国际条约的简称以及版本的规定，同时也对协定中一些术语进行了定义。例如，本条规定《伯尔尼公约》是 1971 年《保护文学和艺术作品伯尔尼公约》的修改版本。《伯尔尼公约》生效后共经历了五次修改，最近一次修改产生了公约的 1971 年版本，多数国家加入的是《伯尔尼公约》1971 年文本，我国也不例外。另外，从对有关术语的界定中，也可看出 CPTPP 对 TRIPs 等现有国际条约规则的承继关系。在 TPP 协定的谈判过程中，曾经产生过是另外产生一套全新的规则，还是以现有的相关国际条约为基础并进行相应的改动的争论，从最终文本反映的情况来看，TPP 中有关知识产权的规定吸收了现有的主要的知识产权条约规定，并在此基础上有所发展。例如，关于地理标志的定义，与 TRIPs 的规定保持了一致。本条还规定，知识产权是指 TRIPs 第二部分第 1 节至第 7 节包括的所有类别的知识产权。关于知识产权的范围问题尚属有争议之事，TRIPs 对此进行了宽泛的界定，将诸多客体都纳入其中，包括作品、商标、地理标识、工业设计、专利、集成电路布图设计以及未披露的信息等，CPTPP 知识产权章中对知识产权的界定沿袭了 TRIPs 的规定。

另外值得注意的是，本条对表演的界定为“固定在录音制品中的表演”，这就意味着，除非另有规定，否则固定在录像制品中的表演不属于 CPTPP 知识产权章节中所指的表演。

CPTPP 条文：

第 18.1 条：定义

1. 在本章中：

《伯尔尼公约》系指 1971 年 7 月 24 日在巴黎修订的《保护文学和艺术作品伯尔尼公约》；

《布达佩斯条约》系指 1980 年 9 月 26 日修正的《国际承认用于专利程序的微生物保存布达佩斯条约（1977）》；

《TRIPS 和公共健康宣言》指的是 2001 年 11 月 14 日通过的《TRIPS 协定

与公共健康宣言》(WT/MIN (01) /DEC/2);

地理标志系指标识某商品来源于一成员领土或该领土内某地区或地方,并且该商品的特定质量、声誉或其他特性主要由该地理来源决定的标志。

知识产权系指 TRIPS 协定第二部分第 1 节至第 7 节所包括的所有类别的知识产权。

《马德里议定书》系指 1989 年 6 月 27 日在马德里通过的《商标国际注册马德里协定有关议定书》;

《巴黎公约》系指 1967 年 7 月 14 日在斯德哥尔摩修订的《保护工业产权巴黎公约》;

表演系指固定在录音制品中的表演,除非另有规定;

就版权与相关权而言,授权与禁止的权利一语是指专有权;

《新加坡条约》系指 2006 年 3 月 27 日通过的《商标法新加坡条约》;

《1991 年 UPOV》系指 1991 年 3 月 19 日在日内瓦修订的《国际植物新品种保护公约》;

WCT 系指 1996 年 12 月 20 日在日内瓦通过的《世界知识产权组织版权条约》;

WIPO 系指世界知识产权组织;

为进一步明确,作品一词包括电影作品、摄影作品和计算机程序;以及

WPPT 系指 1996 年 12 月 20 日在日内瓦通过的《世界知识产权组织表演和录音制品条约》。

2. 在第 18.8 条(国民待遇)、第 18.31(a)条(保护或承认地理标志的行政程序)和第 18.62.1 条(相关权)中:

就相关的权利而言,国民是指满足第 18.7 条(国际协定)所列协定或者 TRIPS 协定规定的保护资格标准的一缔约方之人。

二、知识产权保护与实施的目标

CPTPP 在第 18.2 条明确了知识产权保护与实施的目标在于促进技术的创

新与传播，为技术知识的生产者与使用者带来共同的增益。CPTPP 对目标的规定与 TRIPs 相同，都侧重于对技术知识社会意义的强调，表明保护技术知识生产者的利益并不是知识产权制度的最终目的，通过知识产权制度的设立，鼓励更多科技文化信息的产生、传播、应用才是知识产权的最终目的。在知识产权制度体系内，权利人的利益与使用者的利益保护都很重要，知识产权的行使应该考虑到社会福利，使得制度设计最终能够使社会受益。因此，权利与义务相平衡是知识产权保护与实施的重要目标。

（一）TPP 中关于知识产权保护与实施目标的争议

TPP 的谈判过程采取保密形式，使得公众对谈判的进展和文本规定了解甚少。TPP 中的知识产权章节曾经遭到过泄露，分别是 2011 年 2 月、2011 年 9 月、维基解密于 2013 年 11 月和 2014 年 10 月披露的文本。2013 年 11 月，维基解密公开的文本中，关于知识产权的目标的确定曾经产生过争议。除美国、日本、澳大利亚外的九个参与谈判的国家曾提议 TPP 知识产权章的目标应该更为多元，应当在考虑不同国家发展水平和法律体系差异的基础上，加强知识产权的传播与利用、推动知识产权进入公共领域能力、防止知识产权成为合法贸易的阻碍和投资壁垒，同时注重授权的知识产权质量问题。[①] 但美国和日本对该提案持反对态度，其也没有作为 TPP 最终文本的内容。

---

① 新西兰、智利、秘鲁、越南、文莱、马来西亚、新加坡、加拿大和墨西哥提议 TPP 知识产权章的目标应该是：a. 加强知识产权在推动经济社会发展，尤其是在电子行业、科技创新、科技和贸易的（秘鲁：代际）转移和传播方面的作用。b. 在考量不同国家经济发展水平、发展能力以及司法体系差异的基础上，通过对知识产权有效、充分地创新、利用、保护和实施，推进深层次的经济一体化，减少贸易和投资壁垒。c. 就知识产权保护的主要问题，维持知识产权权利人的权利与使用人、社会公众的合法利益之间的平衡。d. 保护各缔约国识别、推动进入和保护公共领域的能力。e. 保证知识产权的实施方法和程序本身不会阻碍合法的贸易。f. 提高知识产权体系的运行效率，尤其是知识产权审批时的质量检查程序。但该提议遭到美国和日本的反对。新西兰、加拿大、新加坡、智利、马来西亚和越南还提议：g. 知识产权的保护和实施应当以一种有益于社会经济福利的方式加以实现，应当有助于科技创新、科技转移和传播，有益于科技知识提出者和使用者的利益，还应当平衡权利与义务的关系。h. 支持各缔约国保护公共健康的权利，包括尽快提供价格低廉的药物。见工信部电子知识产权中心译：《〈跨太平洋伙伴关系协议〉知识产权章节》，载《专利法研究（2013）》2015 年，对 2013 年 11 月维基解密公布的 TPP 知识产权章节的翻译。

知识产权保护与实施的目标在 TPP 谈判过程中存在较大的争议，背后的原因在于发达国家与发展中国家对知识产权所持的态度不同。知识产权法律与公共政策具有同构性。知识产权制度的选择与安排背后体现的是国家利益的政治立场。[①] 发达国家主要将知识产权作为鼓励创造和维持其文化、科技领先地位的工具，而发展中国家则更多强调人权、公共利益对知识产权的制约，希望加强知识共享、加快知识产权人的专有权进入公共领域来促进本国对知识的获取，缩小与发达国家的差距。TPP 的成员经济发展水平差异较大，在全球产业链分工各不相同，有掌握研发与销售前端的美国，也有依靠加工业赚取微薄利润的发展中国家，各国的核心利益不同，由此决定了对知识产权保护目标的达成必定存在矛盾与分歧。从维基解密 2013 年 11 月披露的文本内容来看，除美国和日本外，其他国家对于知识产权的目标理解更为多元，提出了在知识产权的保护中要考虑到不同国家的经济文化发展水平和司法体系的差异，并将公有领域的充盈作为知识产权制度实施的目标，权利人的权利与公共利益两者都不可偏废。而 TPP 最终文本沿袭了 TRIPs 中对保护目标的规定，没有吸纳多数缔约国在谈判过程中提出的更加细致的、更强调知识产权保护中的公共利益与根据国情适度差别保护的提议，只是将促进技术创新以及技术的转让与传播、以有利于社会福利的方式平衡各方利益作为目标进行了规定。

（二）CPTPP 中知识产权保护目标的由来——对 TRIPs 协定的承继

虽然关于知识产权保护目标的提议是由除美国和日本外的其他九个缔约国提出的，但最终并没有被作为 TPP 的规定吸纳进来，而是原封不动地将 TRIPs 第 7 条关于知识产权保护目标的规定照搬进 TPP 知识产权章节，相比于 2013 年 11 月泄露文本中多数国家的提议，简化了许多。简化的部分主要集中在强调知识产权的公共属性以及考虑各国实际情况对知识产权保护采取渐进

① 吴汉东：《知识产权法的制度创新本质与知识创新目标》，载《法学研究》2014 年第 3 期。

措施方面，而这些方面无疑是对加强知识产权保护理念的一种限制，对知识经济不甚发达的国家更为有利。但从最终文本反映的情况来看，美国和日本的反对意见占据了主导地位，这也从侧面反映出 TPP 知识产权章节的内容是由美国主导制定的事实。CPTPP 知识产权章节对于目标的规定与 TRIPs 保持了一致，没有过多将知识产权促进公有领域的充盈、强调不同国家保护水平存在差异等纳入其中。TRIPs 中明确知识产权保护的目的是促进技术进步、技术传播进而带动各国经济的发展。[①] 同时，社会公众与权利人的利益平衡也被作为知识产权制度实施的重要目标。强调知识产权制度在促进技术创新与技术的转让与传播中的重要作用，就为规制那些在国际知识产权贸易中对技术的实施附加不合理限制的行为提供了更深层次的依据。另外，对知识产权实施过程中要遵循利益平衡、社会公共利益考量原则作为知识产权保护的目标进行规定，也突出了对知识产权的保护不是绝对的，过分强调对知识产权人利益的保护，而罔顾社会公众对文化技术的正常接触与使用不是 CPTPP（和 TRIPs）的本意。这一点在与其他分门别类的知识产权条约目标进行对比时就可以清楚地发现。例如，《伯尔尼公约》对目标的规定是尽可能以有效统一的方式保护作者对作品享有的权利，《巴黎公约》在总目标中规定“保护工业产权”，《罗马公约》在前言中申明其目的是“保护表演者、录音制品制作者及广播组织的权利”，[②] 相比于此三大知识产权公约的规定，无论是 TRIPs 还是 CPTPP 的规定，都增加了利益平衡和权利限制的意味。

CPTPP **条文：**

第 18.2 条：目标

知识产权的保护和实施应该有助于促进技术创新以及技术的转让和传播，以有利于社会和经济福利的方式为技术知识的生产者和使用者带来共同的利益，有助于权利与义务的平衡。

---

① 郑成思：《WTO 知识产权协议逐条讲解》，中国方正出版社 2001 年版，第 42 页。

② 参见郑成思：《关贸总协定与世界贸易组织中的知识产权：关贸总协定乌拉圭回合最后文件》，北京出版社 1994 年版，第 40 页。

三、知识产权保护的原则

CPTPP 在第 18.3 条中明确了知识产权保护应当遵循的原则。虽然知识产权是绝对权，但基于其承载的促进社会科学文化进步的制度使命，对其赋予的保护并不是绝对的。基于知识产权承载的社会公共利益，本条特别明确了缔约方在制定与修改法律时，针对保护公共营养与健康等事项，可以采取适当的措施，促进对社会和技术发展至关重要部门的利益。并在第 2 款中重申了 TRIPs 防止权利人滥用知识产权、限制贸易转让的原则。无论是第 18.2 条对知识产权保护与实施目标的规定，还是本条规定的知识产权保护原则，都强调对技术的知识产权保护应考虑其承载社会利益与正常的国际技术交易秩序的维护，不能因为绝对的保护而损害到公共健康，或者成为权利人进行技术圈地、阻碍正常的国际技术贸易的工具。

（一）知识产权中的公共利益

CPTPP 第 18.3 条对原则的规定来源于 TRIPs 第 8 条。郑成思老师在对 TRIPs 第 8 条中的原则的规定进行分析时，曾指出，协定中所讲的原则主要指的是防止专用权滥用的原则，防止滥用包括两个方面：一是对公共利益进行避让，不能损害这一更为上位的利益；二是不能以不正当竞争的手段对贸易进行限制。[①] 知识产权较之传统民法上的物权等财产权来说，更多受到公共利益的限制。例如，版权与言论自由的边界问题，专利权与公共健康的关系等，都涉及知识产权人的专有权范围基于公共利益的让渡问题。无论是 TRIPs 还是 TPP 抑或之后的 CPTPP 文本，都对知识产权保护的原则进行了规定，即（1）要受公共利益的制约；（2）不能不合理地对知识产权交易造成不利影响。公共利益是对财产权永恒的限制，有体财产与无体财产皆不例外。TRIPs

---

① 参见郑成思：《WTO 知识产权协议逐条讲解》，中国方正出版社 2001 年版，第 43 页。

及TPP以公共利益来限制各国的立法范围，在国内立法和适用最低标准时，可以根据第18.3条规定的公共利益，规定例外的情形。① 将公共利益纳入知识产权保护的原则中，为各成员方进行国内立法留下了余地。但何为对社会经济和技术发展至关重要的部门的利益，何为必要的措施都是无法清晰界定的，此与公共利益的模糊性与地域性有密切关系，但原则的模糊性也为各国根据具体国情灵活适用该原则制定国内法留下了空间。

知识产权与对有体物享有的财产权不同，虽然同属绝对权，但知识产权的边界具有模糊性，相比之下也更多受到公共利益的限制。为知识产权提供强保护不是制度设立的最终目的，通过为知识产品创造者提供有期限的保护而保证此种激励能够使公众从利用知识产品中受益、推动社会知识创造能力的提升才是知识产权保护的目标。故知识产权人所享有的权利往往包含诸多例外规定。WTO的知识产权部负责人曾在多个场合强调TRIPs中“公共利益”的重要地位，郑成思老师也认为其重要程度并不逊于民法中被奉为“帝王条款”的诚实信用原则。② WTO的加拿大药品专利保护案中即体现出了对知识产权的保护应与社会公共利益相协调的制度理念。在1997年WTO欧共体与加拿大药品专利保护案中，欧共体认为加拿大立法没有为专利药品在保护期内提供充分的保护，违反了TRIPs第27条第1款、第28条和第33条。原因是加拿大专利法第55.2（1）条与第55.2（2）条两条规定了管理审查例外与存储例外。管理审查例外目的是允许经营者为获得政府的销售许可，在未经专利所有人授权的情况下，在专利保护期内可以使用该专利进行测试与实验，在专利保护期经过之后便可以使产品具备上市的条件。加拿大药物的开发和新药品专利的审批过程花费的时间约为8年至12年，不允许在专利期内利用专利药品进行实验实质上延长了专利保护期，削减了公众以较低的价格获得仿制药的能力，不利于保护公共健康目的的实现。存储例外允许经营

① 孔祥俊：《WTO知识产权协定及其国内适用》，法律出版社2002年版，第77页。
② 参见郑成思：《WTO知识产权协议逐条讲解》，中国方正出版社2001年版，第43页。

者在专利保护期届满前的特定时间内制造和存储专利产品，但不得销售。这在药品生产中十分重要。由于制药商通常不具备生产药物活性成分的能力，因此在专利期进行实验时需要向精细化工生产商购买相关的活性成分，通过将“出售”解释进“存储”内，加拿大将此种行为也视为专利侵权的例外。欧共体认为加拿大的立法违反了 TRIPs 第 28 条第（a）项中规定为专利产品提供专利期内制造、使用、销售、许诺销售、进口的权利的义务。加拿大认为 TRIPs 第 7 条要求知识产权保护与 WTO 成员政府的其他重大社会经济目标相平衡，第 8 条更具体阐明了有关的社会经济政策，其中尤其关注“健康与营养”，这些宗旨要求对第 30 条作宽泛理解，[①] 以便成员方政府有必要的灵活性协调专利政策与国家其他重大政策之间的关系并达到期望的平衡。[②] 该案最终裁决加拿大的立法与 TRIPs 有关规定不相冲突，这说明了知识产权保护并不是绝对的，僵化理解保护期限内知识产权人享有的各项权利可能会造成实质上的不公平，减损更为上位的公共利益。

（二）对防止知识产权滥用原则的再次明确

CPTPP 在原则中赋予了成员方采取适当措施的自由来防止权利人滥用权利或对知识产权国际贸易造成不利影响。该规定与 TRIPs 第 8 条保持了一致，允许成员方采取措施促使权利人正常行使权利。建立知识产权保护制度、承认知识产权固然重要，但保证权利的正当行使，不被用来损害市场自由竞争、损害公众对信息获取同样重要。发达国家在贸易协定的制定过程中偏重于强调加强知识产权保护，但对广大发展中国家来说，基于其知识产权进口国的现实状况，强调对权利的正当行使、禁止权利滥用更能使知识产权制度构建符合本国社会经济发展的目标。

---

① TRIPs 第 30 条规定了授予专利的例外：各成员可对专利授予的专有权规定有限的例外，只要此类例外不会对专利的正常利用发生无理抵触，也不会无理损害专利所有权人的合法权益，同时考虑到第三方的合法权益。

② 王新奎、刘光溪主编：《WTO 与知识产权争端》，上海人民出版社 2001 年版，第 272 页。

知识产权本身是一种合法的垄断，国家通过采取行政与司法救济措施对侵权行为进行制裁，利用公权力对权利进行充分的保护。若知识产权人将这种高强度的保护作为限制竞争、限制科技文化进步或者不正当地阻碍公众获取信息资源的手段，就需要采取措施对这种不正常的权利行使状态加以矫正。发达国家掌握着较多的知识资源，在向技术进口国输出技术时，基于自己对某一技术或信息的独占，提出不合理的交易条件，如搭售、限制出口、限制技术改进时，该进口国的利益就会面临得不到有效保护的风险。在我国 DVD 生产商因 6C 专利联盟收取的高额许可费而退出市场，“微软垄断案”“高通垄断案”中专利持有人利用自身在市场中的有利地位而对产品进行不合理的捆绑销售或者进行差别待遇等众多滥用知识产权实例，也证明了知识产权赋权与权利的限制同样重要。

1. TRIPs 中关于防止知识产权滥用的规定

TRIPs 除了在第 8 条原则中明确防止知识产权滥用，在具体的规定中也处处可见对知识产权滥用行为的规制，如对知识产权许可合同与执法程序的规定。防止知识产权滥用是实现 TRIPs 总目标的一个必要措施。[①] 联合国贸易和发展会议曾于 20 世纪 70 年代起草过《国际技术转让行为规范》，该草案列举了 20 种在国际技术转让合同中存在的限制贸易条款。[②] 但由于发展中国家与发达国家对这些具体列举的行为是否构成技术转让中的限制意见不一，因此该规范迟迟没有获得通过。发展中国家在国际贸易中经常会因某些技术独占持有者施加的不合理交易条件而遭受损失，因此，在知识产权保护中明确对权利滥用的限制对保障其正当利益是很有必要的。TRIPs 在吸纳《国际技术转让行为规范》失败的经验教训的基础上，舍弃了争议较大的全面列举技术贸易中限制竞争情形的做法，而是通过较为原则性的规定，对知识产权滥用进行了规定。例如，在第 8 节“对许可协议中反竞争行为的规制”中并未对知

---

① 张伟君、单晓光：《TRIPS 协议对知识产权滥用的规制探析》，载《世界贸易组织动态与研究》2007 年第 10 期。

② 参见武长海：《论国际贸易中知识产权滥用的法律规制》，载《河北法学》2010 年第 2 期。

识产权滥用进行定义，且将对知识产权滥用情形认定和规制的自由赋予了各成员，并在该款以列举的方式对某些滥用行为进行了示例。[①] 在第 41 条关于“知识产权实施的一般义务”中，也以原则的方式对防止滥用执法程序阻碍合法贸易进行了规定。[②] 虽然 TRIPs 中关于规制滥用知识产权的条款贯穿了协定的始终，但终究没有采取《国际技术转让行为规范》中详细列举的形式，此也反映出了发展中国家与发达国家的国情、利益以及对滥用知识产权的不同理解而最终选择的折中妥协方式。但发展中国家也可以利用原则的灵活性，根据本国国情对知识产权滥用行为采取较为宽泛的认定并规定较为严格的惩处措施。而 TPP 和 CPTPP 在该问题上的规定与 TRIPs 保持了一致，很可能是基于 TRIPs 制定过程中经验的反思。

2. 我国对滥用知识产权的规制

对知识产权滥用行为的规制在我国并不是没有法律可依，除民法中的诚实信用原则等可对这些失范行为进行规范外，《合同法》[③]《对外贸易法》[④]《反垄断法》[⑤]《反不正当竞争法》[⑥] 中的相关规定都可为规制滥用权利的行为提供依据。2008 年，国务院公布的《国家知识产权战略纲要》序言部分指明了我国“知识产权滥用行为时有发生”的现实，并提出了纲要的战略目标是使

① 见 TRIPs 第 40 条：本协定的任何规定均不得阻止各成员在其立法中明确规定在特定情况下可构成对知识产权的滥用并对相关市场中的竞争产生不利影响的许可活动或条件。如以上所规定的，一成员在与本协定其他规定相一致的条件下，可按照该成员的有关法律法规，采取适当的措施以防止或控制此类活动，包括诸如排他性返授条件、阻止对许可效力提出质疑的条件和强制性一揽子许可等。

② TRIPS 第 41.1 条后半段规定了，这些程序的实施应避免对合法贸易造成障碍并为防止这些程序被滥用提供保障。

③ 如《合同法》第 329 条：非法垄断技术、妨碍技术进步或者侵害他人技术成果的技术合同无效。第 343 条：技术转让合同可以约定让与人和受让人实施专利或者使用技术秘密的范围，但不得限制技术竞争和技术发展。

④《对外贸易法》第 30 条：知识产权权利人有阻止被许可人对许可合同中的知识产权的有效性提出质疑、进行强制性一揽子许可、在许可合同中规定排他性返授条件等行为之一，并危害对外贸易公平竞争秩序的，国务院对外贸易主管部门可以采取必要的措施消除危害。

⑤《反垄断法》第 55 条：经营者依照有关知识产权的法律、行政法规规定行使知识产权的行为，不适用本法；但是，经营者滥用知识产权，排除、限制竞争的行为，适用本法。

⑥《反不正当竞争法》第 2 条作为对不正当竞争行为的一般规定，可为规制市场竞争中滥用权利的行为提供依据。

"滥用知识产权现象得到有效遏制"。[①]《专利法》规定在专利权人在一定期限经过后，没有正当理由不实施或未充分实施专利，以及在专利权人行使专利权的行为被依法认定为构成垄断的情况下，具备实施能力的单位和个人都可申请强制许可，此为规制专利权滥用、防止过于绝对的专利权保护对社会公众正常利用技术造成阻碍提供了法律依据。[②]《商标法》第 7 条规定了"申请注册和使用商标，应当遵循诚实信用原则"。我国知识产权滥用愈演愈烈的状况使得立法者在最新的修法过程中也对此予以了关注和回应。例如，2018 年《专利法》修订草案第 20 条就规定了"申请专利和行使专利权应当遵循诚实信用原则。不得滥用专利权损害公共利益和他人合法权益或排除、限制竞争"。在知识产权专门法中对滥用知识产权的行为进行规定，可以使当事人的诉求有更加明确的法律依据，不必使法官冒着"法律创设"的风险对相关的纠纷进行裁判，也更加彰显出法律对赋权、限权、正确行使权利的同等重视。

有学者提出，我国在加入世界贸易组织时进行的知识产权修法活动时间紧迫，准备不足，当时的主要任务是完善对权利的保护，而没有对滥用权利的限制进行通盘考虑。且在入世谈判的过程中，因该议题不是其他成员关注的焦点而被忽略，在当时的立法中没有完整地进行规定。[③] 而随着知识产权专门法新一轮的修订，若能对知识产权滥用行为在专门法中进行规定，不仅能使我国立法全面符合 TRIPs 的要求，也能利用 TRIPs 中灵活的原则性规定使知识产权的实施助推社会科技文化的进步。

CPTPP 条文：

第 18.3 条：原则

1. 缔约一方在制定或修改其法律和法规时，应采取必要的措施来保护公共健康和营养，促进对社会经济和技术发展至关重要部门的利益，前提是这

---

① 《国家知识产权战略纲要》(全文)，http：//www. sipo. gov. cn/ztzl/gjzscqzlgybbssszn/szngyjs/1124905. htm，2019 年 2 月 20 日访问。

② 《中华人民共和国专利法》第 48 条。

③ 参见李顺德：《知识产权保护与防止滥用》，载《知识产权》2012 年第 9 期。

些措施与本章的规定相一致。

2. 只要与本章的规定相一致，适当的措施应该被采取以防止权利人滥用知识产权，或者不合理地限制贸易或对国际技术转让造成不利影响的做法。

四、关于知识产权章节的谅解

CPTPP 第 18.4 条对各国关于知识产权保护所达成的谅解进行了规定。由于 CPTPP 各缔约国之间的差异悬殊较大，对知识产权保护的政策目标也不尽相同，CPTPP 考虑到这种差异的实际存在，在本条对各缔约方通过各自的知识产权制度达到的效果进行了明确，即首先要激发创造，再而要为知识信息的传播提供便利，最后基于 CPTPP 区域经济协定的性质要求，培育开放而有效率的市场也是谅解的内容。此外，本条还对各国应遵守的透明度和正当程序原则，知识产权制度构建过程中需要考虑的权利人、服务提供者以及社会公众的利益以谅解的方式进行了明确。由此，虽然各缔约方对知识产权政策目标的认识存有差异，但在本条规定的基本目标和知识产权保护的基本要求上，各国应遵守谅解中达成的一致。

（一）知识产权激励创造与促进竞争的制度目的

第 18.4 条是对 CPTPP 中各成员方通过知识产权制度达成的基本公共政策目标的明确。知识产权制度的基本政策目标是促进创新与创造，这是制度存在的基础，本条一开始就对此点进行了明确。创新是知识产权法的历史过程与时代使命，理想的知识产权制度应是持续激励创新的制度。[①] 为一部文学作品、一个技术方案或者一个商标设定产权，并不是知识产权制度设立的最终目的，否则经若干年之后，惯用的表达与常见的技术方案因早已被不同的权利人划归分割为个人专有权的范围，就会形成“知识产权丛林”而为后续的

① 吴汉东：《知识产权法的制度创新本质与知识创新目标》，载《法学研究》2014 年第 3 期。

技术开发与使用带来困难。知识产权制度设立的重要目的便是通过在一定期限内为权利人提供保护的激励，来鼓励公众创作更多新的作品和对现有技术进行改进，以此来推动社会的创新与进步。为了保障公众使用现有的知识信息进行创新创造的机会，版权制度中都会规定合理使用制度，以此来保证文艺评论与其他对作品正当使用的自由；专利权制度中通常会规定有重大技术进步的技术方案在满足其他条件的情况下可以申请强制许可，从该种意义上来说，知识产权并不是为知识信息圈起了严密的围墙，而是起着沙漏的作用，留下的缝隙为后续创新提供了制度保障。对知识产权的保护不同于对传统的有体物提供的保护，理论上讲只要物不灭失，物权就会一直随同存在，而对知识产权中财产权的保护是有期限的，经过规定的保护期后，使知识信息能够适时地进入公有领域，为社会公众进行创新创造提供素材是知识产权制度的重要目的。因此，CPTPP 文本中规定了缔约各方要认识到知识产权制度促进创新与创造的本旨。

知识信息最终被公众作为创新与创造的素材，离不开广泛的传播与便利的获取条件。知识信息的价值不仅在于被创造出来，更在于传播和获取，故“便利信息、知识、技术、文化和艺术的传播”也被作为重要的知识产权保护的基本政策目标在本条进行了规定。知识信息只有广泛地传播才会为更多人提供获取的机会，因此，知识产权制度在设计时通常会为知识信息的传播者提供一定的保护。例如，大陆法系的著作权立法中通常会区分著作权与邻接权，后者即为传播作品的自然人或法人提供的保护。而在不区分创作者与传播者的英美法系国家，作者与传播者有时会享有相同水平的保护。便于知识信息传播这一制度目标的落实，更多需要的是各缔约方基础文化设施的建设与完善，此外，与知识产权相关产业的繁荣也会促进知识信息的传播，为公众获取知识带来便利。

将知识产权与贸易、市场相结合既是发达国家的一贯立场，也是知识产权在国际贸易中发挥价值的重要方式。知识产权作为国家赋予权利人的相对垄断的权利，可以为权利人带来相对独占的优势地位，而该优势若被滥用作为限制竞争的手段，将会为市场经济的正常运转带来难以估量的损害。因此，CPTPP 知识产权章节中将知识产权保护对于培育竞争、开放和有效率的市场也作为重要的目标进行了规定，原因在于知识产权不能被作为分割市场的工具，不能为权利人制造垄断提供制度支持，不能成为权利人限制技术进步的手段。

（二）知识产权制度在设立与完善过程中需遵循的原则

CPTPP 第 18.4 条在对知识产权制度目的达成的谅解进行规定时，还对各缔约方在制度运作过程中需要遵循的原则予以明确，即须遵守透明度原则、正当程序原则以及利益平衡原则。透明度不仅指在一国内部的透明，还指在国际范围内、国家与国家、地区与地区之间的透明。[①] 知识产权作为绝对权，具有较高的效力，因此关于知识产权的申请及授权信息以及相关的法律法规应该通过一定的渠道使公众能够获悉，并据此形成一定的法律预期，并合理地安排自己的生产与生活。遵循透明度原则不仅是对权利人利益的保护，也有利于社会公众对权利状况、权利边界形成稳定的预期，是知识产权制度有序运行的基础之一。此外，CPTPP 还在本条对正当程序原则进行了规定。正当程序原则强调程序的公正性，要求在司法与行政程序中要做到公开、透明、中立、公正、及时和平等参与。知识产权授权与确权过程中会涉及一系列的行政与司法程序，因此，对正当程序的强调有利于公正裁决的作出。CPTPP 在该条中明确提出了对权利人、服务提供者与社会公众利益的综合考量原则。在设定权利与义务方面，实现知识产权人和使用者之间的利益平衡，始终是一个带有根本性的指导性原则。[②] 利益平衡贯穿了知识产权的产生、利用、穷竭的始终，在权利的赋予过程中，如何确定权利人的权利范围与公有领域范围是需要考虑权利人、使用者以及竞争者的利益进行精巧设计的。关于利益

---

① 李顺德：《WTO 的 TRIPS 协议解析》，知识产权出版社 2006 年版，第 63 页。

② 冯晓青：《知识产权法利益平衡原理论纲》，载《河南省政法管理干部学院学报》2004 年第 5 期。

平衡的规定在第 18.2 条中也有规定，体现了 CPTPP 对知识产权保护与实施过程中多方利益综合考量的重视。

本条是缔约方对知识产权保护达成的共识进行的系统明确，对知识产权保护的基本政策目标进行了详细的规定，既强调了知识产权在保护创新与促进知识传播方面的作用，也强调了对知识产权的保护不应成为不正当竞争的手段，虽然在 TRIPs 文本中也可见到类似的规定，但系统将其整理为单独一条无论是在美国近年来与韩国缔结的《美韩自由贸易协定》还是在 TRIPs 中都是没有的，故本条是 CPTPP 协定中对于知识产权保护的政策目标的系统明确。

CPTPP **条文：**

第 18.4 条：关于本章的谅解

考虑到各国国内的基本公共政策目标，缔约方认识到需要通过各自的知识产权制度：

（a）促进创新与创造；

（b）便利信息、知识、技术、文化和艺术的传播；以及

（c）培育竞争、开放和有效率的市场。

同时遵守透明度和正当程序原则，并考虑到包括权利人、服务提供者、用户和公众在内的利益相关者的利益。①

五、知识产权保护义务的性质与范围

CPTPP 第 18.5 条对各成员方在知识产权章节之下应该承担的保护义务以及保护的范围进行了规定。对于知识产权章节中规定得知识产权保护要求，各方均有实施的义务。各成员方在提供符合协议规定的保护要求方面，有根据本国法律与实践采取适当措施的自由，CPTPP 并不干涉各成员方为达到协

① 参见韩立余主编：《〈跨太平洋伙伴关系协定〉全译本导读》（上册），北京大学出版社 2018 年版，第 417 页。

定要求的保护水平而作出的具体规定。且协议规定的保护要求为最低标准，不妨碍各成员方在此基础上提供更高水平的保护，各成员方不提供高于协定要求的保护水平也不会导致对协定的违反。

（一）协定中的要求为最低义务标准

本条与 TRIPs 第 1 条第 1 款的规定相一致。在各成员方知识产权保护义务的履行方面，规定了“各方均应实施本章规定”。有约必守是国际法的一项原则，《维也纳条约法公约》第 26 条规定了“条约必须被信守”，因此本条是对这一义务的重申。[①] 此外，本条中还规定了一方可以在其法律中规定比本章规定得更宽泛的知识产权保护与实施，这种更为宽泛或者高标准的保护并不是成员国的义务，各国可以视情况在本章规定的保护标准上提供更高水平的保护。由此可见，CPTPP 中的规定为协定所要求的最低保护标准，其为各成员方对知识产权的保护义务规定了一个下限，而没有设定上限。而基于 CPTPP 中的国民待遇要求，若一成员方为本国国民提供了超出协定的保护水平，对满足条件的外国人也要赋予同等水平的保护。最后，本条还申明了对各国主权的尊重，即明确各方“均应自由在其法律体系和实践中采取本章规定的适当措施”，前提是“不违反本章规定”。

（二）保护水平的选择应立足本国现实

知识产权保护水平与一国的经济发展状况、知识产权的重视程度等因素密切相关，根据一国经济发展水平的阶段不同，其采取的知识产权保护政策也相应有所不同。例如，美国 1790 年版权法奉行的是低水平保护政策，在长达百年的时间里与《伯尔尼公约》并不接轨。[②] 在美国历史上也一度出现大

---

① 何华：《跨太平洋伙伴关系协定（TPP）知识产权议题及中国对策研究》，世界图书出版广东有限公司 2016 年版，第 97 页。

② 参见吴汉东：《知识产权法的制度创新本质与知识创新目标》，载《法学研究》2014 年第 3 期。

量未经许可复制英国作家创作的文学作品的情形，因为文化负债国的现实，美国为知识产权提供很低的保护水平。而在其文化产品成为重要的贸易对象后，开始采取对知识产权的严格保护措施，由此也招致了许多贸易伙伴的不满。对于发展中国家而言，建立完备的知识产权制度也并非朝夕可成之事，立法者必须审慎地根据本国国情和知识产权保护的实际需求，作出符合国情的安排。[①] 协定在此方面没有对保护水平作出统一的规定，发展中国家可以完全按照协定所规定的最低保护义务标准对成员国的知识产权进行保护。

CPTPP 条文：

第 18.5 条：义务的性质和范围

各方均应实施本章规定。在不违反本章规定的情况下，一方可以但并无义务在其法律中规定比本章规定更宽泛的对知识产权的保护和实施。各方均应自由在其法律体系和实践中采取实施本章规定的适当措施。

六、公共健康措施在知识产权保护中的采取

知识产权的过强保护会给公众接触知识信息、获得保持健康的药物制造障碍，从而在个人权利保护与公共利益之间造成一定的紧张与冲突。TRIPs 对知识产权保护的强调导致其在实施过程中出现了一系列问题，最突出的即专利保护对不具有药物生产能力的国家公众获取药物带来的障碍引发的国际关注，此导致了 TRIPs 对公共健康措施的吸纳及后续修改。CPTPP 在第 18.6 条中规定了各方均应遵守《TRIPS 与公共健康宣言》中的承诺，并对各方达成的共识进行了明确，即 CPTPP 中规定的知识产权保护义务不应该阻止保护公共健康措施的采取。各方在解释和实施本章的规定时，可以出于保护公共健康、促进公众对药物的获取的目的进行。各方有决定何种情况构成国家紧急状况和其他特别紧急情况的自由。为了解决没有药物生产能力的国家在专利

① 吴汉东：《知识产权法的制度创新本质与知识创新目标》，载《法学研究》2014 年第 3 期。

制度下面临的药物获取的难题，本条还对成员方在《关于 TRIPS 协议和公共健康多哈宣言第六段的执行决议》《关于修改 TRIPS 协定的决定》中作出的提供药品的承诺进行了重申，并明确 CPTPP 知识产权章中的规定并不阻碍成员方根据“TRIPS/健康解决方案”采取措施。此外，本条还规定了如果一缔约方根据对其生效的 TRIPs 中的豁免或修改条款所承担的义务与 CPTPP 知识产权章节中规定的义务相违背，那么各方应展开磋商来适当地调整知识产权章的规定。在本条第 2 款，CPTPP 要求还未采取措施的成员国，应通知 WTO 接受 2005 年 12 月 6 日在日内瓦通过的《修改 TRIPS 协定议定书》。

（一）知识产权与人权的冲突

CPTPP 第 18.6 条体现出了对公共健康的关注，此是对 TRIPs 实施过程中经验教训的总结，知识产权的保护不能与基本人权发生冲突，否则制度的合理性就值得怀疑。TRIPs 的达成将知识产权与贸易挂钩，通过对知识产权宽泛的界定，将诸多无形财产的保护进行统一规定，使众多成员方的知识产权保护维持在相当的水平，对 WTO 为数众多的发展中国家和最不发达的国家来说，提供这种高标准的保护减损了其自由利用科技文化信息发展的机会。专有权与公有领域处于此消彼长的关系状态，而公有领域又更多地涉及基本人权的保障，因此，对知识产权的过强保护有时会对人权造成损害。例如，对版权人提供的保护过强，公众利用作品进行表达的空间就会被压缩，很多对作品正常的利用行为就会被认为是对版权人专有权的侵害，从而限制公众的言论自由与表达自由。在药品领域的专利权保护，有时会与作为人权的健康权发生冲突。《世界人权宣言》第 25 条规定“人人有权享受为维持本人和家属的健康和福利所需的生活水准”。因此，在个人健康出现不良状况时，有权获得医疗救助。但药品专利的存在，可能会使不能以专利权人的定价支付的患者失去获得药品的机会，在健康受损的情况下得不到有效的治疗。保障公共健康作为政府的基本职能，有时会与专利保护义务相冲突。尤其是突发性疾病对成员方公共健康造成威胁时，对药品的专利保护往往会使某些患者因价格原因不能及时获取药物。TRIPs在实施过程中，WTO所有成员面临的重大挑战就是：既要保护发达国家药品专利人的利益，又要兼顾欠发达国家获得药品以维护公共健康的权利。[①] 知识产权保护有时会与人权保护产生冲突，在TRIPs实施的过程中已经出现了这种现象，于是针对发展中国家的优势资源和人权保护而开展进一步的谈判的呼声日益高涨。

（二）推动TRIPs公共健康措施采取的国际事件

TRIPs在第31条中规定了为了公共利益，在发生紧急状况时可以不经权利人的同意颁发强制许可，但事实证明“这种制度设计有可能导致极不合理的现象发生”，如在一国爆发流行性疾病时，若该成员方没有专利药品的生产能力，由于第31条第（f）项的规定，[②] 该国会陷入两难的境地，从国际市场购买专利药或者进口仿制药都会因为专利制度的存在而难以实现。[③] 虽然TRIPs在目标与原则中，确认了知识产权的保护目标之一是促进技术知识的创造者和使用者的相互利益以及各成员方为了保护其公共健康与营养采取一定的措施，但由于目标与原则规定的模糊性，没有专利药品生产能力的成员国很难依据该条主张自己的权益。在20世纪末发生的三个重大的国际事件，引发了全球舆论对保护知识产权与保护公共健康之间关系的热烈讨论，[④] 并最终推动了2001年11月在多哈召开的部长级会议上《TRIPS协议与公共健康多哈宣言》的达成。在“跨国医药公司与南非的贸易争端案”和“美国与巴西的贸易争端案”中，[⑤] 南非与巴西作为艾滋病病情较为严重的国家，政府为保证

---

① 参见张乃根：《论TRIPS协议框架下知识产权与人权的关系》，载《法学家》2004年第4期。

② TRIPS协定第31条第（f）项规定：任何此种使用的授权应主要为供应授权此种使用的成员的国内市场。

③ 参见文希凯：《TRIPS协议与公共健康——评WTO〈“TRIPS协议和公共健康宣言”第六段的执行〉》，载《知识产权》2003年第6期。

④ 冯洁涵：《全球公共健康危机、知识产权国际保护与WTO多哈宣言》，载《法学评论》2003年第2期。

⑤ See Pharmaceutical Manufacturers' Association of South Africa v President of the Republic of South Africa, Case No 4183/98.

公众健康而采取了一系列措施，包括颁发强制许可、允许平行进口来获得治疗艾滋病的专利药品。该行为引发了专利权相关方的不满，美国将南非列入特别 301 调查名单，并对巴西提起 WTO 争端解决程序。虽然两案最终以撤诉和双方达成协议而终结，但也引发了国际社会对于保护药品知识产权为公众获取药品带来的障碍这一问题的关注。不仅发展中国家在公众健康出现危机时对药品有着急迫的需求，发达国家也不例外。在“美国炭疽攻击事件”中，美国国内发现了通过邮寄方式传播炭疽病毒的行为，该事件导致了多人死亡和感染。受该行为影响，美国与邻国加拿大治疗炭疽病的药品需求量极大增加。面对突发的公众健康危机事件，美国政府选择了与专利权人拜耳公司协商，迫使其降低药品的价格使公众能够较为便利地获取。此三大国际事件使得专利权与维持公众健康之间的矛盾引起了广泛关注，在 2001 年 11 月召开的世界贸易组织第四届部长级会议上围绕专利权与公共健康危机问题，最终通过了《TRIPS 与公共健康宣言》。该宣言确认了 TRIPs 中的目的和原则在支持促进公共健康方面的意义。在对于获取专利药品最重要的强制许可和平行进口的问题上，宣言明确了各成员方有权决定颁发强制许可，并自由决定颁发的理由，各国有权决定什么构成紧急情况或特别紧急的状况，包括艾滋病、结核病、疟疾等，此在 CPTPP 第 18.6 条中被再次重申。对缺乏制造专利药品能力的成员方来说，允许其在遵守国民待遇和最惠国待遇的前提下，自由建立权利用尽体系。该宣言对 TRIPs 的目标、原则以及有专利药品需求的成员方的权利义务进行了澄清，相比于 TRIPs 来说，考虑到发展中国家人民的健康与发展权利，宣言也留下了待完成的事项，即在第六段中要求 TRIPs 理事会继续关注欠缺药品制造能力的国家，在利用强制许可方面存在的困难，并向总理事会报告该问题的解决方案。① 该议程的谈判是艰难的，最终在 2003

---

① 《多哈宣言》第六段规定“承认其制药企业没有制造能力或制造能力不足的 WTO 成员方按照 TRIPs 的规定有效利用强制许可有可能会遇到困难。责成 TRIPs 理事会在 2002 年底前提出解决这一问题的方案并向 WTO 总理事会报告”，见百度百科多哈宣言，https：//baike. baidu. com/item/% E5% A4%9A% E5%93%88% E5% AE% A3% E8% A8%80/1570731？ fr = aladdin，2019 年 2 月 6 日访问。

年8月30日，WTO成员方才就《TRIPS与公共健康宣言》第六段达成了协议。[①] 协议就成员方颁发强制许可将药品出口至“合格成员方”的情况下，什么药品可适用强制许可、进口方及出口方的资格、防止利用贸易转移措施谋取利益等作出了规定，并于2005年12月6日将这些对TRIPs的修正纳入了《与贸易有关的知识产权协定》中。

（三）CPTPP对多哈宣言成果的确认

CPTPP成员虽然在数量上不及世界贸易组织，但成员构成上却包含了发展中国家与发达国家，作为对TRIPs的澄清或者说是对知识产权与人权之间关系的进一步协调，多哈回合谈判的成果在CPTPP中得到确认。虽然长久以来，人们认为多哈回合的谈判取得的成果有限，相关规定更多具有澄清的性质，但作为限制知识产权人尤其是专利权人滥用权利、保障紧急状况下公众更容易获取维持生命健康药物的规则，其具有进步性。《TRIPS与公共健康宣言》以及后续的相关决定、修正对饱受疾病折磨的一些发展中国家或发达国家来说，通过确认其在TRIPs制度体系下采取强制许可等措施的合法性，使其不再陷入专利权人的威胁和发达国家发起的贸易制裁中，促进了公众的健康和药品的获得。CPTPP协定第18.6条第1款第（a）、（b）项中通过将TRIPS协定在保障公众健康和人权方面的发展成果纳入其中，明确了知识产权章的规定不会影响保障公共健康措施的采取，而第（c）项则是考虑到TRIPs的修改对成员方义务的影响，规定了若TRIPs修改或者某些条款的豁免对成员方生效，则成员间应展开磋商，以便根据修改或者豁免适当地调整本章规定。第2款则是对CPTPP成员接受2005年在日内瓦通过的《修改TRIPS协定议定书》的要求，对成员确认知识产权不应对保护公众健康造成阻碍进行了明确。

---

① 见文希凯：《TRIPS协议与公共健康——评WTO〈“TRIPS协议和公共健康宣言”第六段的执行〉》，载《知识产权》2003年第6期。IMPLEMENTATION OF PARAGRAPH 6 OF THE DOHA DECLARATION ON THE TRIPS AGREEMENT AND PUBLIC HEALTH, Decision of 30 August 2003 , https：//www. wto. org/english/tratop_ e/TRIPs_ e/ta_ docs_ e/3_ wtl540_ e. pdf，last visited Feb. 7th，2019.

CPTPP 条文：

第 18. 6 条：关于某些公共健康措施的谅解

1. 各方均应遵守《TRIPS 与公共健康宣言》中的承诺。特别是，缔约方对本章内容达成了以下共识：

（a）本章规定的义务没有并且不应该阻止一方采取措施保护公共健康。因此，在重申遵守本章的规定时，各方应该确认本章可以并且应该被以支持各方保护公共健康的权利，特别是促进公众获取药物的方式解释和实施。各方有权决定什么是构成国家紧急状态或者其他特别紧急的情况，如公共健康危机，包括与艾滋病病毒/艾滋病、结核病、疟疾和其他的传染病构成上述国家紧急状态或者其他特别紧急的状况。

（b）承认根据 2003 年 8 月 30 日世界贸易组织总理事会《关于 TRIPs 协议和公共健康多哈宣言第六段的执行决议》（WT/L/540）和总理事会主席关于该决定的声明（JOB（03）/177、WT/GC/M/82），以及 WTO 总理事会 2005 年 12 月 6 日《关于修改 TRIPS 协定的决定》（WT/L/641）和 WTO 总理事会主席关于该决定的随同声明（JOB（05）/319 and Corr. 1、WT/GC/M/100）（统称为“TRIPs/健康解决方案”）提供药品的承诺，本章不会并且不应阻止“TRIPs/健康解决方案”的有效利用。

（c）上述事项，如果任何 TRIPs 协定条款的豁免或修改对缔约方生效，并且一方根据该豁免或修改采取的措施与本章规定的义务相违背，则各方应立即进行磋商，以便根据豁免或修改适当地调整本章。

2. 若尚未如此，各方应通知 WTO 接受 2005 年 12 月 6 日在日内瓦通过的《修改 TRIPS 协定议定书》。

七、成员方应加入的国际条约

CPTPP 在第 18. 7 条规定了各成员方应加入的国际条约。该条规定了加入 CPTPP 时各成员方必须已经批准或加入知识产权国际公约，包括 1979 年修订的《专利合作条约》《巴黎公约》和《伯尔尼公约》。对于《马德里议定书》《布达佩斯条约》《新加坡条约》《1991 年 UPOV》、WCT 和 WPPT 来说，如果成员方还未成为这些条约的缔约方，那么在 CPTPP 对其生效时，该成员方必须加入这些条约，在时间上为其设置了一个缓冲期。缔约方加入《马德里议定书》或《新加坡条约》，就可认为是同时加入了两个条约。附件 18 - A 为新西兰加入《UPOV 1991》或建立一个实施《UPOV 1991》的植物新品种权制度设置了宽限期，因此本条关于加入《UPOV 1991》的要求对新西兰来说不适用。

（一）TRIPs 协定中的相关规定以及 CPTPP 的发展

知识产权可以作为限制贸易的手段，来阻止其他国家产品的进口，美国在 TRIPs 的制定过程中力主将相关的知识产权规则纳入其中也有此方面的考量。时至今日，虽然仍有一些国家认为知识产权的保护属于世界知识产权组织的职责范围，WTO 作为贸易组织不应对此有过多涉及，但应当看到，这些贸易协定对知识产权的规定并未完全脱离世界知识产权组织管理的专门条约，WTO 与世界知识产权组织之间也并非没有交流与合作机制。TRIPs 开了贸易与知识产权挂钩的先河，之后达成的双边或多边贸易协定中关于知识产权的规则多以此为基础，或持相当的保护水平，或有所超越，被称为TRIPs - plus 协议。

在与主要的知识产权公约的关系上，TRIPs 并没有规定成员方必须加入某一知识产权条约，但含有 TRIPs - plus 特征的知识产权协定在基本要求方面，通常在 TRIPs 相关要求的基础上要求加入或批准与知识产权保护相关的国际条约。[①] 美国与欧盟对外签订的自由贸易协定中该特点就十分突出，通常协定会要求加入某些公约作为“准入”条件。[②] 这是后 TRIPs 时代自由贸易协定的

---

① 详参见张宇燕主编：《跨太平洋伙伴关系协定文本解读》，中国社会科学出版社 2016 年版，第 206 页。

② 详参见张宇燕主编：《跨太平洋伙伴关系协定文本解读》，中国社会科学出版社 2016 年版，第 206 页。

特征。TRIPs 通过纳入《伯尔尼公约》《巴黎公约》《罗马公约》与《关于集成电路的知识产权公约》实体条款的方式，使得成员方即使没有加入上述公约，也必须遵守这些公约的规定。例如，我国没有加入《罗马公约》，但通过适用 TRIPs，间接地使公约的规定对我国产生效力。再如，《关于集成电路的知识产权公约》于 1989 年签署，至今未生效，但通过 TRIPs 使其主要实体条款在一个新的多边框架内得到了实施，这也算是创造了一种新的国际条约生效途径。[①] CPTPP 作为 TRIPs - plus 协定的代表，在成员方关于知识产权保护承担的义务方面，CPTPP 在第 18.7 条规定了各成员应加入 1979 年的《专利合作条约》《伯尔尼公约》和《巴黎公约》，并为成员加入《马德里议定书》《布达佩斯条约》《新加坡条约》《1991 年 UPOV》、WCT、WPPT 设置了一个缓冲期，即成员方可以在 CPTPP 对其生效之日加入或批准这些知识产权公约。

（二）相关贸易协定的规定及 TPP 中该条文本的演变

除了之前极力主导亚太地区国家达成 TPP 协定，美国还与诸多国家签订了自由贸易协定，形成了自由贸易网络。出于维护美国亚太经济利益与政治安全的考虑，美韩两国达成了《美韩自由贸易协定》，[②] 从而在政治上“法定地”避免了美国与亚太地区的分割，在经济上将美国再次“嵌入”亚太市场，[③] 可以说，《美韩自由贸易协定》是美国将新的贸易规则加诸亚太地区国家的一次尝试，CPTPP 中的许多知识产权高保护标准在《美韩自由贸易协定》中都可以找到原型。

《美韩自由贸易协定》在第 18.1 条中规定了各方应加入的知识产权公约，除了没有宽限期的规定，在必须加入的国际条约的种类上，也较 CPTPP 多了

---

① 王新奎、刘光溪主编：《WTO 与知识产权争端》，上海人民出版社 2001 年版，第 141 页。

② 刘中伟、沈家文、宋颖慧：《跨太平洋伙伴关系协议：中国与亚太区域合作的新机遇》，经济管理出版社 2014 年版，第 99 页。

③ C. Fred Bergsten：Embedding Pacific Asia in the Asia Pacific：The Global Impact of an East Asian Community，Speech at the Japan National Press Club，Tokyo，September 2，2005，https：//piie. com/publications/papers/bergsten0905. pdf，last visited Feb. 10th，2019.

《发送卫星传输节目信号公约（1974）》这一公约。另外，《美韩自由贸易协定》还规定了各方应尽力加入的条约类型。[①] 与 CPTPP 的文本相比，《美韩自由贸易协定》要求加入的知识产权国际条约数量更多，类型也更为全面。原因可能是韩国自身经济较为发达，知识产权保护水平与美国悬殊较小，两国在知识产权高水平保护上可以较为容易地达成一致。而 TPP 成员国之间经济水平发展并不均衡，既有依靠出口自然资源发展经济的国家，也有依靠高新技术占据价值链前端的国家，经济发展对知识产权的依赖程度不同，因而在过高的知识产权保护水平上较难达成一致。

2013 年 11 月，维基解密泄露的 TPP 知识产权章节文本与最终文本有较大的差别，但该泄露文本与《美韩自由贸易协定》的规定却高度类似。[②] 该泄露文本显示美国与澳大利亚曾提议将与《美韩自由贸易协定》雷同的规定作为 TPP 缔约方应加入的公约的要求进行规定，但遭到了其他国家的反对。此外，美国还提议应加入的条约有《专利法条约（2000）》和《工业品外观设计国际注册海牙协定（1999）》，但没有得到 TPP 其他成员国的同意。[③] 经过对

---

① 《美韩自由贸易协定》在第 18.1 条中规定的各方应加入的知识产权公约为：(a) 1979 年修订的《专利合作条约（1970）》；(b)《保护工业产权巴黎公约（1967）》（《巴黎公约》）；(c)《保护文学艺术作品伯尔尼公约（1971）》（《伯尔尼公约》）；(d)《发送卫星传输节目信号公约（1974）》；(e)《商标国际注册马德里协定有关议定书（1989）》；(f) 1980 年修订的《国际承认用于专利程序的微生物保存布达佩斯条约（1977）》；(g)《国际植物新品种保护公约（1991）》；(h)《商标法条约（1994）》；(i)《世界知识产权组织版权条约（1996）》；和 (j)《世界知识产权组织表演和录音制品条约（1996）》。各方应尽合理努力来批准或加入的条约为：(a)《专利法条约（2000）》；(b)《工业品外观设计国际注册海牙协定（1999）》；和 (c)《商标法新加坡条约（2006）》。See the final text of the U. S. – Korea Free Trade Agreement，https：//ustr. gov/sites/default/files/uploads/agreements/fta/korus/asset_ upload_ file273_ 12717. pdf，last visited Feb. 12th，2019.

② 2013 年 11 月维基解密泄露的 TPP 文本显示，美国与澳大利亚曾提议，但智利、新西兰、马来西亚、秘鲁、文莱、越南、加拿大、日本和墨西哥反对的，各方应加入的国际条约有：(a) 1979 年修订的《专利合作条约（1970）》；(b)《保护工业产权巴黎公约（1967）》；(c)《保护文学艺术作品伯尔尼公约（1971）》；(d)《发送卫星传输节目信号公约（1974）》；(e)《商标国际注册马德里协定有关议定书（1989）》；(f) 1980 年修订的《国际承认用于专利程序的微生物保存布达佩斯条约（1977）》；(g)《国际植物新品种保护公约（1991）》；(h)《商标法新加坡条约（2006）》；(i)《世界知识产权组织版权条约（1996）》；和 (j)《世界知识产权组织表演和录音制品条约（1996）》。

③ 《〈跨太平洋伙伴关系协议〉知识产权章节》，工信部电子知识产权中心译，载《专利法研究（2013）》2015 年版，对 2013 年 11 月维基解密公布的 TPP 知识产权章节的翻译。

比可以看出，TPP 谈判过程中美国对应加入的知识产权条约的提议基本上以《美韩自由贸易协定》为蓝本，但由于 TPP 成员各自的情况比较复杂，通过这个更为广泛的区域竞争性合作机制将知识产权的高标准保护进一步推广显得较为困难，不如在双边自由贸易协定下通过经济实力施压以及政治手段来使对方同意提高知识产权保护水平。故 TPP 最终文本在此方面作出了妥协，规定了三个必须加入的条约，以及六个在 TPP 对该成员生效时必须加入的条约，为尚未加入这些条约的国家设置了宽限期。另外，该条在脚注中也明确，缔约方批准或加入《马德里议定书》或《新加坡条约》，就可认为是符合了第 2 款第（a）项和第（c）项规定的义务。成员选择加入其一即可满足本条的规定。CPTPP 该条规定与 TPP 一致。通过与《美韩自由贸易协定》的对比，以及文本谈判过程中的提案可以看出即使美国后来选择退出 TPP，通过建设形成自由贸易网络也同样可以将高标准的知识产权保护加诸贸易伙伴。

CPTPP **条文**：

第 18.7 条：国际协定

1. 各方确认已经批准或者加入下列协议：

(a)《专利合作条约》（1979 年 9 月 28 日修订）；

(b)《巴黎公约》；和

(c)《伯尔尼公约》。

2. 如果还未成为以下协议的缔约方，则该缔约方应在本协定对该方生效时批准或加入下列协议：

(a)《马德里议定书》；

(b)《布达佩斯条约》；

(c)《新加坡条约》；[1]

(d)《1991 年 UPOV》；[2]

(e) WCT；以及

(f) WPPT。

脚注 1：缔约方批准或加入《马德里议定书》或《新加坡条约》，就可认为是符合了第2款第（a）项和第（c）规定的义务。

脚注2：附件18－A适用于本项。

附件18－A

第18.7.2条的附件

1. 尽管有第18.7.2条规定的义务，在符合本附件第2、3、4款规定的前提下，新西兰应：

（a）在本协定对新西兰生效之日起3年内加入《UPOV 1991》；或者

（b）在本协定对新西兰生效之日起3年内建立一个实施《UPOV 1991》的植物新品种权制度。

2. 第1款的任何规定，不得阻止新西兰为履行《怀唐伊条约》下承担的义务所采取的必要的保护植物新品种的措施，只要这些措施没有以任意或不合理歧视的方式针对一缔约方之人。

3. 第2款规定的任何措施与第1款规定的义务的一致性，不适用本协定的争端解决条款。

4. 对《怀唐伊条约》的解释，包括由此而产生的权利与义务的性质，不适用本协定规定的争端解决条款。第28章（争端解决程序）适用于本附件。依据第28.7条成立的专家组（专家组的设立），只能被请求确定第2款规定的措施是否与该缔约方在本协定下承担的义务相一致。

八、国民待遇原则

CPTPP第18.8条是关于国民待遇原则的规定，与TPP的内容相比，本条内容被部分冻结。本条规定了国民待遇的范围，适用对等原则的范围以及在程序性事项中可作出的对国民待遇减损的事项及原则性规定。在国民待遇的范围上，本条规定了就CPTPP知识产权章节规定的所有类型的知识产权的保护方面，缔约方应以国民待遇为最低标准为其他缔约方国民提供保护。何为对知识产权的“保护”，TPP规定的范围比CPTPP要广泛许多，美国的退出使得争议较大的对“保护”的界定条款部分冻结。TPP 规定，“保护”应该包含影响知识产权的效力、取得、范围、维持和实施的事项和知识产权章专门规定的影响知识产权使用的事项，第 18.68 条规定的禁止规避技术措施和第 18.69 条规定的关于权利管理信息的条款也属于“保护”的范围。对于与作品、表演和录音制品有关的“影响知识产权使用的事项”，TPP 第 18.8 条脚注 4 也明确了该事项包含以任何形式对版权与相关权进行使用时以任何形式进行的支付，如许可费、版税、法定许可费与补偿金。CPTPP 对争议较大的“影响知识产权使用的事项”予以冻结，因此，在 CPTPP 中，目前关于对版权与相关权的使用支付的事项不属于对知识产权的“保护”，因而不属于国民待遇的范围。另外，WIPO 主持缔结的多边协定中规定的与获得和维持知识产权相关的程序不属于国民待遇的范围。

此外本条第 2 款还规定了适用对等原则的情形，即在通过模拟信号、免费空中广播的方式二次使用录音制品的情况下对表演者和录音制品制作者的权利的保护问题，一缔约方可根据其国民在另一缔约方受保护的情况，为另一缔约方国民提供相对应水平的保护。

对一些司法和行政中的程序性事项，CPTPP 规定各缔约方可以做出减损国民待遇的规定，只要这种减损为保证遵循与知识产权章规定不相抵触的法律或法规所必需，且没有以对贸易构成变相限制的方式进行适用。例如，一缔约方要求其他缔约方国民在其领土内指定送达地址或委托代理人，就不能被视为违反了提供国民待遇的义务。

（一）CPTPP 中的国民待遇原则以及例外规定

国民待遇是指成员在其辖区内对国民和非国民给予同等的待遇。[①] 国民待遇原则作为知识产权条约中的主要原则，旨在通过将成员对不同成员国国民的知识产权保护同等对待的义务确定化，达到内外保护无区别的目的。但绝

① 孔祥俊：《WTO 知识产权协定及其国内适用》，法律出版社 2002 年版，第 80 页。

对的国民待遇也不可能实现，特别是在一些程序性事项上，若坚持严格的国民待遇原则，将会为程序的正常进行造成不合理的阻碍，最终导致实质上的不正义。CPTPP 即规定了对于知识产权章规定的所有类型的知识产权的保护上要提高国民待遇水平。在措辞上，CPTPP 与 TRIPs 一样没有采用“相同”等用语，而是使用了“不低于本国国民的待遇”，这就意味着超国民待遇是被允许的。在脚注中，对保护也进行了宽泛的界定，TRIPs 规定了“保护”一词除了包括影响知识产权的效力、取得、范围、维持和实施的事项，以及本协定专门处理的影响知识产权使用的事项，还将技术规避措施与权利信息也纳入要求保护的范围内。另外，在国民待遇之外，CPTPP 还规定了适用对等原则的情形，即在用模拟信号、免费空中广播的方式二次使用录音制品的情况下，一缔约方可根据其国民在另一缔约方所受到的对待，提供相应的保护水平。在此种情况下，不适用国民待遇原则而是适用对等原则。另外，在 CPTPP 的注释 3 中还规定了“就 H 节（版权与相关权）未包含的版权和相关权来说，本协定不限制缔约方对这些权利采取被允许的可能减损国民待遇的措施”。由此可以看出，在 H 节没有涉及的权利方面，不给予其他成员方国民待遇是被允许的。例如，规定了追续权的成员，可以不保护其他成员方国民艺术品原件的追续权。在相关的司法程序与行政程序方面，如委托代理人与指定送达地址等事项上，可以采取减损国民待遇的措施。例如，在涉外案件中，要求其他成员国国民在本国指定送达地址，可以保证程序更便捷有效地进行。最后，WIPO 主持缔结的多边协定中规定的与获得和维持知识产权相关的程序也不适用国民待遇原则。

虽然 CPTPP 具有 TRIPs - plus 的性质，但 CPTPP 并没有如 TRIPs 一样规定最惠国待遇原则。[①] 2013 年 11 月泄露的 TPP 文本显示，秘鲁和智利曾提议针对知识产权的保护应加入最惠国待遇原则。关于最终没有对最惠国待遇进

① 最惠国待遇原则是指一成员给予任何其他国家的国民的任何利益、优惠、特权或者豁免应当无条件给予其他成员的国民。

行规定的原因，有观点认为是 TPP 知识产权章的保护水平比 TRIPs 更高，是目前国际保护水平最高的条约之一，现有的双边协定或者区域性协定中对知识产权保护的水平很可能低于 TPP，如果允许 TPP 缔约国在知识产权上适用最惠国待遇，则会为这种高水平的保护留下缺口。① 但还存在的可能的原因是最惠国待遇原则在保护知识产权方面的作用有限。郑成思老师曾指出过，关贸协定的一大特点就是在规范之外又补之以大量的修正和限制，其中的“最惠国待遇原则”就受到了历史安排、关税同盟和自由贸易区、授权条款等例外的限制，使得最惠国待遇难以得到切实主张，实际上是有条件的最惠国待遇。② 因此，CPTPP 没有对此原则进行规定的原因也可能是最惠国待遇在实践中发挥的作用有限。

（二）CPTPP 中暂停适用的条款

在美国退出后，剩余的 11 个国家又在暂停适用 TPP 中某些条款之后，签署了 CPTPP 协定。在 Section A 部分暂停适用的条款为脚注 4 中关于知识产权国民待遇范围的规定。第 1 款规定成员对于知识产权保护要提供国民待遇，关于“保护”的界定，TPP 中规定了“保护”应该包含影响知识产权的效力、取得、范围、维持和实施的事项和本章专门规定的影响知识产权使用的事项。并规定“与作品、表演和录音制品有关的‘本章专门规定的影响知识产权使用的事项’，包括本章涵盖的任何对版权和相关权使用的任何形式的支付，如许可费、版税、法定许可费与补偿金”。该界定在 CPTPP 中被暂停适用，原因在于成员方对法定许可费与补偿金是否可作为“知识产权的保护”存在较大的争议。法定许可之下权利人失去了就作品使用进行协商的权利，仅剩下报酬请求权。法定许可费的费率通常由政府部门确定，但政府部门毕竟不是市场主体，受制于对作品价值的准确预估、市场行情的了解以及行政效率的

---

① 何华：《跨太平洋伙伴关系协定（TPP）知识产权议题及中国对策研究》，世界图书出版广东有限公司 2016 年版，第 103 页。

② 参见郑成思：《WTO 知识产权协议逐条讲解》，中国方正出版社 2001 年版，第 37 页。

制约，许可费率往往不能准确反映作品的价值，在法定许可之下，作者创作过程中的投入并不能得到充分的回报。实证研究表明，政府在法定许可费率确定程序中，有严重低估版权作品价值的倾向。[①] 从某种程度上来说，法定许可是为鼓励作品快速广泛地传播而对著作权的限制。法定许可费究竟是对知识产权的限制还是属于对知识产权的保护，不同国家存在不同的理解。补偿金制度起源于德国，属于因减小私人复制对著作权人的收益减损而采取的措施，是对著作权较高水平的保护。在德国著作权法中，“尽管著作权法典也允许私人在不征得作者同意的情况下以私人使用为目的对作品在一定范围内进行复制，但立法者又通过征收设备税、空白磁带税以及大复印机税而为作者保障了某种报酬”[②]。补偿金制度在德国实施后又被多数欧洲国家引入，除了英国、爱尔兰、卢森堡之外，欧洲其他国家均已建立了版权补偿金制度。[③] 美国在 1992 年通过的《家庭录音法案》中规定，制造数字录音设备及媒介的生产商必须支付一定的作品使用费，来弥补家庭复制对版权人造成的损失。对知识产权保护水平较高的国家通过建立版权补偿金制度，来保证在私人复制的情况下权利人也能够得到经济上的补偿，从而带来创作激励。在网络环境中作品的复制和传播更为便捷、规模也更大，作者从创作中获得激励与公众接触作品之间的矛盾也更加深刻，版权补偿金是否应延及数字环境也充满了争议。虽然在版权补偿金制度下，权利人不能区别使用者的经济地位和支付能力进行个别谈判收取费用，但相比于在没有版权补偿金的情况下，权利人还是额外获得了一定的使用对价，权利得到了扩大。[④] 例如，我国就没有版权补偿金制度，私人为学习、教学、评论目的对作品的使用若符合合理使用的

---

① 刘家瑞：《论著作权法修改的市场经济导向——兼论集体管理、法定许可与孤儿作品》，载《知识产权》2016 年第 5 期。

② 雷炳德：《著作权法》，法律出版社 2005 年版，第 217 页。

③ See Prof. P. Bernt Hugenholtz, Dr. Lucie Guibault, Mr. Sjoerd van Geffen: “The Future of Levies in a Digital Environment”, http: //www. ivir. nl/publications/other/ORM&Levies - report, last visited Feb. 15th, 2019.

④ 参见张今：《数字环境下的版权补偿金制度》，载《政法论坛》2010 第 1 期。

规定就不需要得到权利人的许可，也不用支付任何形式的报酬。且版权补偿金的正常收取，离不开建设完善、运行良好的著作权集体管理组织，此对发展中国家来说，也多不具备这一条件。基于 TPP 文本协商由美国主导的事实，上述争议事项都被作为对知识产权的保护而纳入国民待遇的范围，而在美国退出之后，这些条款被暂时搁置了下来，故 CPTPP 中的国民待遇范围较 TPP 要窄。

CPTPP **条文：**

第 18.8 条：国民待遇

1. 就本章规定的所有类型的知识产权而言，[3]在知识产权保护[4]方面，缔约一方给予其他缔约方国民的待遇不得低于给予本国国民的待遇。

2. 但在关于通过模拟信号、免费空中广播的方式二次使用录音制品的情况下，一缔约方可将另一缔约方的表演者和录音制品制作者的权利限制在其国民在另一缔约方管辖权范围内所享有的权利。

3. 各缔约方可在涉及司法和行政程序中，包括要求其他缔约方国民在其领土内指定送达地址或委托代理人，减损第 1 款规定的义务，只要这种减损：

(a) 为保证遵循与本章规定不相抵触的法律或法规所必需；而且

(b) 没有以对贸易构成变相限制的方式进行适用。

4. 第 1 款不适用于 WIPO 主持缔结的多边协定中规定的与获得和维持知识产权相关的程序。

脚注 3：更明确地说，就 H 节（版权与相关权）未包含的版权和相关权来说，本协定不限制缔约方对这些权利采取被允许的可能减损国民待遇的措施。

脚注 4：就本款而言，“保护”应该包含影响知识产权的效力、取得、范围、维持和实施的事项和本章专门规定的影响知识产权使用的事项。此外，本款中的“保护”还包括第 18.68 条（TPMs）规定的禁止规避技术措施和第 18.69 条（RMI）规定的关于权利管理信息的条款。

TPP 第 18.8 条（国民待遇）：脚注 4 的最后两句在 CPTPP 文本中被冻结，冻结的内容为：

为了进一步明确，与作品、表演和录音制品有关的“本章专门规定的影响知识产权使用的事项”，包括本章涵盖的任何对版权和相关权使用的任何形式的支付，如许可费、版税、法定许可费与补偿金。前述规定并不影响缔约一方对 TRIPs 注释 3 中“影响知识产权使用事项”的解释。

九、透明度原则的细化要求

CPTPP 在第 18.9 条对透明度作出了要求，敦促各成员方尽力提供全面的与知识产权保护和实施相关的信息，相比于现有条约中对透明度的要求来说，本条的规定要细致许多。具体而言，本条要求各缔约方尽力将与知识产权保护与实施有关的法律、法规、程序和行政裁决在网上提供；根据国内法尽力将涉及商标、地理标志、外观设计、专利和植物新品种的申请或注册授权信息在互联网上提供，但并不要求缔约方将与此相关的全部档案信息都在互联网上公开。无论是公开的方式还是公开的范围，CPTPP 都作出了详细的规定。

（一）各主要协定对透明度的要求

透明度在国际条约中指的是成员方政府有提供信息的义务。要实现国际条约中的国民待遇或最惠国待遇，透明度是保证以上待遇实现的重要原则，否则其他成员方的国民便无从知晓自己所受的待遇水平并进行比较。因此，透明度原则既是最惠国待遇与国民待遇能否实现的重要保障，也是可预测原则能否贯彻的重要前提。[①]

---

① 颜海娜、李伟权：《WTO 的透明度原则对我国政府行为的影响及对策》，载《上海社会科学院学术季刊》2001 年第 4 期。

CPTPP 不仅在第 18.4 条对各成员方国内知识产权保护和实施中应遵守透明度原则作出了要求，且在第 18.9 条中，对透明度的要求又进行了细化。但考虑到各国信息公开程度和信息提供能力的差别，CPTPP 没有对各成员方提供法律、法规、程序、行政裁决和相关知识产权申请信息作出硬性要求，而是要求其“尽力提供”。而对于已注册或授权的商标、地理标志、外观设计、专利和植物新品种权的信息，则要求各成员方在网上提供。已授权的知识产权信息的公开是有必要的，否则公众便无法得知一项知识信息是否享有知识产权，何为公有领域的信息、何为他人享有权利的信息便无从区分，知识产权保护的效果就无法保证，知识产权制度就不能得以有效运行。“透明度原则”既是关贸总协定所建立的基本原则之一，也是 WTO 的基本原则之一，[①] 因此 TRIPs 中也有关于透明度的要求，而在美国近年来缔结的知识产权保护水平较高的双边协定《美韩自由贸易协定》中也有关于透明度的规定。将 CPTPP 中关于透明度的要求与前两者进行对比，可以发现，无论是公开方式还是公开内容，CPTPP 的要求都更为细致和具体。例如，在公开的内容的方面，TRIPs 规定了一成员有效实施的与协定有关的法律、法规、普遍适用的司法终局裁决、行政裁定应进行公布，因此 TRIPs 要求公开的，不仅仅是法律。[②]《美韩自由贸易协定》对公开的内容的要求是“与知识产权保护与实施有关的法律、法规和程序”，而 CPTPP 中对公开的内容的要求是“与知识产权保护和实施有关的普遍适用的法律、法规、程序和行政裁决”、相关的知识产权申请信息以及注册授权信息，但在义务的强制性方面有所不同。在公开的方式上，TRIPs 规定了“以本国语文进行公布”，《美韩自由贸易协定》规定的是“以书面形式出版”，并明确在互联网上提供也满足了此处的出版要求，如果出版不足以使公众获取，则应以本国语言使政府和权利人知悉的方式提供。CPTPP 则考虑到信息获取方式的变化，规定信息的提供应通过互联

---

① 李顺德：《WTO 的 TRIPS 协议解析》，知识产权出版社 2006 年版，第 62 页。

② 孔祥俊：《WTO 知识产权协定及其国内适用》，法律出版社 2002 年版，第 177 ~ 178 页。

网进行，此种提供方式更容易为公众获取，更容易使透明度的要求落到实处。基于互联网已经成为公众获取信息资源的重要平台，在提供形式上，知识产权章节没有再如以往的国际条约那样规定出版的要求，而是直接规定相关信息的公开要通过互联网进行。通过对比可以得知，在透明度的规定上，CPTPP 中对公开的内容和形式都为顺应公众获取方式的变化作出了更为详尽的规定。

TRIPs	《美韩自由贸易协定》	CPTPP
第 63 条：1. 一成员有效实施的、有关本协定主题（知识产权的效力、范围、取得、实施和防止滥用）的法律和法规及普遍适用的司法终局裁决和行政裁定应以本国语言公布，或如果此种公布不可行，则应使之可公开获得，以使政府和权利持有人知晓。一成员政府或政府机构与另一成员政府或政府机构之间实施的有关本协定主题的协定也应予以公布。 2. 各成员应将第 1 款所指的法律和法规通知 TRIPs 理事会，以便在理事会审议本协定运用情况时提供帮助。理事会应努力尝试将各成员履行这一义务的负担减少到最小程度，且如果与 WIPO 就建立法律和法规的共同登记处的磋商获得成功，则可决定豁免直接向理事会通知此类法律和法规的义务。理事会还应考虑在这方面就源自《巴黎公约》（1967）第 6 条之三的规定、在本协定项下产生的通知义务需要采取的任何行动。 3. 每一成员应准备就另一成员的书面请求提供第 1 款所指类	第 12 条：为进一步实施第 21.1 条（出版），并为了使知识产权的保护和实施更透明，各缔约方应确保有关知识产权的保护和实施的法律、法规和程序以书面形式出版，[4] 如果出版不足以使公众获取，则以本国语言和以使政府和权利人知悉的方式提供。（脚注 4：更确切地说，缔约方可以通过在互联网上向公众提供法律、法规、程序的方式来满足第 12 款的出版要求。）	第 18.9 条：1. 为进一步实施第 26.2 条（出版）和第 18.73.1 条（知识产权执法实践），各缔约方应尽力将其与知识产权保护和实施有关的普遍适用的法律、法规、程序和行政裁决在网上提供。 2. 各缔约方应根据国内法，尽力将其公开的涉及商标、地理标志、外观设计、专利和植物新品种权的申请信息在网上进行提供。[5][6] 3. 各缔约方应根据其法律，将其公开的关于已注册或授权的商标、地理标志、外观设计、专利和植物新品种权的信息在互联网上予以提供，以便公众知悉这些注册或授予的权利。[7] 脚注 5：进一步明确，第 2 款和第 3 款不影响缔约方依据第 18.24 条（电子商标系统）所承担的义务。 脚注 6：进一步明确，第 2 款不要求缔约一方将与申请相关的全部档案信息在互联网上提供。 脚注 7：进一步明确，第 3 款不要求缔约一方将所有与注册或授予知识产权的相关档案信息都在互联网上提供。

续 表

型的信息。一成员如有理由认为属知识产权领域的一特定司法裁决、行政裁定或双边协定影响其在本协定项下的权利，也可书面请求为其提供或向其告知此类具体司法裁决、行政裁定或双边协定的足够细节。 4. 第 1 款、第 2 款和第 3 款中的任何规定均不得要求各成员披露会妨碍其法律实施或违背公共利益或损害特定公私企业合法商业利益的机密信息。		

（二）透明度原则在我国知识产权保护与实施中的体现

我国在知识产权保护与实施过程中对透明度原则的落实还是比较到位的，与知识产权保护与实施相关的法律、法规与程序，在有关网站上都可以查询得到。例如，相关的法律法规，可以在“全国人民代表大会”网站中的“中国法律法规库”中查找到，专利和商标的申请和授权信息可以通过“国家知识产权局”网站进行查询。地理标志的保护过去在我国一直存在着多部门管理、重复注册、多重保护的问题，由原国家工商行政管理局以集体商标或证明商标的方式对地理标志进行商标保护，原国家质量技术监督局依《地理标志产品保护规定》《地理标志产品保护工作细则》等对满足条件的地理标志提供保护，原农业部依据《农业法》《农产品地理标志管理办法》对涉及农产品的地理标志提供一定的保护。2018 年，国务院机构改革后，将地理标志的管理统一归入国家知识产权局，有利于改善目前存在的多重管理带来的混乱状况。故目前关于地理标志的受理和核准保护公告，也可以在国家知识产权局网站上查询到。而我国的植物新品种权的保护是由原林业局和原农业部负责，故对植物新品种相关的申请与批准信息的查询，要通过现国家林业和草原局的“林业和植物新品种保护”网站进行查询。此外，我国通过裁判文书网上公开典型知识产权案件以及中英文双语案件，使得社会公众在获得知识产权保护与实施的有关信息方面基本不存在障碍。我国在知识产权保护与实施的透明度方面采取的措施水平并不低于 CPTPP 的要求。

CPTPP 条文：

第 18.9 条：透明度

1. 为进一步实施第 26.2 条（出版）和第 18.73.1 条（知识产权执法实践），各缔约方应尽力将其与知识产权保护和实施有关的普遍适用的法律、法规、程序和行政裁决在网上提供。

2. 各缔约方应根据国内法，尽力将其公开的涉及商标、地理标志、外观设计、专利和植物新品种权的申请信息在网上进行提供。[5][6]

3. 各缔约方应根据其法律，将其公开的关于已注册或授权的商标、地理标志、外观设计、专利和植物新品种权的信息在互联网上予以提供，以便公众知悉这些注册或授予的权利。[7]

脚注 5：进一步明确，第 2 款和第 3 款不影响缔约方依据第 18.24 条（电子商标系统）所承担的义务。

脚注 6：进一步明确，第 2 款不要求缔约一方将与申请相关的全部档案信息在互联网上提供。

脚注 7：进一步明确，第 3 款不要求缔约一方将所有与注册或授予知识产权的相关档案信息都在互联网上提供。

十、协定的溯及力问题

CPTPP 在第 18.10 条中规定了协议对现有客体和在先行为的适用问题。CPTPP 第 18.64 条在处理《伯尔尼公约》第 18 条与 TRIPs 第 14 条第 6 款的适用问题时，规定上述两条约的规定在细节上作必要修改之后，适用于作品、表演、录音制品和版权与相关权节中规定客体的权利保护。CPTPP 在处理协定对现有客体的保护时，规定了除第 18.64 条在内的知识产权章的条款另有规定外，否则，在CPTPP对一缔约方生效之日已存在的客体，该客体在生效日已经在寻求保护的缔约方领土内获得保护，或者满足知识产权章规定的保护条件，如果生效日不满足，在随后可满足的情况下，缔约方应该为该客体提供保护。在处理已经进入公有领域的客体这一问题上，本条阐明了，除非另有规定，在协定对一缔约方生效之日，某客体在该缔约方领土内已经进入公有领域，其他缔约方不得要求该缔约方承担恢复保护的义务。在协定对缔约方行为的溯及力方面，本条规定在协定对一缔约方生效之前，知识产权章的规定并不为其施加义务，即协定对缔约方之前的行为无溯及力。

（一）CPTPP中对溯及力的规定

该条规定了协定的溯及力问题。“法不溯及既往”作为一般的立法原则，在国际条约的缔结中也同样适用。CPTPP关于成员方对现存客体保护义务产生的条件进行规定时，明确了协定对一缔约方生效之日存在的客体，且该客体于生效日在寻求保护的缔约国已经获得保护，满足或者随后满足CPTPP知识产权章规定的保护条件，那么，在没有另行规定的情况下，CPTPP知识产权章给各成员方施加的义务均对该客体有效。因此，以协定对该缔约方生效为节点，来自其他成员方或满足保护条件的客体，若已在该缔约方获得保护或者随后满足保护条件的情况下，该缔约方自生效日起就有义务按照协定要求的水平提供保护。在对行为的追溯力进行规定时，第18.10条也明确了，协定对缔约方生效之前，该缔约方的行为不受协定调整，因此，协定对缔约方的行为并无约束力。

另外，本条还规定了除非第18.64条另有规定，否则在CPTPP对某一缔约方生效前已经进入公有领域的知识产权客体，其他缔约方都无权要求该方恢复保护。这就意味着除了另有规定，在协定对一缔约方生效之日，已经进入公有领域的客体就被“冻结”，该缔约方不负有恢复保护的义务。这一规定既是关于协定的溯及力的规定，同时也保证了公有领域的范围。假如依据某一缔约方的国内立法，某一作品已经过了保护期限，那么即使CPTPP知识产权章节对作品保护期作了更长时间的规定，该缔约国也没有义务将该作品恢复保护，因为根据第 18.10 条的规定，缔约方不负有在协定对其生效日已经进入公有领域的客体恢复保护的义务。

（二）溯及力中的除外情形

CPTPP 在规定其对现有客体和在先行为的效力时，都以“除非包括 18.64 条（《伯尔尼公约》第 18 条与 TRIPs 第 14.6 条的适用）在内的本章条款另有规定，否则本章对于……均产生义务”的行文方式对例外情形作出了规定。被排除在溯及力条款外的 CPTPP 第 18.64 条是关于《伯尔尼公约》第 18 条与 TRIPs 第 14 条第 6 款适用的规定，其要求缔约方应将上述两条约的两款规定在细节上作必要修改后，适用于作品、表演和录音制品，以及版权与相关权节规定的客体的权利保护上。《伯尔尼公约》第 18 条是关于公约溯及力的规定。其要求新参加公约的成员国对在作品来源国尚处于专有领域的作品给予追溯保护。[①] 对于作品原来的保护期已满，而在被要求给予保护的国家已进入公有领域的作品则不再重新受保护。TRIPs 第 14 条规定了对表演者、录音制品制作者和广播组织的保护，并在该条的前三款中规定了各相关权主体应享有的权利。在第六款中，赋予了各成员方在《罗马公约》规定的限度内对前三款规定的权利进行限制、保留的自由。但要求各成员方在对《伯尔尼公约》第 18 条进行细节上必要的修改后适用于表演者和录音制品制作者。

因此，在版权客体的保护上，根据《伯尔尼公约》第 18 条的规定，在来源国尚处于保护期内的客体，其他缔约方是需要给予追溯保护的。鉴于 TRIPs 第 14 条第 6 款要求各成员在对《伯尔尼公约》第 18 条进行必要的修改后也适用于表演者和录音制品制作者，因此，在相关权领域，也存在追溯保护的情形。此外，TRIPs 第 14 条第 6 款还规定了成员方可对表演者、录音制品制作者和广播组织的权利规定条件、限制、例外和保留。比如，《罗马公约》在

---

① 郑成思：《WTO 知识产权协议逐条讲解》，中国方正出版社 2001 年版，第 37 页。

第 12 条规定了录音制品用于广播或向公众传播时，使用者应给表演者或者录音制品制作者或二者支付一笔总的合理的报酬，但其在第 16 条中也规定了，任何国家在任何时候递交联合国秘书长的通知书中声明其将不执行或不完全执行该规定。这就意味着，CPTPP 的成员方在对某些保护义务进行排除后，其也没有提供追溯保护的义务。

CPTPP 条文：

第 18.10 条：对现有客体和在先行为的适用

1. 除非包括 18.64 条（《伯尔尼公约》第 18 条与 TRIPs 第 14.6 条的适用）在内的本章条款另有规定，否则本章对于在本协定对一缔约方生效之日已经存在的所有客体均产生义务，只要该客体在该日已在寻求保护的缔约方领土内获得保护，或者满足或随后满足本章规定的保护条件。①

2. 除非在 18.64 条（《伯尔尼公约》第 18 条与 TRIPs 第 14.6 条的适用）中有规定，缔约一方不得被要求在本协定对该缔约方生效之日，对在其领土内已经进入公有领域的客体恢复保护。

3. 在本协定对一缔约方产生效力之前，本章并不对该缔约方的任何行为施加义务。

十一、对知识产权用尽的态度

不同国家对待知识产权用尽的态度不一决定了在多边协定或国际条约中此问题很难作出统一的规定，TRIPs 没有对知识产权用尽的协调统一作出规定，CPTPP 同样对此问题采取了回避的态度，承认各缔约方在其法律体系中决定是否以及在何种条件下知识产权用尽的自由，并规定了 CPTPP 并不损害缔约方加入的国际协定中关于知识产权用尽的规定。

---

① 参见韩立余主编：《〈跨太平洋伙伴关系协定〉全译本导读》（上册），北京大学出版社 2018 年版，第 418 页。

(一) 知识产权用尽的基本类型

知识产权用尽是指知识产权权利人将其受知识产权保护的产品出售，权利人对此后该产品的再销售不再享有任何控制权。[①] 知识产权用尽作为知识产权产品贸易领域一直争议不断的话题，不同国家对其态度不一。与知识产权用尽最为相关的问题是平行进口，如在两个国家都获得了知识产权保护的产品，在一国经权利人许可进行制造并进口至另一国家时，权利人是否可以阻止这种未经许可的进口行为，也即通常所称的“平行进口”行为。在平行进口的情况下，售出的产品是经过权利人许可的，商品为正品而非假冒产品。支持平行进口的理论即为“权利用尽”，为了平衡取得包含知识产权的物权人的利益与知识产权人的利益，避免对商品流通造成不必要的限制，平行进口在“权利用尽”的立论下应得到支持。而对平行进口持反对意见者则认为，知识产权具有地域性，在一国行使完毕的“发行权”或“销售权”，并不影响在另一个国家或地区的销售。平行进口在国际贸易中多发的原因是经权利人许可售出的知识产品在各个国家或地区的售价不一致，进口商可以通过将产品在不同地区转售进行套利。平行进口涉及知识产权人的权利、消费者的福利、物权与知识产权的平衡以及自由贸易等诸多问题。

在国际贸易中，知识产权用尽原则分为国内用尽、区域用尽和国际用尽。按照知识产权的种类划分，又可分为商标权用尽、专利权用尽以及版权用尽。知识产权国内用尽争议不大，包含知识产权的产品在经权利人同意投入国内流通领域后，不再受权利人控制，此涉及一国市场的统一性和物权对知识产权的限制。区域用尽是经济一体化程度较高的欧盟对知识产权用尽的规定，经权利人同意在欧盟成员国市场上投入流通的包含知识产权的产品，其上负载的进口权或者发行权在成员国范围内用尽。唯知识产权国际用尽争议较大，

① 孔祥俊：《WTO知识产权协定及其国内适用》，法律出版社2002年版，第87页。

以发达国家为代表的知识产权出口国希望通过对国际市场的划分，对不同市场分别定价以控制产品在不同的国家的出口。而以欠发达国家为代表的知识产权进口国则希望通过权利用尽，从价格较低的国家或地区进口产品，来增加消费者福利。对权利用尽的不同态度，实际上反映出了不同国家经济发展水平与经济结构的差异。而在不同类型的知识产权用尽方面，还存在着一些差异，版权中的知识产权用尽在司法裁判中经常可以得到支持，[①] 商标领域的知识产权用尽情况较为复杂，商标权人会针对不同国家的自然地理状况与消费偏好生产不同的产品，在一国能够正常使用的产品在另一国内有可能产生质量问题，在这种情况下允许平行进口会对商标权人对产品质量的控制、商誉造成损害。商标领域的平行进口在满足质量同一性的情况下，才有可能被支持平行进口。国际上允许的商标平行进口一般需满足以下三个原则：一是权利同一性原则；二是无实质差别原则；三是加贴标签注明原则。[②] 即商标的使用行为须经过商标权人的授权，且生产的商品符合商标权人对质量品次的要求。而针对专利平行进口，各国司法实践又有所差异，如日本在 1997 年之前，对专利平行进口多持否定态度。在 1997 年的“BBS 铝制车轮案”中，[③] 日本最高裁判所认为，如果当事人没有在合同中明确将日本排除在专利产品的销售地域范围外，那么就可认为专利权人同意专利产品的自由流通，表明日本允许当事人以合同排除专利用尽的地域范围的司法政策导向。实际上，该案是对普通法系国家专利平行进口中“默示许可”理论的采用。[④] 而美国对于专利权利用尽的态度在联邦巡回法院于 2016 年判决的“Lexmark International, Inc. v. Impression Products, Inc. 案”中可见一斑，在该案中，多数意

---

① Kirtsaeng v. John Wiley & Sons, Inc. , 133 S. Ct. 1351 (2013) .

② 陈佩佩：《商标平行进口在自贸区内的司法实践和理论探析》，载知产力微信公众号，https://mp.weixin.qq.com/s/asHhnfpfp2i8HLgTrvrPdA，2019 年 2 月 21 日访问。

③ 平成 7（才）1988。

④ 马乐：《国际知识产权贸易中平行进口法律规制研究》，法律出版社 2011 年版，第 110 ~ 117 页。作者在介绍默示许可时，以最早建立专利制度的英国为例，专利产品在第一次合法出售时，如果专利权人或者其被许可人没有明确提出限制条件，则意味着购买者获得了任意使用或者转售专利产品的“默示许可”。这种默示许可不是基于明确的告知，而是通过对专利权人的相关行为推定而来的。

见认为专利权人可以对买方转售专利产品作出明确、合法的限制，除非得到专利权人的授权，专利产品的国外销售并不导致专利权在美国的穷竭。其认为在不同国别的市场范围内，专利权给专利权人带来的激励是不同的，在美国之外的销售并不导致进口、销售的权利在美国穷竭。

（二）TRIPs 及 CPTPP 对权利用尽的规定

虽然 TRIPs 在第 26 条和第 28 条中规定了外观设计和专利权人的进口权，有学者也认为 TRIPs 实质上规定了对平行进口的禁止，[①] 但 TRIPs 在第 6 条也声明了“本协定的任何规定不得用于处理知识产权用尽的事项”，且在第 51 条关于假冒商标货物海关中止放行规定的脚注中，也明确了“对由权利人或经其同意投放到另一成员市场上的进口货物或过境货物，无义务适用此类程序”，对文本整体进行解读，可以看出 TRIPs 并没有对知识产权用尽作出规定，成员有各自进行规制的自由。

在 2013 年 11 月泄露的 TPP 文本中，可以看到智利、马来西亚、新西兰、越南、新加坡、文莱和秘鲁曾提议，鼓励各国建立知识产权国际用尽制度，这一提议遭到了美国、澳大利亚、日本、墨西哥的反对。而最终 TPP 承认了各国在其法律体系中规制知识产权用尽的立法自由。美国国内知识产权法和贸易政策的目标是预防所有的平行进口，[②] 这在美国与其他国家签订的双边自由贸易协定中就有所反映。例如，《澳大利亚—美国自由贸易协定》中，规定了专利产品不能平行进口。[③] 虽然美国已经通过双边自由贸易协定的方式使贸易伙伴在一定程度上接受了权利国际用尽的禁止，但是想通过 TPP 这一成员差异较大的平台提高知识产权保护水平，其难度可想而知。因此，最终 TPP

---

① 蔡宝刚：《阻却知识产权平行进口的立法思考——以 TRIPS 协议为目标和准则》，载《扬州大学学报（人文社会科学版）》1998 年第 6 期。

② C. L. 林、德博拉·K. 埃尔姆斯、帕特里克·娄：《跨太平洋伙伴关系协定（TPP）——对 21 世纪贸易协议的追求》，赵小波、何玲玲译，法律出版社 2016 年版，第 131 页。

③ See Australia – United States Free Trade Agreement，https：//dfat. gov. au/trade/agreements/in – force/ausfta/official – documents/Pages/official – documents. aspx，last visited Feb. 15th，2019.

通过采取与 TRIPs 同样的回避态度，赋予了各国自主规制的权利，但同时也声明，缔约方加入的国际协定中规定的知识产权用尽不受影响。CPTPP 文本没有对相关内容进行冻结。

（三）我国司法实践中对待平行进口的基本态度

我国《专利法》中规定了专利产品或依照专利方法直接获得的产品，经权利人许可进入流通领域后，就不再受权利人控制。[①]《著作权法》与《商标法》没有对此进行明确规定，但依据知识产权基本法理，赋予知识产权人在产品每次转售时的控制权，既不可能实现，也会对正常的交易秩序产生影响。因而在司法实践中，权利用尽往往会得到法院的支持。唯商标领域存在特殊之处，涉及生产商通过稳定的质量积累商誉的问题，因此，在商标平行进口中，若权利人针对不同市场生产出了规格标准、质量不同的商品时，商标权在进口国并不穷竭，仍可认为侵犯了权利人的商标权。在“大王制纸株式会社、大王（南通）生活用品有限公司侵害商标权纠纷”案中，[②] 法院即认为，平行进口人进口的商品质量符合有关规定，不会对商标权人的商誉造成损害，因而没有支持原告商标侵权的诉讼请求。在有关判决中，法院也明确了商标权人与经销商对销售区域的约定不能作为商标权用尽的抗辩，商品一经售出，正常的商品流转便不再受权利人控制。[③] 可见我国对知识产权用尽总体上持积极的承认态度，这也是在 TRIPs 允许的自由规制范围内对知识产权人与社会公众利益的良好平衡。是否支持知识产权用尽在很大程度上受一国贸易政策、知识产权保护政策的影响，各国在进行具体规定时，要结合本国国情作出相应的选择。

---

① 《专利法》第 69 条，有下列情形之一的，不视为侵犯专利权：（一）专利产品或者依照专利方法直接获得的产品，由专利权人或者经其许可的单位、个人售出后，使用、许诺销售、销售、进口该产品的。

② 详见浙江省高级人民法院（2017）浙民申 1714 号民事裁定书。

③ 详见上海市第二中级人民法院（2012）沪二中民五（知）初字 86 号民事判决书。

CPTPP 条文：

第 18.11 条：知识产权用尽

本协定并不阻碍缔约方决定在其法律体系中是否以及在何种条件下知识产权用尽。[8]

脚注 8：进一步明确，本条不损害缔约方加入的国际协定中规定的知识产权用尽。

第二章 合 作

随着现代科学技术的深入发展和信息网络的迅速扩展，科学研究的全球化趋势不可阻挡。无论是研究机构的组织和规模，还是科学问题的广度和深度，均呈现国际化纵深发展的态势，只有通过国际合作才能进入全面发展的新时代。[①] 而知识产权合作是国际科技合作的重中之重，统一、协调的知识产权制度是开展国际贸易的基本环境和条件之一。[②] CPTPP 本章规定旨在加强各缔约国知识产权方面的合作，通过统筹协调各国知识产权制度以方便合作、促进知识产权的传播与应用。全方面、多维度的合作，既有利于通过知识产权保护的有效执行实现最大经济利益，又有利于通过灵活的制度安排提高知识产权运作效率，[③] 充分发挥知识产权对经济增长、社会发展、人类进步的长效作用。

一、各国合作机构的设立

CPTPP 第 18.12 条是有关各缔约方为进行知识产权合作而可在本国设立机构的规定。它提议各缔约方依照第 27.5 条第 2 款[④]确立的设立联络点的程

① 王喜媛、张平平、张宏旗：《国际合作与交流中的知识产权保护与管理》，载《科技管理研究》2009 年第 6 期。

② 宋志国、贾引狮：《中国—东盟知识产权保护与合作机制研究》，载《知识产权》2012 年第 4 期。

③ 参见余楠：《国际法与国际关系视野下〈跨太平洋伙伴关系协定〉（TPP）知识产权谈判》，法律出版社 2016 年版，第 76 页。

④ CPTPP 第 27.5 条第 2 款：除非本协议另有规定，每一缔约方应在本协议对其生效之日起 60 天内以书面形式通知其他缔约方其指定的联络点。缔约方应通知对本协议在较晚日期生效的其他缔约方，通知不得迟于另一方指定其联络点之日后 30 天。

序性规定设立第21.3条①提及的本国合作联络点。第21.3条已明确各缔约方负有为处理CPTPP协议的所有事项而设立联络点的义务，而第18.12条又特意提及专门针对知识产权合作事项设立联络点，可见CPTPP对知识产权合作的重视。

而在其他与知识产权有关的国际条约中，鲜少提到联络点的设立，只有TRIPs第69条②提及。但其设立目的是消除侵犯知识产权的国际货物贸易，作用是就侵权货物的贸易信息相互交流与通知。相较于CPTPP注重知识产权全方面合作的规定，TRIPs的联络点更为关注知识产权的保护，其功能较为狭隘。

实际上，联络点对国际条约的贯彻执行及各国之间的统筹合作发挥着重要作用。2006年，植物检疫措施委员会第一届会议报告中指出，《国际植物保护公约》联络点的作用为代表各缔约方进行沟通和信息交流，传达其他缔约方及公约秘书处的信息和需求，以确保公约框架下各缔约方之间、缔约方与秘书处之间信息的无障碍交流。因此，联络点应具备足够资源和充分授权，以确保妥善及时的信息处理。同时，在世界知识产权组织执法咨询委员会第三届会议上，当时的伯尔尼瑞士联邦知识产权局法律和国际事务司长Felix Addor先生编写的文件③中提及，瑞士联邦知识产权局作为联络处，代表并促进瑞士的利益的同时，也积极推动国内和国外的知识产权保护和有效执法，保证瑞士在执法和预防方面的利益在国际上被有计划地纳入有关机构和组织，确保同各方的密切合作。同样，在CPTPP中，联络点的设立便利了各缔约方

---

① CPTPP第21.3条：各缔约方应根据第27.5条（联络点）的规定，就协调合作和能力建设活动的有关事项指定联络点并通知各缔约方。一缔约方可以通过联络点向另一缔约方或各缔约方提出与本协议有关的合作和能力建设活动的请求。

② TRIPs第69条：成员方同意相互进行合作，以消除侵犯知识产权商品的国际贸易。为此，他们应在其行政范围内设立和通报联络站，并随时交流关于侵权商品贸易的情报。他们尤其应促进海关当局之间在仿冒商标商品和盗版商品贸易方面的情报交流与合作。

③ Felix Addo：Swiss Activities：Fighting Counterfeiting & Piracy and Improving Enforcement of Intellectual Property Rights（WIPO/ACE/3/3），https：//www.wipo.int/meetings/zh/details.jsp? meeting_id = 9964，last visited May 1st，2019.

之间的沟通与交流，不仅能代表本国发声，维护各缔约方本国的利益，而且能及时更新信息，协调各缔约方之间的利益冲突，在互相妥协中促进合作的顺利进行。

对我国来说，国家知识产权局承担着统筹协调涉外知识产权事宜的主要责任，应是我国知识产权国际条约的联络点。其拟订知识产权涉外工作的政策，按分工开展对外知识产权谈判，开展知识产权领域的国际合作与交流活动，使中国在知识产权国际保护和合作方面扮演着重要角色。

CPTPP **条文：**

第 18. 12 条：合作的联络点

对于第 21. 3 条（合作和能力建设的联络点），就本节下的合作而言，每一缔约方可依据第 27. 5 条第 2 款（联络点）指定和通知一个或多个联络点。

二、各国的合作领域

CPTPP 第 18. 13 条列出了各缔约方可进行知识产权合作的各个领域，包括制度政策、教育培训、创新传播、技术援助等多个方面，该条的达成体现了各国促进知识产权和谐普惠发展的决心。

一般来说，知识产权制度具有两方面的内容，其一是对权利的保护，其二是促进知识和技术的传播与应用。虽然对知识产权的保护十分重要，一直以来也是国际社会关注的焦点，但这并非知识产权制度的根本目的。通过保护知识产权来使文化繁荣、技术发展，并通过知识和技术的传播与应用来推动社会整体创新的进步，造福于公众，才是知识产权制度的最终目标。[①] CPTPP 之前的与知识产权有关的国际条约大多侧重于知识产权制度的第一方面的内容，即强调对知识产权进行必要保护、规定对知识产权进行保护的最低标准。例如，TRIPs 第 67、69 条，虽然规定了技术合作和国际合作的内容，但

① 李洁琼：《TPP 知识产权规则与中国的选择》，载《政法论坛》2017 年第 5 期。

主要涉及发达国家对发展中国家的技术援助以及关于侵犯知识产权的国际货物贸易的信息交流。而CPTPP的这一条规定，详细地列出了各缔约国可展开合作的领域，其中既有权利保护方面的内容，如知识产权管理和注册制度、知识产权教育和意识培养；又有知识传播和应用方面的内容，如技术的转让和传播以及为研究、创新和经济增长而利用知识产权的政策。同时，本条还考虑到了中小企业发展动力不足、缔约方内部经济技术发展不平衡等现状，并据此提及中小企业的知识产权问题以及对发展中国家的技术支持。由此可见，CPTPP所设计的知识产权合作框架是全方面、多维度的，既尊重知识产权的属性和价值，又将所有缔约方视为利益共同体，在保护知识产权的同时强调知识产权的传播、应用及其对全人类的积极作用，在承认知识产权垄断性的同时兼顾弱势群体的利益以平衡各方需要，这是CPTPP进步的地方。

将这一条与2018年3月发布的《金砖五局关于加强知识产权合作的联合声明》进行比较，可以发现两项协议均强调了在知识产权政策法规、教育和意识、信息共享等方面的合作，这是未来国际社会知识产权合作与运用的发展方向。但比较两项协议的具体规定，不难发现CPTPP的规定较为笼统。以两者都提到的知识产权合作方式——培训为例，CPTPP只用了一个单词"training"来概括，而联合声明却列出了具体方式，如组织年度培训项目、从业人员能力培训、远程教育等。CPTPP如此简单的规定，虽然可能不利于为各缔约方之间的合作提供直接且具体的指导和建议，但为各缔约国以多种高效的方式和途径实现合作留下了创新空间。

对于我国来说，面对国际格局大分化再调整的形势，若要提升我国的国际影响力与话语权，那么利用知识产权制度抢占经济、科技制高点尤为重要。[①]《国务院关于新形势下加快知识产权强国建设的若干意见》指出，我国要"提升知识产权对外合作水平"，既要"推动构建更加公平合理的国际知识产权规则"，又要"加强知识产权对外合作机制建设""拓宽知识产权公共外

① 谢小勇：《知识产权强国建设国际合作战略研究》，载《科技促进发展》2016年第4期。

交渠道”，同时也要“加大对发展中国家知识产权援助力度”，这与 CPTPP 的规定不谋而合。因此，积极参与国际合作，推动形成“普惠包容、平衡有效”的知识产权国际体系①以及以“保护权利、促进发展”为核心的知识产权全球治理新结构，是我国等发展中国家的努力方向。

CPTPP 条文：

第 18.13 条：合作的活动和倡议

缔约方应就本章涵盖的客体努力合作，如通过由每一缔约方确定的其各自的知识产权局或其他机构之间进行适当的协调、培训和信息交流。合作可涵盖如下领域：

(a) 国内和国际知识产权政策的发展；

(b) 知识产权管理和注册制度；

(c) 知识产权的教育和意识培养；

(d) 与下列相关的知识产权问题：

(i) 中小企业；

(ii) 科学、技术和创新活动；及

(iii) 技术的产生、转让和传播；

(e) 为研究、创新和经济增长而利用知识产权的政策；

(f) 知识产权多边协定的实施，如 WIPO 主持缔结或管理的协定；以及

(g) 对发展中国家的技术援助。

三、专利合作

CPTPP 第 18.14 条是关于专利申请与审查方面的内容，强调了各缔约国应通过信息成果共享与统一程序标准来简化专利申请流程、提高专利审查效

---

① 申长雨：《改革创新 奋发有为 深入实施知识产权战略 努力建设知识产权强国——国家知识产权局局长申长雨在 2015 年全国知识产权局局长会议上的工作报告（摘编）》，http://ip.people.com.cn/n/2015/0119/c136655-26408888.html，2019 年 2 月 10 日访问。

率、提升专利质量。各国交换信息或共享数据库，有利于及时了解国外技术的发展，准确界定“公共领域”范围，提高专利质量；简化程序、降低流程差异、统一程序标准，一方面提高了效率，缩减专利审查时间，延长专利实际受保护的时间，从侧面加强了对专利权人的保护；另一方面又便利了各国专利权人在其他缔约国内的专利申请，促进专利的传播及对专利权人的保护。同时，本条还特别强调了《专利法条约》的重要性，规定各缔约国可采用或维持与《专利法条约》目标相一致的程序性规则，可见其吸纳了《专利法条约》的相关规定与精神，是《专利法条约》的延续，也使得“自下而上”地促进各缔约国专利审查程序的一体化成为可能。[①] 但这种工作共享机制导致的程序与流程的一致以及标准的趋同，在一定程度上会缩小各国授予专利权的自由选择空间，对国家科技创新政策的实施、知识产权战略的制定、公共利益的维护都会产生影响。[②]

此外，这一条仅规定了合作应达到的效果，而未规定具体的合作方案，这种灵活的表达方式虽然不具有直接的约束力，但为各缔约国能主动地开展具体领域的合作留下了空间。

专利作为知识产权三大领域之一，在 CPTPP 此处特别提及，足可见其特殊性、重要性及各缔约国对专利的重视。在市场竞争中，专利技术既是企业生存发展、逐渐壮大的重要动力，也是增强企业竞争力的重要工具。在国际竞争中，创新能力与技术水平更是一个国家软实力和综合国力的体现，是提升国家形象、保障国际地位的重要因素。随着全球经济一体化进程的加快，跨国企业与国际贸易的发展均对各国的专利保护水平及相关行政程序和效率提出了要求，成为国际社会关注的焦点。

我国作为国际社会的重要一员，发达的对外经济贸易和国际经济合作要

---

① 参见谢青轶：《〈跨太平洋伙伴关系协定〉（TPP）的专利条款探究》，载《知识产权》2016 年第 1 期。

② 参见佘力焓、朱雪忠：《专利审查国际协作制度完善及中国的策略》，载《科技进步与对策》2014 年第 17 期。

求我国顺应国际趋势，不断简化专利申请程序、提高专利申请效率和专利质量。因此，我国在未来制定专利申请与审查的相关政策和制度时，应积极向CPTPP靠拢，借助国际条约加强合作，使相关程序与国际接轨，以更好地吸引国外投资、减少贸易摩擦，促进本国经济进一步发展。

CPTPP **条文：**

第 18. 14 条：专利合作和工作共享

1. 缔约方认识到为所有专利制度使用者和公众整体利益而提高各自专利注册制度的质量和效率以及精简各自专利局办事程序和流程的重要性。

2. 对于第 1 款，缔约方应努力在其各自的专利局之间进行合作，以便分享和利用其他缔约方的检索和审查工作。该合作可包括：

(a) 使其他缔约方的专利局可获得检索和审查结果;[9]及

(b) 交换与专利审查有关的质量控制制度信息和质量标准信息。

3. 为降低获得专利授权的复杂度并减少其费用，缔约方应努力合作，以减少其各自专利局在办事程序和流程方面的差异。

4. 各缔约方认识到，适当考虑批准或加入 2000 年 6 月 1 日在日内瓦签署的《专利法条约》的重要性；或，作为替代，认识到采纳或维持与《专利法条约》的目标相一致的程序标准的重要性。

脚注 9：缔约方认识到促进检索和审查结果分享和利用的多边努力的重要性，目的是提高检索和审查程序的质量并降低申请人和专利局的费用。

四、公共领域

CPTPP 第 18. 15 条强调了公共领域的丰富性、可接触性以及界定公共领域的信息资料的重要性。

知识产权“公共领域”的思想基础源于罗马法中对“共有物”（res commons）

和“公有物”（res publiae）为公共使用的财产的确定。[①] 19 世纪末，《保护文学艺术作品伯尔尼公约》借用这一术语后，它在知识产权领域的使用逐渐普及。[②] 对于“公共领域”的概念，我国学者一般认为是指不受知识产权法保护的领域，[③] 且该领域内的智慧成果可为社会公众自由利用。[④]

本条第 1 款强调了公共领域的丰富性与可接触性，主要出于以下三个方面的考虑。首先，公共领域内的智慧成果是社会公众创新的文化源泉。从人类文明的发展历程来看，新作品、新发明的产生往往是基于已有作品与技术的刺激与启发。[⑤] 因此，保护公共领域的丰富性与可接触性也即保护社会公众创新的素材，将推动文化的繁荣、社会文明的进步。其次，公共领域有利于促进知识产权权利人与社会公众之间的利益平衡。随着社会的发展，知识产权对技术进步、经济繁荣的作用越来越强大，已成为企业乃至国家间竞争的取胜技术和核心竞争力。[⑥] 相应地，知识产权保护水平逐渐提高，扩张趋势也越来越明显。作为一种垄断性权利，知识产权的发展必然损害社会公众的文化权利、经济利益，降低社会发展速度。因此，建立一个丰富繁荣、富有活力且易于接触的公共领域以缓解上述矛盾十分有必要。最后，技术的发展尤其是信息化、数字化的出现，虽然拓宽了社会公众取得资源的渠道，但在某种程度上也增加了取得部分资源的难度。将处于公共领域内的信息与资源进行收集与整理，并通过收费方式提供给社会公众，已成为一种全新的商业模式，[⑦] 提高公众取得资源的成本。另外，运用技术措施封锁已属于公共领域内

---

① 参见侯纯：《知识产权客体的扩张与利益平衡》，载《燕山大学学报（哲学社会科学版）》2004 年第 2 期。

② 冯晓青：《知识产权法的公共领域理论》，载《知识产权》2007 年第 3 期。

③ 参见王太平：《美国知识产权法中的公共领域研究述评》，载吴汉东：《知识产权年刊》，北京大学出版社 2006 年版，第 380 页。

④ 胡开忠：《知识产权法中公有领域的保护》，载《法学》2008 年第 8 期。

⑤ 参见 Jessica Litman: The Public Domain, Emory Law Journal, 1990, vol. 39, pp. 966 –967.

⑥ 参见高勇、邢淏：《知识产权视角下的企业核心竞争力研究》，载《经济问题》2013 年第 6 期。

⑦ 参见曹阳：《论公有领域——以知识产权与公有领域关系为视角》，载《苏州大学学报（哲学社会科学版）》2011 年第 3 期。

的作品，也剥夺了公众接触公共资源的权利。基于此，强调公共领域的丰富性与可接触性，引导各缔约国整顿文化市场与网络环境，将降低公众取得公共资源的门槛，为公众利用公共资源打开方便之门。

本条第 2 款强调了有助于界定公共领域的信息资料的重要性。当前，以互联网为中心的信息革命对以工业社会为基础而建立的知识产权制度产生了巨大冲击,① 互联网的时效性、开放性、便捷性、普及性更是进一步加剧了知识产权保护范围与公共领域之间界限的模糊与重合。② 在这样的时代背景下，运用公众可获得的已注册知识产权数据库等信息资料来判断某一标的是否属于公共领域十分重要。一方面，为知识产权保护范围和公共领域的划分提供资料依据和数据支撑，避免行政机关审查及司法机关判定时的主观臆断和法律的不确定性，提高知识产权质量及其稳定性；另一方面，便于公众自主查询，既可降低知识产权侵权行为发生的概率，又有利于新技术新发明研究方向的确定和新作品新商标构思范围的确立，避免人力物力无谓地投入。因此，各缔约国应加快信息公开制度的确立、各部门信息共享机制的设立以及及时完备的数据库的建立，以促进信息在个体、部门、国家之间的传播与交流，确保各主体可获得的信息资料的充足与完善。

早在 2011 年，世界知识产权组织的发展与知识产权委员会在第八届会议③上就已经提出了对知识产权公共领域的建设。我国作为世界知识产权组织的一员，在完善知识产权制度上，也应加强公共领域信息资源的可获得性、完备性和可靠性，积极参与国际数据库的建设。

CPTPP **条文：**

第 18.15 条：公共领域

① 参见谢晓尧、吴楚敏：《转换的范式：反思知识产权理论》，载《知识产权》2016 年第 7 期。

② 参见李洁琼：《TPP 知识产权规则与中国的选择》，载《政法论坛》2017 年第 5 期。

③ Secretariat: Feasibility Study on the Establishment of National Patent Register Databases and Linkage to PATENTSCOPE (CDIP/8/INF/2), https: //www. wipo. int/meetings/en/doc_ details. jsp? doc_ id = 182861, last visited May 1st, 2019.

1. 缔约方认识到拥有一个丰富且可利用的公共领域的重要性。

2. 缔约方还承认信息材料的重要性，如可公开访问的已注册知识产权的数据库，以帮助确认已进入公共领域的客体。

五、与遗传资源有关的传统知识

CPTPP 第 18.16 条承认了与遗传资源有关的传统知识与知识产权制度的关联性，并建议各缔约国加强与遗传资源有关的专利申请的审查与培训合作。

（一）对相关概念的理解

若要充分理解本条含义，必须先明确“传统知识”“遗传资源”以及“与遗传资源有关的传统知识”这三个概念。

对于“传统知识”，WIPO 成立的“知识产权与传统知识、遗传资源和民间文学艺术表达的政府间委员会”大致将其表述为：由生活、生产在特定环境中的当地居民通过世代的尝试与积累而得到的，能够体现当地生活习惯、生活方式等的知识、实践的总和。

对于“遗传资源”，《生物多样性公约》给出的定义为“来自动物、植物、微生物或其他来源的含有遗传功能单位，对人类具有实际或潜在用途或价值的遗传材料、生物体或其部分、生物种群、生态系统中任何其他生物组成部分”。我国《专利法实施细则》第 26 条①也对遗传资源进行了界定。综合上述两个定义，不难发现遗传资源具有的两个特点：含有遗传功能以及具有实际或潜在的价值。

对于“与遗传资源有关的传统知识”的定义，则是将上述两个概念组合起来。比如，我国记载在《本草纲目》等名著中的传统的中医药知识、少数

① 《专利法实施细则》第 26 条：专利法所称遗传资源，是指取自人体、动物、植物或者微生物等含有遗传功能单位并具有实际或者潜在价值的材料。

民族通过长期的摸索、实践培育和保存的农作物、牲畜地方品种的相关知识，都可归属于与遗传资源有关的传统知识。

（二）与遗传资源有关的传统知识的利用现状

随着生物技术的发展，遗传资源被广泛商业化地应用于药品、植物药品、化妆品等领域。全球每年大约有 5000 亿到 8000 亿美元来自遗传资源的产品。[①] 尤其是在新药物的研发方面，与遗传资源有关的传统知识可以说是生物技术发展和药物合成的指南针和催化剂。以青蒿为例，《本草纲目》曾记载“治疗虚劳久疟：青蒿捣汁煎过，如常酿酒饮”。《补缺肘后方》也提到“治疗疟疾寒热：青蒿一握以水二升渍绞取汁尽服之”。据此，人们就从青蒿中提取了青蒿素，并制成青蒿类药物来治疗疟疾。众所周知，开发新药成本昂贵，但若基于传统的医学知识，研究机构或制药公司便可很快锁定研究方向，大大降低研发成本，并从中获得巨额利润。与遗传资源有关的传统知识所具有的巨大的潜在经济价值使国际社会越来越重视它的作用。

在实践中，由于技术、经济的落后，掌握着大量与遗传资源有关的传统知识的发展中国家常常处于不利地位。发达国家利用发展中国家的遗传资源进行商业开发后，又将专利产品返销发展中国家，[②] 使发展中国家不仅提供了遗传资源、传统知识且得不到任何补偿，还必须为据此研究出的产品支付高额费用，这是极不公平的。这种利益的不平衡就使公众尤其是发展中国家对“遗传资源、传统知识属于人类共同遗产”的理念产生怀疑，要求保护传统知识。

（三）与遗传资源有关的传统知识的国际保护

随着与遗传资源有关的传统知识经济地位的提升以及保护呼声的加强，国际社会开始重视对其的保护及相关利益分配。

---

① 张小勇：《遗传资源的获取和利益分享与知识产权》，知识产权出版社 2007 年版，第 38 页。

② 参见蒲莉：《寻求遗传资源和传统知识法律保护的正当性——以经济学为视角》，载《华中科技大学学报（社会科学版）》2006 年第 4 期。

《生物多样性公约》中提出了国家主权、事先知情同意和惠益分享三大原则；WTO 第四次部长会议在多哈通过了《多哈宣言》，授权 TRIPs 理事会对知识产权和《生物多样性公约》的关系进行审查；WIPO 为防止对不合新颖性和创造性要求的遗传资源及相关传统知识授予专利，极力倡导用遗传资源和传统知识数据库帮助专利审查员找到相关"现有技术"并努力完善其检索工具和专利分类体系，[①] 这些举措均促进了对与遗传资源有关的传统知识及处于弱势地位的发展中国家的保护。

CPTPP 明确对与遗传资源有关的传统知识的保护顺应了这一发展趋势，将其纳入知识产权保护体系之中则是对 CPTPP 之前的知识产权国际条约的突破。[②] 但细看 CPTPP 的规定，尤其是第 3 款，强调对与遗传资源有关的传统知识的披露、运用数据库或电子图书馆查找相关传统知识，其实都只是强调了披露制度，并未规定《生物多样性公约》提到的事先征得传统知识来源国的同意以及与来源国分享利益的要求。所以，CPTPP 对传统知识拥有者的保护仍是不足的，可以说，CPTPP 并未形成超越现有实践的新的具体的传统知识保护原则和规则[③]。

（四）我国的保护现状及未来发展

反观我国，地大物博、历史文化源远流长，作为拥有大量的遗传资源以及丰富的与遗传资源有关的传统知识的大国，我国遗传资源流失情况十分严重，以猕猴桃为例。我国是猕猴桃的原产地和起源中心，早在唐朝的《本草拾遗》中就已记载："猕猴桃味咸温无毒，可供药用，主治骨节风，瘫痪不遂，长年白发，痔病，等等。"直至 20 世纪初，猕猴桃才被带到新西兰，并

---

① 参见世界知识产权组织官网，https：//www. wipo. int/pressroom/zh/briefs/tk_ ip. html，2019 年 2 月 11 日访问。

② 对于与遗传资源有关的传统知识的保护，CPTPP 之前的知识产权国际条约没有明确提及，只有 TRIPs 第 27 条第 3 款第 2 项中涉及的对植物新品种的保护，与遗传资源的保护稍有联系。

③ 余楠：《国际法与国际关系视野下〈跨太平洋伙伴关系协定〉（TPP）知识产权谈判》，法律出版社 2016 年版，第 113 页。

被发展为“奇异果”。如今，新西兰与中国同占猕猴桃市场销售份额的三分之一，且新西兰猕猴桃的单位亩产量为我国的三倍，大大将我国的猕猴桃产业甩在了后面。①

面对层出不穷的资源流失以及生物剽窃，我国加强了相关立法及规章制度的保护，如《种子法》《野生动物保护法》《渔业法》《野生植物保护条例》等。《专利法》第三次修改也添加了相关规定，② 与 CPTPP 本条规定较为相似。

虽然我国目前已形成对遗传资源以及与遗传资源有关的传统知识的初步法律保护框架，但仍存在体系不健全、缺乏整体性和系统性的缺陷，同时也存在与 CPTPP 类似的问题，即内容过于原则化、缺乏可操作性，未完全与《生物多样性公约》接轨等。③ 因此，要想落实对遗传资源以及与遗传资源有关的传统知识在知识产权尤其是专利方面的保护，我国仍需细化程序设计、提高保护水平。此外，我国应特别重视对中医药知识及中草药的保护，避免其成为他国专利的基础。④

CPTPP 条文：

第 18.16 条：传统知识领域的合作

1. 缔约方认识到，当该传统知识与此类知识产权制度有关时，知识产权制度同与遗传资源有关的传统知识相互关联。

2. 缔约方应通过其各自负责知识产权的机构或其他相关组织努力合作，以增进对与遗传资源有关的传统知识问题和遗传资源的理解。

3. 缔约方应努力开展高质量的专利审查，可包括：

(a) 在确定现有技术时，可能要考虑与遗传资源有关的传统知识相关的

---

① 参见“同占全球 1/3 销售份额！中国猕猴桃产业是否已经赶上新西兰”，http：//www.360doc.com/content/18/0825/17/31038585_ 781140221.shtml，2019 年 2 月 10 日访问。

② 《专利法》第 5 条第 2 款：对违反法律、行政法规的规定获取或者利用遗传资源，并依赖该遗传资源完成的发明创造，不授予专利权。

第 26 条第 5 款：依赖遗传资源完成的发明创造，申请人应当在专利申请文件中说明该遗传资源的直接来源和原始来源；申请人无法说明原始来源的，应当陈述理由。

③ 参见卫波倩：《中国遗传资源的知识产权保护问题研究》，载《法学理论》2013 年第 24 期。

④ 参见郑成思：《国际知识产权保护和我国面临的挑战》，载《法制与社会发展》2006 年第 6 期。

可公开获得的文献信息；

(b) 第三方有机会以书面形式向主管审查机关表明与可专利性有关系的现有技术披露，包括与遗传资源有关的传统知识相关的现有技术披露；

(c) 如可适用且适当，使用包含与遗传资源有关的传统知识的数据库或数字图书馆；以及

(d) 在培训对与遗传资源有关的传统知识相关的专利申请进行审查的专利审查员方面进行合作。

六、合作的基础

CPTPP 第 18.17 条强调了各缔约国之间展开合作的基础，即合作应视实际情况、各国意愿及条款规定进行。

CPTPP 缔约国包含发达国家和发展中国家，各国的综合国力、国际地位、经济科技发展水平等存在巨大差异。发达国家在各个方面占据的优势地位使得在合作过程中很有可能出现发达国家对发展中国家的逼迫、霸权主义强权政治对弱小国家的侵犯。为避免此类现象的发生，就必须对合作进行条件限制。CPTPP 的这一规定站在了发展中国家的立场上，考虑了影响合作的各个因素及实现合作的可能性，使框架内的知识产权合作能够在一个现实、开放、平等、互惠的环境中进行，利于 CPTPP 内部缔约国之间的和谐共处和共同发展，提升 CPTPP 的团结性和稳定性。

这一规定在其他国际条约中并不多见，既是 CPTPP 的突破之处，也是发达国家对发展中国家的妥协，顺应了国际发展趋势，利于营造和平稳定的国际环境。

CPTPP **条文：**

第 18.17 条：应要求进行合作

根据本章从事的合作活动与倡议，应当受制于资源的可获得性，并遵守缔约方之间达成的条款和条件，且应基于请求而开展。

第三章　商　　标

一、可注册为商标的客体

CPTPP 要求缔约方不得将标记在视觉上可感知作为允许商标注册的条件，同时鼓励缔约方要尽最大努力允许气味商标的注册。由此，CPTPP 鼓励成员国将声音、气味纳入构成商标的组合范围，进一步扩大了可注册商标的范围，有利于减少拒绝商标申请的理由，在一定程度上增加了商标申请的成功率，丰富了商标的种类，为申请人申请注册商标提供多样化的选择。

（一）商标注册条件

商标是一种商业标志，其功能包括标示商品或者服务来源，保证产品质量，便于广告宣传，彰显产品个性。商标一般由文字、字母、图形、数字、三维标志、颜色、声音或以上要素的组合构成，附着于商品、商品包装、服务设施或者相关的广告宣传品上。[①] 商标的价值是将特定的符号与特定的商品联系起来，消费者基于对特定商品品质的认可，通过特定符号，选择出带有该特定符号的特定商品，从而购买到心理预期的商品，也使得该特定商品的市场主体能够获利。[②]

但是，在 TRIPs 缔结之前，国际上还没有关于商标的定义。TRIPs 第 15 条对商标的可保护客体进行了广泛的规定：对于构成商标的标记或者标记的

---

① 吴汉东主编：《知识产权法学（第五版）》，北京大学出版社 2011 年版，第 229 页。
② 郑其斌：《商标权的本质》，人民法院出版社 2009 年版，第 4 页。

组合而言，只要其能达到区分开不同企业的货物或服务就可以构成商标。另外，如果这些标记本身并不具有固有的区分有关商品或服务的特征，那么各成员也可依据这些标记在使用后能具有区分性而做出是否予以注册的决定。各成员可要求，作为注册的一个条件，这些标记应是在视觉上可以感觉到的。该条第1款通过列举的方式从正面规定了可以注册成为商标的客体，从该条可以看出，TRIPs允许成员国将“标记应系视觉上可感知”作为注册条件，从这一点来看，CPTPP条款规定“不得仅仅因为该标记是由声音构成从而拒绝该商标注册”，并鼓励成员国尽最大努力保护气味商标，这其实进一步要求成员国不得将“视觉上可感知”作为允许注册的条件，通过将声音和气味纳入注册商标的范围，拓展了商标权的客体。

（二）我国关于商标权客体的规定

我国《商标法》在第8条对商标权的客体做出了规定，它以列举的形式规定了能够构成商标的基本要素是文字、图形、字母、数字、三维标志、颜色组合和声音等要素及要素之间的组合。对于声音商标的规定是在2013年《商标法》第三次修改案中提出的。由此可以看出，我国商标法在是否要求“可视性”方面与CPTPP条款一致。但我国现行的商标法并未对气味商标做出规定。商标法之所以先吸收声音可以作为商标注册的标志，而对气味商标持反对意见，想必是因为以下几个因素：第一，在申请注册商标时，声音商标更易固定，更易提交书面申请材料。声音可以通过五线谱的形式进行描述，但是对于气味商标提交的样本可能会因为存放时间和每个人对于气味的敏感度等因素的不同而有所区别，这就给后期的比对工作带来一定的困难。第二，气味商标由于其没有固定的形状，且在不同环境下气味会随着环境的温度和湿度等因素发生变化。试想，申请人在北京申请了一项气味商标，但是该气味在上海却跟北京的味道明显不一致，这种情况下，该如何限定权利界限？但是也有学者提出，随着科学技术的迅速发展，商业创意层出不穷，让更多元素加入商标构成要素的范围，这既符合商标使用的实际需要，也反映了国际商标领域的发展趋势。[①] 进入 21 世纪，我国知识产权立法已经摆脱了被动移植的局面，从调整型适用进入主动性安排阶段。[②] 声音商标的出现正是我国立法转变的说明，进而有学者对于气味能成为注册商标持积极态度。

（三）商标申请图样的有关规定

对于商标权而言，商标图样则是固定商标权本身特性和确定商标指示商品或服务的依据。[③] 因此，CPTPP 在对商标权客体进行规定后也指出缔约方可要求对商标进行简要的说明，或图示或同时要求二者。与 CPTPP 要求缔约方“可以”对商标进行简要说明不同，欧盟商标法则对商标注册时提出必须能够通过图样的方式对商标进行描述。正是因为欧盟商标法这一严格的要求，使得在 Ralf Sieckmann 案中，申请人以化学分子式 C6H5 - CH = CHCOOCH3 表示一种气味，申请将该气味注册使用在化学、农业、科学的广告和教育等服务领域。作为辅助，申请人同时提交了针对该气味的文字描述——“略带有淡淡肉桂香味的水果脂气味”和气味样本。[④] 最终正是因为该表述不符合通过图样的方式而惨遭驳回。从这一点也可以看出 CPTPP 在申请注册程序上相对放宽要求，也可以看出 CPTPP 是鼓励成员国将声音、气味等标志作为可注册商标的标志的。

CPTPP 条文：

第 18.18 条：可注册为商标的标记类型

缔约方不得将标记应为视觉上可感知作为注册的条件，也不得仅仅因标记由声音构成而拒绝商标注册。此外，缔约方应尽最大努力允许注册气味商标。缔约方可要求对商标进行简要的说明，或图示或同时要求二者。

---

① 宋锡祥：《TPP 关于商标权的最新规制及其对中国的影响》，载《东方法学》2015 年第 4 期。

② 吴汉东：《中国知识产权法制 30 年的 9 个问题》，北京大学出版社 2009 年版，第 92 页。

③ 吴民许：《试论知识产权权利边界的确定方法》，载《科技与法律》2009 年第 3 期。

④ 杨倩：《我国气味商标法律制度构建研究》，2016 年青岛大学民商法学专业硕士学位论文。

二、集体商标和证明商标的保护规定

CPTPP 要求缔约方保护集体商标和证明商标，但在保护形式上并没有强制性要求缔约方必须将证明商标作为单独的一类进行保护，同时要求缔约方要将本身能够作为地理标志的标记在商标法中得到保护。集体商标是由某一团体所拥有的用于某种商品或服务上的标志，它不是用来区别一个企业与另一个企业的商品标记，而是集体组织成员在与其营业有关商品上共同使用的用来表明商品的一般特征的标志。[①] 证明商标是用来证明商品的来源地、原料等基础属性的商标，其申请主体一般是由团体进行申请，并由申请主体对使用了该证明商标的商品质量等进行监督以保证商品质量。故而这两类商标由于其申请主体的特殊性，CPTPP 规定了专门的一节，并对缔约方就集体商标和证明商标的保护提出了最低标准的保护。同时，CPTPP 要求缔约方对能作为地理标志的标记提供多种保护方式，并能够在商标法制度下对地理标志予以保护。

（一）各国对于证明商标和集体商标的规定

商标的种类不是一成不变的，其会随着经济发展而呈现出不断增加的趋势，最初，商标一般包括三类即制造商标、销售商标和服务商标，后来为了更好地保护消费者利益并打击商标假冒行为，各国纷纷通过立法对商标种类予以修订，增加了受保护的商标类别，如集体商标、证明商标等[②]。使用证明商标，可以起到促进商品质量提高、加强商品竞争力、保护消费者利益的作用，因此，不管是各国国内法还是国际公约都对证明商标予以规定。对于证明商标的保护起始于 20 世纪 50 年代，1946 年《美国商标法》第 4 条规定：

---

① 刘春茂主编：《中国民法学·知识产权法》，中国人民公安大学出版社 1997 年版，第 558 页。
② 胡开忠主编：《知识产权法比较研究》，中国人民公安大学出版社 2004 年版，第 387 页。

证明商标，可按一般商标注册规定，与普通商标一样申请注册并具有同等效力。此种商标由对其适用实行管理的国家、州、市、某些人等具名申请注册。注册后与普通商标一样，同样受到保护。但商标所有人或使用人虚假使用商标与其产品或服务上者除外。专利局局长可单独为证明商标设立注册步骤，申请手续和程序与一般商标注册大体相同。①《英国商标法》第 50 条对证明商标进行了规定：指明某种货物或服务是使用该商标的，是由该商标权所有人证明其可以被适用在某些货物或服务的某些方面，如在产地、材料、货物的生产方法或服务的完成方法、质量、精密度或其他特性方面。② 由此也可以看出，第一，各国对于证明商标的规定虽稍有不同，但是对于证明商标的申请主体都进行了一定的限制，要求证明商标的申请人要有能够证明使用人的货物或服务是符合证明商标要求的资格。对于使用证明商标的货物或服务有监督能力。第二，对于证明商标的使用具有开放性，只要使用人的商品或服务符合证明商标的要求，商标所有权人就不能拒绝别人的使用。例如，在《英国商标法》中，其在附件 2 中指出，商标所有权人没有权利禁止他人诚实地在工商业事务中使用该上述标记。

（二）我国对于证明商标和集体商标的保护

我国《商标法》修订后，对集体商标和证明商标作出了明确的规定，我国首次对集体商标进行规定的是 1993 年修订的《商标法实施细则》第 6 条。该条规定经过商标局核准注册的这两类商标是能够得到法律保护的。现行《商标法》第 3 条规定：经商标局核准注册的商标为注册商标，包括商品商标、服务商标和集体商标、证明商标；商标注册人享有商标专用权，受法律保护。我国规定“集体商标”是指以团体、协会或者其他组织名义注册，供该组织成员在商事活动中使用，以表明使用者在该组织中的成员资格的标志。

---

① 工商行政管理总局商标局、中国社会科学院法学研究所合编：《外国商标法》，中国社会科学出版社 1984 年版，第 428 页。

② 卞耀武主编：《当代外国商标法》，人民法院出版社 2003 年版，第 109 页。

“证明商标”是指由对某种商品或者服务具有监督能力的组织所控制，而由该组织以外的单位或者个人使用其商品或者服务，用以证明该商品或者服务的原产地、原料、制造方法、质量或者其他特定品质的标志。虽然集体商标和证明商标都能够允许多个生产经营者或服务提供者共同使用，但是两者也是存在诸多不同的。集体商标的作用是用于表明该商品或服务是来自同一组织的，而证明商标则更加侧重于证明商品或服务已达到了一定的标准。正是因为这样，集体商标对于使用范围是有要求的，即使用了该集体商标的成员必须来自该组织，而对于组织以外的成员则不能使用；就证明商标而言，只要使用者的商品或服务能够达到证明商标的质量标准，则任何人都有选择使用该证明商标的权利。正如我们不能既是运动员，又是裁判一样，证明商标注册人在注册后自己不能在所经营商品或服务上使用该证明商标，但是集体商标注册人可以使用该集体商标。①

CPTPP 条文：

第 18.19 条：集体商标和证明商标

各缔约方应规定商标包括集体商标和证明商标。缔约方没有义务在其国内法中将证明商标作为单独的一类加以规定，只要对该类商标提供保护即可。各缔约方还应规定可作为地理标志的标记能在其商标制度下获得保护[10]。

脚注 10：与第 18.1 条（定义）有关地理标志的定义相一致，任何标记或标记组合都应有资格获得一种或多种法律方式的保护，或这些方式的结合所提供的保护。

三、对商标权的保护

商标制度中最重要的内容是对商标权的保护，在本质属性上，“商标权属

---

① 参见 https：//www. huoming. com/shangbiao/2018/1586. html，《集体商标与证明商标二者的区别与联系在哪?》。

于私权，这是一个共识”。[①] CPTPP 在条款中对注册商标所有权人的专用权进行了规定，并进一步明确存在商标侵权的标准是消费者混淆的可能性。CPTPP 在关于商标专用权的规定上与 TRIPs 的规定保持一致。商标权的核心在于避免消费者对商品或服务的出处产生混淆[②]，对于在相同的商品或服务上使用相同标记的情形，CPTPP 条款认为在这种情形下消费者极易产生混淆。因此，依据第 18.20 条的规定，在商标侵权案件中，原告只要证明存在混淆的“可能性”就可以满足法律的要求，而不需要进一步证明消费者在事实上受到了混淆。就商标而言，TRIPs 存在的缺陷与不足体现在过分强调商标权的“私权”属性，即过多的考量了商标权的专有属性。[③]

（一）对商标中“使用”的理解

专用权是指商标权人对其注册商标专有使用的权利，商标专用权作为商标法保护的关键，几乎各个国家都在法律条文中进行了规定。根据我国《商标法》第 3 条规定，商标注册人享有商标专用权，受法律保护。通过该条规定可以看出，对于注册商标的保护以核准注册的商标和核定使用的商品为限，通过赋予商标权人专用权，可以稳固地建立起商品与商标这二者之间的联系，从而避免了消费者在进行商品选购时产生混淆。基于此，任何未经商标权人许可而擅自使用其注册商标的行为都构成侵权。也即，商标必须使用才会构成商标侵权。关于“使用”一词，各国商标法多对其予以解释，如《日本商标法》第 2 条第 3 款将其解释为：在商品或商品的包装上附以标志的行为，在对上述附以标志的商品进行转让，交付的行为。很显然，日本商标法对于直接或间接使用商标的行为的规定，都落入商标权利人的权限范围内。[④] 在中国商标法中对于使用一词的定义同 TRIPs 中所提到的“在商业中使用”一样，

① 参见刘春田：《民法原则与商标立法》，载《知识产权》2010 年第 1 期。
② 黄晖：《商标法》，法律出版社 2004 年版，第 113 页。
③ 参见吴汉东主编：《知识产权国际保护制度研究》，知识产权出版社 2007 年版，第 321 页。
④ 参见胡开忠主编：《知识产权法比较研究》，中国人民公安大学出版社 2004 年版，第 460 页。

都是一个较为宽泛地规定，也与日本商标法的规定一样，既包含在生产销售过程中发生的直接使用行为，也包含在广告、出口等行为中的间接使用。

商标经过注册之后权利人就会获得商标专用权以防止他人未经其同意而擅自使用注册商标造成一般消费者的混淆，因此为了避免消费者在选购商品或服务时产生混淆，多数国家不仅禁止在相同商品或者类似商品上使用相同商标的行为，也对在相同商品或类似商品上使用近似商标的行为有所限制。在实务中，对于相同商品和相同商标的判断容易进行，根据 CPTPP 和 TRIPs 的规定，在相同商品或服务上使用相同标记的情况下，直接推定发生了混淆，则侵权成立。较难认定的是对于类似商品或服务的判断，在讨论有关商品和服务是否类似的情况时，必须首先谈到类似与分类的关系。[①] 对商品和服务进行分类的目的是为商标注册提供更便捷的行政管理，因此无论是《尼斯分类表》，还是《商标法律条约》都表明商品或服务并不因为处于同一分类而被认为是类似的。[②] 商标局根据《商标注册用商品和服务国际分类》的规定以及中国在实践中的经验而制订了《类似商品和服务区分表》。但是该区分表仅能作为判断商品或服务是否类似的参考性工具，在实践中仍需结合商品的功能及用途或服务的对象等进行综合考量。

（二）商标相似性判断的有关规定

对于商标相似性的判断，我国《商标法》第 52 条第 1 款规定，商标近似指的是被告的商标和原告的注册商标相比较而言，文字的读音、字形等要素在整体结构上较为相似，从而使得相关公众会对该两种商品的来源产生错误的判断，以致认为被告的商标与原告的商标是存在某种特定的联系的。在考量商标近似时采用“三要素标准”，即“商标的构成 + 商品 + 混淆可能性”。

---

① 参见黄晖：《商标法》，法律出版社 2004 年版，第 119 页。

② 《商标法律条约》第 9 条第 2 款规定：商品或服务不一定因商标主管机关在其任何注册或公告中将它们列在《尼斯分类》的同一类别之下而被认为类似；商品或服务不一定因商标主管机关在其任何注册或公告中将它们列在《尼斯分类》的不同类别之下而被认为不类似。

有学者认为，在实际生活中，有可能存在两件商标在整体构图上相似但是并未导致消费者在选购商品时产生错误判断的情形。其以经典案例——法国“鳄鱼”与新加坡“鳄鱼”商标在市场上共存来证明该两种商标并没有造成来源混淆。① 因此，其认为采用“三要素标准”在实践中有一定的不合理性，并鼓励相关研究者能够就该种情形做进一步的研究。

关于“混淆的可能”是商标保护的核心问题，对“混淆的可能”的认定归根结底是一个事实问题，每次认定都必须在个案的基础上进行，不存在所谓一试就灵的石蕊试纸。② 因此，CPTPP 在条款中仅规定“在相同商品或服务上使用相同标记的情况下，应推定有混淆的可能性”，并未明确指出商标近似情况下何时产生混淆。

CPTPP **条文：**

第 18.20 条：各缔约方应规定，注册商标所有权人应享有专有权，以阻止任何第三方未经其同意在贸易中，在与其注册商标的商品或服务有关的商品或服务上使用相同或相似标记，包括在后的地理标志[11,12]，如此种使用会导致混淆的可能性。在相同商品或服务上使用相同标记的情况下，应推定有混淆的可能性。

脚注 11：为进一步明确，本条规定的专有权适用于在贸易过程中，在已注册商标商品上未经授权使用地理标志，导致商品来源产生混淆可能性的情形。

脚注 12：为进一步明确，各缔约方认为，不应将本条解释为会对其依 TPIPS 协定第 22 条、第 23 条所享有的权利义务造成影响。

四、商标权利的限制性规定

任何权利都是具有边界的，商标权的行使也不例外。对于商标权的限制

---

① 参见曹新明：《我国商标相近似认定标准探讨》，载《知识产权》2019 年第 3 期。

② 黄晖：《商标法》，法律出版社 2004 年版，第 140 页。

是由于商标权人和他人的权利及社会公众利益发生冲突，为了平衡各方的利益，在某些情形下，有关知识产权的各协议均对商标权人权利的行使和保护做出限制规定。[①] 在世界各国的立法中均有对商标权限制的规定，在国际公约中，TRIPs 第 17 条规定：缔约方可以就商标所具有的权利做出例外规定，如可以善意使用描述性词语等，这一对于商标权的例外规定和本协议规定的例外是一致的。英国 1994 年颁布的《商标法》第 11 条规定：一个人使用自己的名字或地址不侵犯他人的注册商标。[②]《联邦德国商标法》第 16 条规定，商标注册不妨碍任何人在商品或商品包装上，标记其有关姓名或商号等信息，另外就商品性质、用途、价格、商品的数量或重量的记载，以及用缩写方式的记载，也不妨碍在贸易中使用相似的标记。但他人不得将此类标记作为商标进行使用。这种商标的合理使用制度是一种重要的侵权抗辩事由。

（一）对注册商标的正当使用

与版权和专利的绝对保护相比，商标保护只是与商品或服务联系在一起的相对保护，即弱保护，但鉴于商标权利可以无限期续展，因而又是一种长保护，过度保护仍然不利于公众利益。[③] 因此，只要在第三人使用时未导致消费者产生混淆，则该种使用就不应该受到禁止。对商标的限制性规定主要体现在合理使用制度中，就我国《商标法》而言，在 2001 年修改之前还未进行有关的规定。但在现实生活中，频频出现关于商标的正当使用问题的诉讼，最新的《商标法》在第 59 条规定：注册商标中含有的本商品的通用名称、图形、型号，或者直接表示商品的质量、主要原料、功能、用途、重量、数量及其他特点，或者含有的地名，注册商标专用权人无权禁止他人正当使用。在判断使用商标时是否构成合理使用，应参考以下因素：使用人的主观心态

---

① 吴汉东：《知识产权法学》，法律出版社 2004 年版，第 220 页。
② 卞耀武：《当代外国商标法》，人民法院出版社 2003 年版，第 81 页。
③ 黄晖：《商标法》，法律出版社 2004 年版，第 165 页。

是否为善意，使用人的使用目的是否出于说明或描述自己的商品或者服务，使用人使用后的结果是否造成相关公众发生混淆。商标的合理使用是对商标权效力的重要限制，是保障商业活动中言论自由的重要工具。[①]

（二）权利用尽制度

权利用尽，是指当知识产权人将知识产权商品卖出后其就不能再以其所拥有的知识产权来阻止其他人对该知识产权商品再销售或做其他处分的行为。这是对知识产权的一种限制方式。[②] 商标权的权利用尽，就是指商标权人不能阻止第三人将商品再流转，只要该商品的首次售出是已经经过商标权人同意的。商标权的核心利益有以下几种：第一，特定联系不被阻断的权益，即商品的标识与商品之间的联系不被破坏的权益。第二，凝结于商品中的商誉不被破坏的权益。也就是说，只要第三人的再次销售行为并未对以上权益进行破坏，那么就不存在对这种再销售的行为进行限制。

当使用权利用尽来抗辩时应注意：第一，该首次销售是合法行为，所谓权利用尽是指在权利人已经完成了合法的首次销售行为，该商品投入市场是经过权利人许可的。如果该首次销售活动本身就是非法的，那么在后续的再销售活动中就不可能转化为合法的。我国《商标法》第57条明确规定：对于销售的是侵犯了他人商标专用权的商品的行为是侵权行为。即当第一次的交易行为本身就是非法的，那么对于该商品的二次销售或处分应当被认定为是侵权行为；第二，再次销售行为依然建立起商品与商标间的联系，即销售行为没有破坏商标与其商品的联系。例如，反向假冒行为，其更换商标再次投入市场，就将该商品与其他商标建立了联系，也就切断了该商品与商标权人的商标之间的联系；第三，未对原商誉造成损害，如在第二次及之后的销售行为中，要保证商品的品质不变，不得因未尽到应有的注意义务而导致商品

---

① 王太平：《商标法原理与案例》，北京大学出版社2015年版，第375页。

② 吴汉东：《知识产权法》，北京大学出版社2009年版，第284页。

变质，还将该商品出售，导致消费者降低对该商品的评价，从而影响到商标权人的商誉。[①]

（三）在先使用抗辩

在我国的商标保护实践中，我国采取的是商标权人自愿注册的原则，但是也承认未注册商标的合法性。因此，在我们的实际生活中，商标的形式存在两种：一是注册商标，二是未注册商标。而近年来，不断出现的恶意抢注他人已经在先使用的未注册商标，当热点短词语出现时将其抢注为注册商标，从而出现了个体拥有大量注册商标却并不使用的现象，这也说明了我国必须采取措施保护在先使用的未注册商标。知识产权人和社会公众都在各自的范围内行使自己的权利，是知识产权法在实施中确保知识产权个人利益与社会利益的平衡，以及公平与效率的均衡。[②] 正是基于平衡利益的理念，我国对于商标的在先使用的权利在《商标法》第59条第3款中进行了规定。但是这并不表明所有未注册的商标都能受到保护，根据法条规定需满足“标识构成商标性使用在先且因该种使用具有一定影响”的条件才行。实际上，应该要求在先权利人的在先使用行为必须是在相同或类似的商品上所进行的，并且是一种商业性使用的行为，同时还要将以广告的方式在先使用申请注册商标的行为排除在外，从而缩小在先使用的范围，更好的保护商标权人的利益。[③]

CPTPP条文：

第18.21条：例外

各缔约方可对商标所授予的权利规定有限的例外，如对描述性用语的合理使用，只要这种例外考虑到商标所有人和第三人的合法利益。

---

① 参见周晨：《商标权的限制问题研究》，2015年云南大学硕士学位论文。

② 冯晓青：《知识产权法利益平衡理论》，中国政法大学出版社2006年版，第72页。

③ 冯晓青：《商标法修正案草案评述与修改建议》，载《知识产权》2013年第2期。

五、驰名商标保护制度

驰名商标，顾名思义是指具有一定知名度，为公众所熟知的商标。驰名商标的特别保护一直是商标国际保护制度的重要内容。最早出现这一概念的正式法律文本是《巴黎公约》（1925 年修订文本）第 6 条之二。但是《巴黎公约》提及对驰名商标的保护时仅限于商品商标，TRIPs 将保护范围扩展至服务商标。CPTPP 第 18. 22 条第 1 款规定："缔约方不得将以下内容作为确定商标是否驰名的条件：该商标已在缔约方国内或其他管辖区注册，已被列入驰名商标名单，或者先前已被认定为驰名商标"，表明 CPTPP 规定不得以注册作为驰名商标保护的前提条件。第 2 款规定了驰名商标的跨类保护："不论该驰名商标是否注册，都应当将《巴黎公约》第 6 条之二适用于与该驰名商标所标识的货物或服务不相类似的货物或服务上，只要是将商标在那些商品或服务上的使用会使得第三人认为这些服务或商品是与商标所有人之间存在特定联系，并且商标权人的利益可能会因该种使用而有所损害。"这其实对于未注册商标而言也给与了其跨类保护。在第 4 款对于驰名商标的混淆进行了规定，如果使用或注册的商标会与驰名商标产生混淆，则成员国是有义务禁止该商标的注册的。另外，CPTPP 在脚注 13 明确了驰名商标的相关公众的范围界限是与该相关商品或服务存在销售关系的公众部门。脚注进一步释明也达到了对 TRIPs 第 16. 3 条有关"仅考虑相关部门的公共范围"规定进行补充的效果。显然，这一规定比要求在一般公众中知名更合理。

（一）《巴黎公约》第 6 条之二的适用

1925 年《巴黎公约》海牙文本和保护工业产权联合国际局提出驰名商标建议后，经过讨论，终于在公约中增补了专门保护驰名商标的第 6 条之二。①

① 黄晖：《商标法》，法律出版社 2004 年版，第 247 页。

但《巴黎公约》海牙文本将驰名商标的保护范围仅限于相同或类似商品上。国际保护工业产权协会对《巴黎公约》第6条之二意义上的驰名商标投入较大关注度，并形成了第100号决议，该决议指出驰名商标是指那些能够被商品生产者、销售者或使用者的相当一部分为大众所知晓的商标，并且该商标能够很明显地被认为具备指示商品特定来源的特征。实际上，国际上驰名商标特别保护制度的设立的历史和初衷主要是为了解决注册制度下如何确保已经享有的相应的市场荣誉但未来得及履行注册程序的在先使用人非法权益的问题。①

就商标权而言，《巴黎公约》在一定程度上消弭了由地域性限制所导致的各国商标法之间的冲突与摩擦，也理所当然地成为包括商标在内的国际有关工业产权保护的“母公约”。②《巴黎公约》第6条之二的规定能够运用于注册商标的跨类保护，必须具备两大前提：第一，在商品或服务上使用A商标能够体现出该A商标与已注册商标之间存在关系。第二，A商标的使用会对已注册的商标所有权人的利益产生一定的损害。《巴黎公约》（1967年文本）尽管对驰名商标的保护做出了规定但该规定过于原则，对许多重要问题并没有涉及，与《巴黎公约》相比，TRIPs扩大了驰名商标的保护范围，将驰名商标的保护范围扩大到服务商标和不相类似的商品和服务上，对驰名商标的认定标准也做出了原则性的规定。③《巴黎公约》第6条之二主要是保护未注册的驰名商标，CPTPP条款沿袭了这一立法宗旨。驰名商标所有人可以在异议或撤销程序对抗他人的商标申请或注册，并可以禁止他人使用该商标。

根据驰名商标联合建议，无论商标所使用、提出注册申请或注册的商品或服务如何，只要该商标或该商标的主要部分构成对驰名商标的复制、模仿、翻译或意译，且至少符合暗示、削弱或淡化、搭便车的情况的，即可认为与驰名商标发生冲突。因为驰名商标一旦形成并维系，其商标所有人在市场

① 参见管育鹰：《驰名商标认定相关问题探讨》，载《法律适用》2007年第12期。

② 吴汉东主编：《知识产权国际保护制度研究》，知识产权出版社2007年版，第317页。

③ 吴汉东主编：《知识产权国际保护制度研究》，知识产权出版社2007年版，第321页。

上的合法使用权甚至可以超出其原有的经营范围。①

对于“驰名”的界定，大多数国家认为“相关公众”的范围应当是有其必要限制的，如不能要求知晓的公众超过该商品的有关交易对象范围。对于驰名商标的驰名范围的界定既与联合建议又与 NAFTA 和美韩自贸协定的条款保持了一致。

（二）驰名商标保护模式

驰名商标是具有比普通商标影响力更大的商标，因此对驰名商标进行更大范围和更强的保护也理所当然。但究竟采取何种方式在多大程度上对驰名商标进行更有利的保护一直是亟待解决的问题。在其他国家驰名商标的保护主要有三种模式，即淡化模式、驰名商标制度和防护商标制度。② 美国作为淡化模式的代表国家，在《联邦商标反淡化法》中所体现的立法宗旨是，保护驰名商标，防止商标驰名以后因第三人的使用而使该驰名商标的显著特征受到玷污，贬低，即使这种使用不存在公众混淆的可能性。如果美国不为著名商标提供特别保护的话，其他国家就不会愿意修改他们的法律去保护著名的美国商标。③《联邦商标反淡化法》规定了模糊和污损两种类型的淡化。前者是由于商标与著名商标之间由于近似而损害驰名商标的显著性联想；后者则是指由于近似所导致著名商标的商誉受到损害。④ 所谓商标淡化是指著名商标识别和区分商品或服务的能力降低。这种淡化并不以权利人与其他人之间是否存在竞争和这种使用是否存在使消费者产生混淆和误认的可能为前提。因此，反淡化法与财产侵害法更为相似。

在保护理念上，淡化模式源于反不正当竞争的理念，而美国驰名商标反

---

① 中国社会科学院知识产权中心、中国知识产权培训中心编：《专利法、商标法修改专题研究》，知识产权出版社 2009 年版，第 380 页。

② 王太平：《商标法原理与案例》，北京大学出版社 2015 年版，第 427 页。

③ ［美］苏珊·瑟拉德：《美国联邦商标反淡化法的立法与实践》，张今译，载《外国法译评》1998 年第 4 期。

④ 参见王太平：《商标法原理与案例》，北京大学出版社 2015 年版，第 428 页.

淡化法的规定——《兰哈姆法》第43条第（a）款，实际上就是美国反不正当竞争法的法律渊源，尽管该规定属于商标法的内容之一，而反不正当竞争法起源于传统民法中的侵权法。[①] 驰名商标不仅发挥商标识别出处的基本功能，而且在吸引注意力、表彰顾客身份方面具有普通商标所不具备的作用，如何保护驰名商标是今后商标法发展的一个重要方面。[②]

（三）未注册商标的保护问题

在现行商标注册制度中，“注册取得”是商标权获取的唯一渠道，但这一制度的实施也存在缺陷，特别是对于“在先使用人权益”的保障缺失，导致市场的公平正义受到损害，不利于市场经济的稳定发展。[③] 我国未注册商标保护制度包括未注册驰名商标制度、普通未注册商标保护制度和被代理人、被代表人商标保护制度三种，它们各负其责地对不同的未注册商标提供有限保护。[④]

1. 未注册驰名商标制度：我国在《商标法》第13条第2款对于未注册的驰名商标进行了保护，如果申请人申请的商标是复制翻译他人未在中国注册的驰名商标，从而误导了相关公众的选择，损害了驰名商标权利人的利益，那么这种申请也是不允许的。此系注册取得商标权体制下商标权取得的一种特殊机制。该款规定的未注册驰名商标制度是保护程度最强的未注册商标保护制度。[⑤] 通过这一规定，赋予了未注册驰名商标因使用而获得的相当于注册商标的保护。

2. 普通未注册商标保护制度：我国《商标法》第32条对于商标的申请进行了限制，如果一项商标的申请会损害他人的在先已有权利，那么这项商

---

① 刘春田：《知识产权法》，中国人民大学出版社2000年版，第313页。

② 参见黄晖：《商标法》，法律出版社2004年版，第246页。

③ 颜井辰：《未注册商标的保护问题分析》，载《法制博览》2018年第9期。

④ 王太平：《我国未注册商标保护制度的体系化解释》，载《法学》2018年第8期。

⑤ 王太平：《我国未注册商标保护制度的体系化解释》，载《法学》2018年第8期。

标的申请是不允许的。同时，要求商标的申请人不能以不正当的手段抢先注册他人已经使用并且因该种使用已获得一定影响的商标。这一规定在一定程度上保护了已经在先使用并有一定影响的未注册商标所有人的利益，制止以不正当手段抢注他人在先商标的行为，体现了我国提倡商标申请人遵守诚实信用原则，本条规定也是对我国商标注册确权制度的有效补充，有条件地实现注册商标和未注册商标利益的平衡。但该条毕竟是对注册取得制度的例外规定，因此在使用时必须严格限制使用条件。该款在适用时，在先使用人必须提供真实、合法、具有关联性的证据证明自己已在先使用且基于该种使用已使该商标有一定影响力；对于在先使用人的保护范围也要做出一定的限制：仅限于所用商标指代的商品或者服务；在先使用人在主张权利时仍需要提供证据证明申请注册人采用了不正当手段、主观上具有恶意。因此，这些条款规定的普通未注册商标均须为实际上已经形成的商标。①

3. 被代理人、被代表人商标保护制度：我国《商标法》第 15 条规定，在未经授权的情况下，如果代理人擅自以自己的名义将被代理人的商标进行了注册，在这种情况下，被代理人对这种申请提出异议的，代理人的申请将不予注册并禁止其使用。该条同样是我国对于未注册商标的保护制度，同时也是国内商标实践发展和履行知识产权国际保护义务共同作用的结果。例如，《巴黎公约》第 6 条之七规定，对被代理人、被代表人商标的保护是一种对特殊情况即存在代理或代表关系情况下的未注册商标的保护。基于《巴黎公约》该条的目的，此处的代理、代表关系应作广义理解。② 在适用该条时依然要注意权利人只能向特定主体主张权利。

CPTPP 条文：

第 18.22 条：驰名商标

1. 缔约方不得将以下内容作为确定商标是否驰名的条件：该商标已在缔

---

① 王太平：《我国未注册商标保护制度的体系化解释》，载《法学》2018 年第 8 期。

② See G. H. C. Bodenhausen, Guide to the Application of the Paris Convention for the Protection of Industrial Property (As Revised at Stockholm in 1967), Geneva, Switzerland, 1968, P124.).

约方国内或其他管辖区注册，已被列入驰名商标名单，或者先前已被认定为驰名商标。

2.《巴黎公约》第6条之二应比照适用于与驰名商标[13]的商品或服务不相同或不相似的商品或服务上，而无论该驰名商标注册与否，只要在那些商品或服务上使用该商标会表明这些商品或服务与该商标所有人之间存在联系，且商标所有权人的利益可能受到此类使用的损害。

3. 各缔约方认识到由保护工业产权巴黎联盟大会和WIPO大会于1999年9月20日至29日召开的WIPO成员国大会第34届系列会议上通过的《关于保护驰名商标规定的联合建议》的重要性。

4. 各缔约方应规定适当措施，对于在相同或类似的商品或服务上使用与驰名商标[14]相同或相似的商标，而可能与在先的驰名商标产生混淆的情况，拒绝申请或注销注册，并禁止使用。缔约方也可以对在后商标可能构成欺骗的情况下，规定此类措施。

脚注13：在确定某一商标在缔约方是否驰名时，该缔约方无须要求商标声誉超出通常与相关商品或服务有营销关系的公众部门的范围。

脚注14：缔约各方认为，驰名商标是指在首次提及的商标申请、注册或使用之前，经一缔约方确定已经驰名的商标。

六、商标申请的程序性问题

CPTPP在对商标权制度进行了实体法上的规定后，也对程序性问题进行了规定，即商标审查和注册制度。在注册是商标权取得的普遍制度的背景下，商标权主要是通过行政和司法程序确认的一种权利。注册机关仅仅是对商标进行登记，任何纠纷均应当由法院处理。① 因此，必须规定一种程序，该种程序既能满足申请人在申请被驳回时能够得到司法救济，又能使得第三人的利

① Tom Blackett, Trademarks, Macmillan Press LTD, 1998, p. 46.

益受到损害时得以介入的机制。

CPTPP 第 18. 23 条第 1 款要求成员方采取书面方式通知申请人驳回理由，该书面方式可以采取电子形式。通过电子形式通知申请人可以达到加强信息化建设和缩短审查周期的效果。第 2 款要求缔约方为申请人提供答辩的机会和提出司法审查的机会，有利于保护商标申请人的利益和提高商标审查审理的质量和效率。第 3 款及第 4 款规定了商标的异议程序，要求缔约方不仅要为申请人提供异议和注销的机会，也要求行政机关必须以书面形式通知对该异议程序的处理结果。提供异议机会有利于增加商标审查工作的透明度，提高社会公众监督力度。

（一）商标审查制度概述

目前，大多数国家对商标提供注册保护，由商标主管机关对申请商标进行审查，以决定是否核准注册。[①] 在商标审查过程中，有一些国家采取的是形式审查，对于申请人的申请若具备了形式要件，则予以注册。有一些国家采取的是实质审查，对于申请人的商标申请不仅进行形式审查也进行实质审查。为了避免因为只进行初步审查而给第三人的利益造成损害，很多国家都规定了第三人异议制度，最早对第三人介入程序做出规定的是 TRIPs 协定。TRIPs 协定第 15 条第 5 款规定：缔约方应该在商标注册之前或者在注册之后及时地公开每一个商标，并且提供合理的请求取消注册的机会。另外，缔约方还可以提供对已注册的商标提出异议的机会。CPTPP 条款对于异议程序的规定与 TRIPs 协定相一致。TRIPs 第 41 条第 4 款和第 62 条第 4 款和第 5 款强调对任何行政确权应付诸司法或准司法当局的审查，同样适用于商标注册程序和商标权确权程序中的行政决定。TRIPs 第 41 条第 4 款规定，对于行政的终局决定，以及至少是对案件是非的初审司法判决中的法律问题，诉讼当事方应有

---

① 中国社会科学院知识产权中心、中国知识产权培训中心编：《专利法、商标法修改专题研究》，知识产权出版社 2009 年版，第 194 页。

机会提交司法当局复审。CPTPP 在第 18.23 条第 2 款的规定中亦要求缔约方给与申请人就初步审定结果答辩和对最终结果寻求司法救济的机会。通过两条路径更有利于保护申请人的权利。

（二）我国商标法关于商标注册申请的规定

我国《商标法》第 34 条规定：商标局应当书面通知商标注册申请人其驳回申请、不予公告的理由。商标申请人在收到通知后不认可商标局做法的，可以自收到通知之日起十五日内向商标评审委员会申请复审。商标评审委员会应当自收到申请之日起九个月内做出决定，并书面通知申请人。有特殊情况需要延长的，经国务院工商行政管理部门批准，可以延长三个月。当事人对商标评审委员会的决定不服的，可以自收到通知之日起三十日内向人民法院起诉。即如果当事人在法定期限内向商标评审委员会申请复审或向人民法院提起诉讼，则商标局的决定或裁定以及商评委的决定、裁定应当不立即发生法律效力。在此期间内，商标依然有效并应当受到法律保护。①

对于初步审定的公告提出异议的，我国《商标法》第 35 条规定：商标局应当听取异议人和被异议人陈述事实和理由，经调查核实后，自公告期满之日起十二个月内做出是否准予注册的决定，并书面通知异议人和被异议人。有特殊情况需要延长的，经国务院工商行政管理部门批准，可以延长六个月。

在我国的实际做法中，对于符合注册条件的商标申请，商标局会将商标注册证发放并予公告。在公告后，异议人不服的，可以依法向商标评审委员会请求宣告该注册商标无效。在商标局做出宣告注册商标无效的决定后，也应当书面通知当事人。当事人对商标局的决定不服的，可以自收到通知之日起十五日内向商标评审委员会申请复审。商标评审委员会应当自收到申请之日起九个月内做出决定，并书面通知当事人。有特殊情况需要延长的，经国务院工商行政管理部门批准，可以延长三个月。当事人对商标评审委员会的

① 参见黄晖：《商标法》，法律出版社 2004 年版，第 108 页。

决定不服的，可以自收到通知之日起三十日内向人民法院起诉。这一制度看似无懈可击，但实际上使得商标确权的期间延长，缩短了商标权的保护期。①

我国《商标法》修订后，商标注册程序已相对完备，商标异议程序、注册商标无效补正程序、注册商标争议程序等已相对完善，这对于提高我国商标注册的质量而言是至关重要的。但同时又要注意到确权时间长和恶意异议现象的出现，通过适当提高司法程序的启动门槛，以期达到减少当事人滥用程序的现象，减少行政与司法资源的浪费。②

CPTPP 条文：

第 18.23 条：审查、异议和注销程序

各缔约方应规定商标审查和注册制度，其中包括但不限于以下事项：

（a）书面通知申请人驳回商标注册的理由，书面通知可以是电子形式；

（b）为申请人提供就主管机关作出的初步驳回决定进行答辩，以及就最终驳回商标注册的决定提起司法审查的机会；

（c）提供就注册商标提出异议或寻求注销[15]的机会；以及

（d）要求对异议程序和注销程序的行政决定以书面形式说明理由，书面形式可以是电子形式。

脚注 15：为进一步明确，在本节中，可通过无效程序或撤销程序实施撤销。

七、提供商标电子系统的强制性规定

CPTPP 第 18.24 条强制规定了各缔约方需要提供商标电子系统，用以进行商标申请、维持以及相关信息的公开和查询。在此之前的国际条约中均不存在提供商标电子系统的强制性规定。

---

① 中国社会科学院知识产权中心、中国知识产权培训中心编：《专利法、商标法修改专题研究》，知识产权出版社 2009 年版，第 355 页。

② 中国社会科学院知识产权中心、中国知识产权培训中心编：《专利法、商标法修改专题研究》，知识产权出版社 2009 年版，第 355 页。

2006年签订的《商标法新加坡条约》[1] 也对各国提供商标电子系统做出过规定，但并没有对其进行强制要求，其第8条第1款规定了任何缔约方均可以自由选定传送方式以及确定是否接受书面形式、电子形式或其他形式的文函。并在补充《商标法新加坡条约及其实施细则》的外交会议决议中达成谅解，“不要求缔约各方承担实行电子申请系统或其他自动化系统的义务。每一缔约方均应可以选择、决定是否以及何时开展上文所述新型商标的注册工作”。经过十多年的发展，2018年正式生效的CPTPP提出这样的强制性规定可以说是在网络和大数据技术快速发展提供的便利条件之下，为了适应不断增加的商标申请量而提出的要求。

首先，电子数据库技术的不断发展为电子系统的提供建立了技术基础，各国已基本具备了提供电子系统的能力。目前，国际上基本所有的发达国家均提供商标电子申请和查询系统。自2018年6月21日起，覆盖全球117个国家的马德里商标国际注册网上申请系统正式上线运行。[2] 通过欧盟下属的内部市场协调局在欧盟所有国家统一申请注册保护的欧盟商标注册的注册方式，也提供了电子注册和查询系统，并且该系统内全程无纸化办公，仅提供电子版证书。[3]

其次，全球范围内的商标申请量不断增加，以我国为例，根据市场监管总局发布的分析报告，2018年1月至9月，商标注册申请量550.7万件，增长39.8%。商标注册周期缩短至7个月以内。我国马德里国际商标注册申请4395件。截至2018年9月底，有效注册商标量1798.1万件。相关产值逾1

---

① 《商标法新加坡条约》是在1994年《商标法条约》的基础上制定的，以为协调商标注册的行政程序创建一个现代化的动态国际框架为目标。2006年3月28日，在由WIPO主办、新加坡政府承办的“通过经修订的《商标法条约》外交大会”上通过。目前，已有51个国家和组织签署了该条约。

② 徐志松、戴晓丹：《马德里商标国际注册网上申请系统上线》，载《中华商标》2018年第7期。

③ 2019年3月30日“脱欧日”起，欧盟商标效力不及于英国，若主要市场在英国，须单独申请英国商标。

亿元（含地理标志产品与专用标志）。[①] 面对如此大量的申请，一个高效的电子系统显然是必不可少的。

考虑到 CPTPP 的成员国多为发展中国家，此款强制要求的提出是否会对其施加过重的负担？笔者认为，首先，CPTPP 的 11 个成员国中虽多为发展中国家，但其经济总量占全球的 13.2%，贸易总量占全球的 15%，[②] 并且在目前看来，各国的经济成长相对稳定；其次，由于该款对电子系统功能的要求只明确强调了两方面，并且采用了列举的方式表述如下：商标的电子申请、维持系统和公开可用的电子信息系统，包括商标申请和已注册商标的在线数据库。要提供满足该要求的数据库并不存在过高的技术门槛。因此，各国可以从本国国情出发，先建立起商标的申请系统和基础信息查询系统，其后根据科技水平的发展状况不断更新系统，完善信息平台的其他相关功能。

从我国的角度来说，首先我国提出全面推动知识产权强国战略和商标品牌战略，进一步落实深化商标注册便利化改革举措。推行网上申请，同时将网上申请仅接受商标注册申请逐步扩大至商标续展、转让、注销、变更等商标业务申请。[③] 并于 2018 年 6 月 30 日试点运行商标文件电子送达系统，试点运行期间，系统支持发送商标驳回通知书、商标初步审定公告通知书等 67 种商标文件。[④] 于 2018 年 11 月 27 日正式上线运行了商标注册证明系统。该系统用于公示商标注册证和优先权证明、商标变更、转让、续展证明等证明类文件的基本信息，社会公众可以通过商标注册号、申请人名称、商标名称等条件进行检索，了解上述商标文件的内容和效力。并在商标注册证上增加二维码，扫描商标注册证上的二维码就可以链接到商标注册证明公示系统查验

---

① 商标局：《知识产权注册更加便利，知识产权保护力度更大——市场监管总局发布前三季度市场环境形势分析报告》，2018 年 10 月 26 日。

② 全球化智库（CCG）：《CPTPP，中国未来自由贸易发展的新机遇》，2019 年 1 月 19 日。

③ 工商总局：《工商总局关于大力推进商标注册便利化改革的意见》，2016 年 7 月 25 日。

④ 商标局：《国家知识产权局商标局关于商标文件电子送达系统试点运行的公告》，2018 年 6 月 29 日。

其内容和效力。[①] 其次，该条款的规定对于我国申请域外商标注册也会带来一定的便利，虽然目前进行域外商标申请的主要渠道是通过马德里申请，但在全球化趋势的当下，也不排除后续在 CPTPP 成员国内进行商标申请布局的可能性。

CPTPP 条文：

第 18.24 条　商标电子系统

每一缔约方应提供：

（a）商标的电子申请和维持系统；及

（b）公开可用的电子信息系统，包括商标申请和已注册商标的在线数据库。

八、尼斯分类的采纳和应用

CPTPP 第 18.25 条对尼斯分类标的应用进行了相关的规定。第 1 款规定了本条约采用尼斯分类表，第 2 款则进一步规定了尼斯分类表与判断商品或服务是否类似的关系。

（一）尼斯分类表的应用

本条约定缔约方应当按照《尼斯分类表》的规定划分商品和服务的类别。不难理解 CPTPP 为何选择了该分类方式，《尼斯分类表》作为目前被最多国家和条约所承认的商品与服务分类系统，截止到 2019 年已经有 83 个国家加入了尼斯联盟大会，并有 130 多个国家和地区采用此分类表。因此，在全球经济一体化的背景下，世界各国经济文化交流日益密切，无论是跨国公司的发展还是国际合作、国际品牌的创造，都需要一个统一的分类标准。

首先，《尼斯分类表》对商标进行了系统性的分类，并且要求在商标申请

① 商标局：《国家知识产权局商标局关于商标注册证明公示系统上线运行的公告》，2018 年 11 月 26 日。

时表明商品或服务的类别，这使其具有便于商标查询、商标申请、商标审查和商标管理等特点；[①] 其次，《尼斯分类表》也不是一成不变的，协定还专门设立了专家委员会对其进行修订，确保《尼斯分类表》能够跟上世界经济日新月异的发展；最后，《尼斯分类表》也在被越来越多的国家和地区所接受，如加拿大也于2019 年3 月17 日向 WIPO 提交正式申请，加入《商标法新加坡条约》《尼斯协定》和《马德里议定书》，该三大条约也将于 2019 年 6 月 17 日起在加拿大生效。这意味着在提交商标申请时，加拿大知识产权局也将按照《尼斯分类表》的规定划分类别的商品和服务，并且此后采用《尼斯分类表》将成为加拿大知识产权局的强制性规定。因此，《尼斯分类表》具有科学性、可行性、时代性和普遍性。[②] 采用《尼斯分类表》是 CPTPP 的一个最优选项。

（二）不作为类似商标的判断标准

对《尼斯分类表》来说，其中的类群是按照商品和服务类别进行分类的，即从商品的物理属性上对商标之间的关联关系进行的区分。《尼斯分类表》并不进行类似商品的区分，列入同一类别的商品不一定是类似商品，如第 25 类服装、鞋、帽；而列于不同类别的商品却可能类似。[③]

对于我国来说，《商标注册用商品和服务国家分类表》《类似商品和服务区分表》被明确放在“参考”的地位。[④][⑤]并在《商标实务指南》规定“针对《区分表》中的类似标准判定，在商标实务中一般做如下理解：一个类似群内的商品和服务，原则上是类似商品和服务。若该类似群内的商品和服务项目并不全部判为类似，则按照类似关系将商品和服务项目分为若干部分，用中

---

① 陆普舜：《各国商标法律与实务》，中国工商出版社2006 年版，第 24 页。

② 马伟阳：《〈尼斯协定〉在中国的实践——兼析我国商标法的修改》，载《中华商标》2010 年第 5 期。

③ 黄晖：《尼斯协定与中国》，载《中国专利与商标》1995 年第 1 期。

④ 黄晖：《商标法》，法律出版社 2004 年版，第 119 ~ 120 页。

⑤ 《最高人民法院关于审理商标授权确权行政案件若干问题的意见》第 14、15 条。

文（一）（二）……表示，同一部分的商品和服务原则上判为类似，不同部分间的商品和服务项目原则上不判为类似”。①

同时，国际上的大多数国家和国际条约也持有相同的态度。TRIPs 作为具代表性的知识产权国际公约，其第 16 条第 1 项明确规定，“在对相同商品或者服务使用相同标识的情况下，应当推定具有混淆的可能性”；《比荷卢经济联盟统一商标法》明确在第 13 条第（b）项中规定，“商标注册中的行政性分类并不构成判断商标类似与否的标准”；美国则通过判例法的方式在司法实践中逐渐确立起来类似商品判定的判定因素；② 欧共体委员会发布的《协调成员国商标立法第一号指令》引言部分第 10 条规定：“以混淆可能为标准来判定商标相似、商品类似，”并在指令立法理由第 16 条中明确规定：“必须结合混淆的可能性来解释类似的概念。”③

总之，不论在我国还是在其他国家，商标类似的判断都被认为是一种主观性很强的过程，并不能由《尼斯分类表》来决定。一种商品在《类似商品和服务区分表》中所对应的商标类别并不一定是唯一的，既可能“非此即彼”，也可能“亦此亦彼”。④ 现代科技和社会的发展日新月异，商品和服务的类别也会随之发生变化，尼斯协定每年都会有由各国专家组成的专家委员会来对《尼斯分类表》进行修订，也是为了追求尼斯分类能够跟得上世界的发展。

CPTPP **条文：**

第 18.25 条 货物和服务的分类

---

① 张锐：《商标实务指南》，法律出版社 2015 年版，第 39 页。

② 在 Polaroid 一案中，美国第二巡回上诉法院确立了类似商品认定的 8 要素法。对于相同或近似商标使用在不同物品上，如果原告想要获得胜诉，应当就商标的强度、商标近似度、商品类似度、销售商品的种类范围、实际混淆、被告使用其商标的主观善意、被告的商品的品质以及消费者的混同 8 个方面进行分析判断。

③ 《欧共体商标一号指令》立法理由第 16 条的英文原文为：It is indispensable to give an interpretation of the concept of similarity in relation to the likelihood of confusion.

④ 周详：《商品分类不明引发的商标纠纷——评“深圳读书郎”与“中山读书郎”商标纠纷案》，载《中国专利与商标》2004 年第 2 期。

各缔约方应采用或维持与1957年6月15日于尼斯签订并经修订和修正的《商标注册用商品与服务国际分类尼斯协定》（尼斯分类）相一致的商标分类系统。各缔约方应规定：

（a）在注册和申请公告中标明货物和服务的名称，并依照尼斯分类的类别进行分组；及

（b）货物或服务不可因在任何注册或公告中划归为尼斯分类中的同一类而被视为彼此相似。与此相反，各缔约方应规定，商品或服务不可因在任何注册或公告中划归为尼斯分类的不同类而被视为彼此相异。

脚注16：依赖于尼斯分类译本的缔约方应采纳尼斯分类的更新版本，如官方译本已发布出版。

九、商标保护期的规定

CPTPP第18.26条规定了商标保护期，即商标权的时间效力范围，也指商标权的存续期间，其包括了首次注册的10年保护期和若干个10年的续展保护期，并未对商标续展提出其他要求。

从知识产权保护期限来说，商标的保护期间明显不同于著作权和专利权的保护期间，后两者的保护期是有限的，而商标则是无限期保护。这是由《商标法》的立法目的决定的，其目的是保护经营者的商业信誉，以及防止消费者受到欺诈。只要经营活动在继续，相应的商业信誉就能通过商标得以体现。而避免消费者上当受骗的需要始终存在，这就要求对仍在使用的注册商标进行持续的保护。① 因此，目前各个国家、地区以及各个相关国际条约皆规定了商标的续展期以及续展次数不受限制的制度。

但与各国际条约相比，每阶段的保护期间以及续展的要求存在不同。例

---

① 王迁：《知识产权法教程》（第5版），中国人民大学出版社2016年版，第466页。

如，《马德里协定》[①] 规定了商标注册有效期为20年，续展期为20年；《商标法条约》[②] 以及在其基础上修订的《商标法新加坡条约》[③] 约定该周期为10年，同时明确表示任何缔约方不得为实施续展而就注册进行实质审查；TRIPs[④] 中约定为不少于7年。但与CPTPP相同，各条约及域外立法都明确了“一个商标的续展注册次数不受限制”。在这一点上，与各个国际条约保持一致。

同样的，世界各国都规定了商标权的保护期间，并同时规定了商标的无限保护。只是对续展申请的要求存在不同。我国《商标法》第39条和第40条规定：注册商标的有效期为10年，自核准注册之日起计算。同时，要求商标注册人在期满前12个月内按照规定办理续展手续，每次续展注册的有效期为10年，另外对于按期未办理续展注册的，我国还给予了6个月的宽展期。并且放宽续展的申请程序，只需在规定的期限内提出申请并及时缴纳费用，商标局即不再进行实质审查。可以看到我国对商标续展的要求是偏低的。相对应的，美国在续展中则更强调商标的使用，因此注册商标的续展也以商标的使用为核心。根据美国《兰哈姆法》的相关规定，[⑤] 商标获准注册的6年以后，商标所有人要向商标局提交商标使用的宣誓书，说明相关商标使用的商品或者服务。如果获准注册6年之后的续展获得通过，则以后每隔10年续展一次。每次提起续展之时，仍然要提交相关商标在商业使用的宣誓书，引证相关商标使用的商品或者服务。如果商标局认定宣誓书符合法律规定，则予以续展，否则撤销注册；[⑥] 另外日本、[⑦] 德国[⑧]都规定了商标权的有效期为10年，续展期10年。

---

① 《商标国际注册马德里协定》第6条。
② 《商标法条约》第13条。
③ 《商标法新加坡条约》第13条。
④ TRIPs第18条。
⑤ 《兰哈姆法》第8条、第9条。
⑥ 李明德：《美国知识产权法》（第2版），法律出版社2014年版，第517页。
⑦ 《日本商标法》第19条。
⑧ 《联邦德国商标法》第9条。

国际上最新关于商标保护期间的变化发生在加拿大，其于 2019 年 6 月 17 日生效的新《商标法》缩短了商标的续展期限——从此前的 15 年缩短至 10 年，且仅能在商标到期前后的 6 个月内或官方下达未续展通知之日起的 2 个月内提交续展，续展后有效期为 10 年。笔者认为，无论如何修改，对商标无限期保护的本质是不变的，因此此举可以看作加拿大选择加入《商标法新加坡条约》而追求将其商标保护标准与条约的标准相一致，对于商标的保护并没有过多影响。

CPTPP 条文：

第 18.26 条 商标保护期

每一缔约方应规定商标的初始注册和每次续展注册的有效期不少于 10 年。

十、商标专用权的授权和登记

CPTPP 第 18.27 条规定了商标专用权的授权和登记的相关问题。主要内容规定了商标授权无须登记这一程序性要求，且在与有关商标取得、维持及执行程序中将被许可人的使用等同于许可人的使用不以许可备案为前提。可以看出 CPTPP 旨在鼓励进行商标许可。

（一）对于商标许可的效力

目前，国际公认的商标的功能主要是品质保障功能。但在早期，大家对商标的认知限制于商标的识别来源功能。因此，早期多数国家并不允许商标许可。但随着经济的发展，对商标的认识也逐步加深，各国开始认识到其实消费者识别商品来源的根本目的在于其认可同一来源的商品或者服务具有相同的品质，商标更重要的功能浮出水面——即品质保障功能。随着这一功能逐渐被世界各国所承认，各国逐渐放开了对商标许可的限制。考虑到品质保障功能背后阐释的是消费者在实际消费行为当中最为关心的问题——即商品或服务的品质问题。因此，各国不断调整其商标法，放开了对商标许可的限制，并对商标许可人提出了监督义务。[①]

我国商标使用许可制度规定在《商标法》第43条第3款："许可他人使用其注册商标的，许可人应当将其商标使用许可报商标局备案，由商标局公告。商标使用许可未经备案不得对抗善意第三人。"即登记对抗原则，这与我国物权法一脉相承。物权法中的合同规制的是合同签订双方的行为，并不具有对外效力，因此进行物权合同登记的目的是将合同下的权利进行公示。[②] 与此相适应，商标使用许可的备案也并非以备案为目的，而系公示被许可的使用权。这也是基于商标的识别来源功能，通过许可合同备案的方式将被许可方公示，让消费者可以了解到商标背后的商品与服务来源。同时，该原则也表明，除法律另有规定外，只有合法权利才能够进行备案，并通过权利公示进一步强化权利的对外效力。对于未合法取得使用权的，无论是否公示，都无法产生对抗效力。[③]

同样的，多数国家对于商标许可的规定也与其物权法规定相承接，但并非所有国家对此都采取登记对抗原则。例如，韩国对于商标专用权的变动采取登记生效原则，在《韩国商标法》第56条[④]"商标权和专有使用权登记的效力"明确规定，"专用权的设立、移转、变更、消灭或者这些处分的限制，未经登记，不发生效力"；《日本商标法》中独占许可登记与专利独占许可均实行登记对抗；但我国台湾地区，著作权和商标权的许可备案效力并不一致。其"著作权法"中明确采用登记生效的物权变动模式，但在商标使用中依然

---

① 王迁：《知识产权法教程》（第5版），中国人民大学出版社2016年版，第391页。

② 高富平：《合同登记与权利登记》，载《衡阳师范学院学报》2000年第8期。

③ 公信原则的贯彻，必须以公示的完备——实体权利的正确为基础，即公示必须取得其表示的权利关系乃正确的权利关系这样一种社会确信。反言之，如果公示的权利可能会同实际的权利关系不一致，则以这样一种公示制度为基础的公信原则将完全不能发挥作用。［日］近江幸治：《民法讲义II：物权法》，王茵译，北京大学出版社2006年版，第32页。

④ 《韩国商标法》第58条还规定了通常使用权登记的效力："通常使用权的设立、移转、变更等，未经登记不得对抗第三人。"

坚持登记对抗原则。[①] 并进一步在其“商标法”第39条明确提出专属授权或非专属授权。目前，世界上已有100多个国家设立了商标许可使用备案制度。各个国家、地区对商标许可使用备案的具体要求各不相同，但其备案的目的皆在于对许可使用的事实或行为进行备案，[②] 这与CPTPP的原则也是相一致的。

对此，2000年召开的世界知识产权组织成员国大会第三十五届系列会议上通过了《关于商标使用许可的联合建议》，其中第4条明确规定了不登记使用许可的效力，其规定与本条约定相同，均表示被许可人的相关权利不以登记为要件。但为了协调各国关于商标许可登记的不同规定，进一步约定："若该款不符合成员国的国内法，则该项规定不适用于该成员国。"[③]《商标法新加坡条约》约定了未就使用许可向缔约方的商标主管机关或任何其他机构备案的，不得影响被许可商标注册的有效性或该商标应受的保护，[④] 并同时约定任何国家或政府间组织均可以对前述条款进行保留声明。[⑤] 与其他国际条约相比，CPTPP不允许各国家对该条款保留。笔者认为这一方面说明CPTPP促进商标许可的意图更为强烈，另一方面也是各国之间磋商的结果。虽然同样的磋商也曾发生在WIPO，但其提出的《关于商标许可的联合建议草案》并未达到CPTPP的高度，这也可以看作世界各国对于商标本质的认识在不断加深，商标许可是商标权利人转化其商标财产权的重要方式之一，[⑥] 通过促进商标的许可使用进一步加强商品或服务的流通才能更快地推进相关产业的发展。

---

① 我国地区台湾“商标法”第42条：“商标权之移转，非经商标专责机关登记者，不得对抗第三人”

② 闫文军、陈赦：《商标使用许可合同备案相关问题及建议——从“娃哈哈”商标使用许可合同纠纷仲裁案谈起》，载《中国律师》2009年第11期。

③ 《关于商标使用许可的联合建议》第4条。

④ 《商标法新加坡条约》第19条。

⑤ 《商标法新加坡条约》第29条。

⑥ 王朝阳：《商标使用许可备案手续应简化》，载《中华商标》2006年第11期。

（二）商标实际使用

商标的生命力和商标价值的实现来源于商标的使用。[①②] 考虑到并不是任何方式的使用都能够提高其生命力，因此商标法中的多项规定目的都是确保注册商标的实际使用。因此，如何确定商标的实际使用即《商标法》意义上的使用，是在商标取得、维持和实施的有关程序中十分重要的一步。对于法律保护的商标来说，可以将其概括为三个要素：即商标、商品和使用者，三个要素缺一不可。[③] 因此，本条第 2 款针对商标许可中的实际使用的规定中提出“不能要求以商标许可备案为前提将被许可人的使用视为许可人的使用”，即无论是否进行商标许可备案，被许可人的使用都可以被视为许可人的使用。这样的规定与商标实际使用的判断标准相一致，也进一步体现了 CPTPP 促进商标许可的意图。

各国对此也采取相同的观点，我国虽未就许可备案登记是否影响被许可人的使用是否等同于许可人的使用进行明确规定，但是从另一个角度对相关内容进行了规定，商标局 2018 年 8 月 14 日出台的《关于提供注册商标使用证据的通知》第 3 条第 4 款规定仅有转让或许可行为而没有实际使用的，不视为《商标法》意义上的使用。同时在实践中贯彻了这一规定，法官在案件中明确提出“商标许可使用合同只能体现当事人应当实施的行为，而不能证明当事人确实依据合同约定实施了该行为”。[④] 商标法意义上的商标使用，应是为了实现商标功能的使用。商标的主要功能是具有识别性，商标的识别功能只有在商品流通的过程中才能体现出来。因此，法官提出将商标的使用与商品的流通相关联，并结合日常生活经验和商业交易惯例加以综合判断。[⑤] 从法院审

---

① 孔祥俊：《商标与不正当竞争法：原理和判例》，法律出版社 2009 年版，第 21 页。
② 郝东升、王晓漫、崔永青：《浅议商标及商标权的内涵》，载《学园》2009 年第 12 期。
③ 文学：《商标使用与商标保护研究》，法律出版社 2008 年版，第 16 页。
④ 参见北京市高级人民法院（2018）京行终字 2661 号行政判决书。
⑤ 参见北京市高级人民法院（2016）京行终字 2263 号行政判决书。

判中透露出的观点我们也可以认为我国对此的态度也是与 CTPTT 相一致的。

CPTPP **条文**：

第 18.27 条 不以许可备案为前提

缔约方不得要求商标许可备案：

（a）以确立许可的有效性；或

（b）在与商标的取得、维持和实施有关的程序中，作为将被许可人使用商标视为持有人使用的条件。

十一、对网络域名的保护

CPTPP 第 18.28 条规定了对网络域名的保护。包括域名的争议解决、域名的公开以及域名的救济方式。在 2011 年 2 月泄露的文本中并不存在这一条，而在 2013 年维基解密公开的文本增加了此款规定，并最终体现在了 TPP 的生效文本当中，而后 CPTPP 继承了该条款。这也体现了对网络域名保护的重视。域名作为互联网时代的新生事物，商业价值逐渐凸显，具有社会作用与经济价值。并且世界各国范围内域名注册量也在不断增长。以我国为例，根据中国互联网络信息中心（CNNIC）发布的报告数据显示，截至 2018 年 12 月，中国域名总数已超过 3782 万个。[①] 世界知识产权组织在《因特网域名和地址管理：知识产权问题》这一报告中也指出："域名的本意在于以方便人类用户的方式发挥技术作用，它们原本上是要为计算机提供地址，这些地址易于记忆和识别，而不需要借助于底层的网络数值地址。然而，正是由于它们易于记忆和识别，域名已经变成另外一样东西，即作为商业机构或个人的识别符号。"[②]

目前，域名由非营利性组织——互联网名称与数字地址分配机构（Internet Corporation for Assigned Names and Number，ICANN）管理。域名最右端部分称为

---

① 中国互联网络信息中心：《中国互联网络发展状况统计报告》，2019 年 2 月 28 日。

② WIPO：《The Management of Internet Names And Addresses：Intellectual Property Issues》para. 10.

顶级域名（Top Level Domain，TLD），顶级域名进一步分为通用顶级域名（generic TLD，gTLD）以及国家顶级域名（country code TLD，ccTLD）。国家顶级域名与通用顶域名皆由ICANN按照ISO3166国家代码分配给各个国家和地区，目前世界上几乎所有的国家和地区都分配了国家顶级域名，如“.cn”代表中国，“.us”代表美国，“.fr”代表法国等。二者的区别主要体现在以下三点：第一，其代表的含义不同，通用顶级域名代表了功能和类别，而国家顶级域名则代表国家或地区；第二，其管理机构不同，国家代码顶级域名由各个国家的互联网络信息中心（NIC）管理，通用国际顶级域名则由ICANN负责管理；第三，不同管理机构下对应的纠纷解决的处理模式不同，国家顶级域名适用法律为域名注册管理机构所在地法律，通用顶级域名适用的法律则为ICANN的相关规定、行政程序并需要接受ICANN认证的域名争议解决服务机构的裁决。本条中明确指出其规制所针对的域名类型为国家顶级域名，并提出建立与《统一域名争议解决政策》所建立的原则类似方法的争端解决的适当程序。

（一）域名争端解决的适当程序

目前，对于域名争议包括程序问题争议以及实体问题争议。对于程序问题争议，一般采取域名注册的先到先得原则进行解决。因此，本条款主要针对的是域名的实体争议问题。实践中域名的实体争议主要存在以下三种：域名抢注、混淆性相似域名和域名“劫持”。[①] 与一般的实体法律问题争议解决相同，对域名争议的解决方式主要也包括行政、司法和仲裁三种方式。

行政程序是最为高效便捷的解决方式，因此也是出现域名争议时争议双方首先会采取的方式。该方式的优势在于，由于注册登记管理机构是争议域名的直接控制者，因此可以直接执行裁决，大大地提高了执行效率。典型解决机制有美国的NSI机制、英国的Nominet机制。本条款中提到的《统一域名争议解

---

① Keven J. Heller：The Young Cybersquatter's Handbook：A Comparative Analysis of the ICANN Dispute. 2Cardozo Online J. Confl. Resol. 2，2001. 转引自刘晓红、李晓玲主编：《知识产权国际纠纷的非诉讼解决研究》，法律出版社2010年版，第161页。

决政策》就是1998年美国的域名管理机构ICANN建立起来的行政解决机制。

司法程序作为行政程序的补充，一般使用在行政程序之后。该方式一般依据各国的商标法、反不正当竞争法或侵权法，也包括有国家对此域名进行的相关立法等。其中由于商标与域名的类似性，大多数国家都优先选择商标法进行规制。例如，美国最初通过《兰哈姆法》及《联邦商标反淡化法》规制域名争议问题，英国和澳大利亚主要依据是商标法上的禁止假冒原则。在域名的相关立法中最为典型的是美国制定的《反域名抢注消费者保护法》。

仲裁程序在域名争议问题中较少被使用。这是由于仲裁的基本原则来源于意思自治，并需要争议双方达成合意。由于域名纠纷多为侵权纠纷，双方很难达成合意，因此在解决域名争议问题的过程中也很少有双方愿意将其争议提交到仲裁机构通过仲裁的方式解决纠纷。①

本款中明确提到要建立起以《统一域名争议解决政策》（UDRP）为基础或仿造类似方法建立起的争议解决机制，即强调了行政性程序的争议解决方式。笔者认为，首先在于行政性程序已成为目前最被认可的域名争议解决方式，司法途径过于依赖各国内的《商标法》《反不正当竞争法》等，难以实现解决方式的统一性问题，仲裁方式建立在双方意思自治的基础上也缺少可控性；其次在于该政策公认的合理性和普及性。虽然对于《统一域名争议解决政策》（UDRP）的法律地位和规则依然存在争议，但其处理模式的高效便捷和其成熟的域名争议解决规则已经得到了世界各国的认可。目前，已经有许多国家直接采纳该政策作为其国家或地区的国家顶级域名争议解决政策，如菲律宾、墨西哥、美属索马里、巴哈马、危地马拉等。② 也有很多国家模仿其模式，在其基础上建立了本国的域名争议解决机制，如日本，我国也在《统一域名争议解决政策》（UDPR）的影响下制定了具有中国特色的《域名争议解决办法》（CNDRP）。因此，CPTPP要求各国依据《统一域名争议解决

---

① 陶立峰：《我国域名争端的解决方式及其评析》，载《国际商务研究》2006年第4期。

② 苏国良：《统一域名争议解决政策——案例与评析》，法律出版社2003年版，第15页。

政策》（UDRP）为基础或仿造类似方法建立起的争议解决机制是国际上通行的做法，该方法也是有助于高效解决各国域名争议的。

我国也在此方面做出了相关规定。[①] 我国对域名的管理可以追溯至1997年6月3日，中国互联网络信息中心（CNNIC）成立，并同时发布了《中国互联网络域名注册暂行管理办法》和《中国互联网络域名注册实施细则》，这是中国加强网络域名管理的开端。经过多年的发展，学界和实务届对网络域名的理解不断加强，2017年8月16日我国工业和信息化部进一步审议通过《互联网域名管理办法》，实现了互联网域名的系统化管理。

国际方面，各国对域名的保护方式也各有不同。美国在实践中总结，对域名的侵权行为进行了专门立法——《反域名抢注消费者保护法》，该法规于1999年通过，是世界上第一部关于域名的专门立法，在其中详尽地规定了保护范围、认定标准、救济方式以及程序规则等问题，目前被整合收录在《美国商标法》中；英国对于域名争议的解决也实行行政与司法相结合的方式，一方面通过其域名注册管理机构建立起争议解决服务（Dispute Resolution Service，DRS），另一方面适用商标法及判例法中禁止假冒的原则对域名争议进行裁判；澳大利亚法院学习英国的争议解决方式，在其基础上进一步归纳了假冒需要考量的三个要件：商誉、虚假表示和损害；[②] 日本是一个重视事前审查的国家，其对于域名的注册提高要求，而在争议解决的问题上，日本主要通过行政性程序进行规制。

（二）对域名的救济方式

本条第2款约定了对域名的救济程序，并明确救济程序至少针对一人以恶意营利为目的的注册和持有与一商标相同或混淆性相似的域名这两种情况。并在脚注中不完全列举了撤销、取消、转让赔偿或禁令这四种救济方式。

---

① 张蕾：《网络域名的法律保护》，载《科技资讯》2012年第7期。

② 李艳：《论澳大利亚仿冒法与互联网上的域名纠纷》，载《陕西教育·高教》2013年第12期。

对于域名的救济问题，国际上大多强调对域名注册从“恶意抢注”的角度进行保护，但本款中，CPTPP 并未提出对域名“恶意抢注”的保护，而是强调了“以恶意营利为目的注册”。WIPO 曾对“恶意抢注行为”的含义进行了专门的解释：若域名持有人持有的域名与异议人所持有的商品或服务商标完全一致或极其相似，且域名持有人对域名本身并不享有任何合法的权利或利益，同时域名的注册和使用均为恶意，则该域名将被认定为“恶意抢注”。对比来看，CPTPP 是在“恶意抢注”的基础上增加了以营利为目的的要件，可以说是降低了域名救济程序的保护范围。笔者认为，首先 CPTPP 的成员国多为发展中国家，其在域名注册中处于劣势地位，因此处于鼓励域名注册的考虑将标准降低；其次对于域名恶意抢注的问题多发生美国、法国、德国等发达国家，① 这些发达国家提高对域名的保护也是理所应当。

另外，本款提出与商标相同或混淆性相似的救济。不难理解，商标和域名的冲突是实务中出现争议最多的一部分。首先商标和域名都具有标识的作用，功能的交叉难免不产生权利的争议。近年来，域名作为“新型的商品或服务标识”，将域名抢注为商标的情形不断出现；其次域名注册程序和商标权保护制度之间缺乏有效的协调。② 尤其是国际互联网络信息中心（NNC）规定了，“域名的申请注册人在进行形式审查后，只要每年缴纳一定费用，即可永久占用该域名并被允许转让该域名”，而且大部分国家对域名的注册不进行实质审查，注册中对于其是否侵犯了在先商标权在所不问，也大大加深了二者之间的矛盾。因此，各国对此都采取严厉打击的态度。例如，我国在行政方面有国家信息产业部颁布的《互联网域名管理办法》③，并在其中针对性的建

① 2016 年，WIPO 的 UDRP 案件涉及来自 109 个国家的当事人。在这些投诉来源国中，美国占据榜首，提起了 895 个案件，其次是法国（466 件）、德国（273 件）、英国（237 件）和瑞士（180 件）。本刊讯：《2016 年 WIPO 域名抢注案件再创新高》，载《中华商标》2017 年第 4 期。

② 刘丹：《域名法律问题研究》，载《山西省政法管理干部学院学报》2007 年第 2 期。

③ 《互联网域名管理办法》第 35 条：域名注册管理机构和域名注册服务机构应当设立投诉受理机制，并在其网站首页和经营场所显著位置公布投诉受理方式。域名注册管理机构和域名注册服务机构应当及时处理投诉；不能及时处理的，应当说明理由和处理时限。

立了相应的投诉受理机制来打击域名欺诈、滥用等行为；司法方面有最高人民法院公布的《关于审理涉及计算机网络域名民事纠纷案件适用法律若干问题的解释》《关于审理商标民事纠纷案件适用法律若干问题的解释》，并在解释中对域名抢注的构成、受理、管辖、法律适用及法律责任都作出了规定；以及在行业管理方面，中国互联网络信息中心针对域名抢注行为颁布实施了《中国互联网信息中心域名争议解决办法》《中国互联网信息中心域名争议解决办法程序规则》等，规定了多种救济方式。根据本款的表述，CPTPP 对此也希望提供多种救济方式以及合适的救济程序，这与我国的观念也是相一致的。

CPTPP **条文**：

第 18.28 条 域名

1. 针对各缔约方的国家顶级域名（ccTLD）管理制度中的域名，应依照每一缔约方的法律以及，如适用，有关保护隐私和个人数据的相关管理员政策，提供下列各项：

（a）以互联网名称与数字地址分配机构（ICANN）批准的《统一域名争议解决政策》所建立的原则为基础或仿照类似方法的争端解决的适当程序，或具备下列特征的争端解决的适当程序：

（i）旨在迅速且低成本地解决争端；

（ii）公平合理的；

（iii）不过度烦琐；

（iv）不排除诉诸司法程序的可能性；以及

（b）在线公开访问有关域名注册人联系信息的可靠准确的数据库；

2. 针对每一缔约方的 ccTLD 管理制度中的域名，适当的救济应至少可用于一人以恶意营利为目的注册或持有与一商标相同或混淆性相似的域名的情况。

脚注 17：全体缔约方理解，此类救济可以但并非必须包括撤销、取消、转让赔偿或禁令等方式。

第四章 国 名

商标注册中使用国名的规制

CPTPP 第 18.29 条主要规制商标注册中国名使用的问题。目的是为了防止消费者对商品的产地产生误认。并且本条规定中将国名的保护限制在了缔约国的国名中，该表述中暗含了，若将非缔约方的国名注册为商标则不受到该条款的限制。

这一原则在我国《商标法》中也有所体现，早期我国对于类似国名的商标注册要求是十分严格的，但随着对商标与国名关系的认知逐渐加深，也在 2005 年的《商标审查及审理标准》中对含国名商标的注册进行了突破。例如能够证明“商标所含国名与其他具备显著特征的标志相互独立、国名仅起真实表示申请人所属国作用的”“使用外国国名、取得外国政府同意的”“具有明确的其他含义且不会造成公众误认的”，也都可以获得注册。在对国名商标注册的原则中着重强调防止造成产地误认①及其带来的不良影响。在“中国劲酒”案②等实践案例的影响下，最高人民法院于 2017 年出台了《最高人民法院关于审理商标授权确权行政案件若干问题的规定》，其中第 3 条针对含国名商标的审查专门进行了规定，《商标法》第 10 条第 1 款第（1）项③规定的同

---

① 汪泽：《含有国名、地名商标的审查——商标审查标准解读之一》，载《中国专利与商标》2008 年第 1 期。

② 最高人民法院（2010）行提字 4 号行政判决书。

③ 《商标法》第 10 条规定，下列标志不得作为商标使用：（一）同中华人民共和国的国家名称、国旗、国徽、国歌、军旗、军徽、军歌、勋章等相同或者近似的，以及同中央国家机关的名称、标志、所在地特定地点的名称或者标志性建筑物的名称、图形相同的。

中华人民共和国的国家名称等“相同或者近似”，是指商标标志整体上与国家名称等相同或者近似；如果整体上并不相同或者不相近似，但该标志作为商标注册可能导致损害国家尊严的，可以认定属于《商标法》第10条第1款第（8）项[①]规定的情形，如果商标的构成要素易让相关公众产生产地误导，也是一种社会不良影响。并在《商标审查及审理标准》第一部分“不得作为商标的标志的审查”中针对该问题以举例的方式作出详细的规定。[②] 根据《商标审查及审理标准》的规定，我国在审查含国名的商标时需要将被注册的商品服务类别与国家的相对关系加以具体衡量，对于不会造成产源误认的也是准许注册的。实务中相关的案例也有很多，如商标局以“CANADA LIGHT”含义为加拿大之光，易导致产地误认而适用《商标法》第10条第1款第（8）项将该商标予以驳回；北京市高级人民法院在二审中认定，由于申请人为依照荷兰法律组建和存续的公司，因此其申请的第16448139号“MEW HOLLAND AGRICULYURE及图”商标所含“HOLLAND”字样不会导致相关公众对服务来源产生混淆误认，因而驳回复审委对该商标的无效。[③]

事实上，其他的国际条约以及各国和各地区的相关立法[④]也并未提出禁止注册含国名商标这一要求。不论是《巴黎公约》还是各国的商标立法，都只限制了与国旗、国徽、军旗、勋章相同或者近似的图形作为商标使用。并且在《巴黎公约》的规定中，不仅对缔约国的国旗、国徽，还对包括其他国家

---

① 《商标法》第10条规定：下列标志不得作为商标使用：（八）有害于社会主义道德风尚或者有其他不良影响的。

② 《商标审查及审理标准》第一部分第四小部分“商标与外国国家名称相同或者近似的”相关解释节选如下：商标的文字由容易使公众认为是两个或者两个以上中文国名简称组合而成，不会使公众发生商品产地误认的。例如，“中泰”（中国和泰国的中文简称的组合），指定使用商品为铁锤；“中法”（中国和法国的中文简称的组合），指定使用商品为照明器。但容易使公众发生商品产地误认的，判定为具有不良影响，适用《商标法》第10条第1款第（8）项的规定予以驳回。例如，“中法”指定使用商品为葡萄酒。

③ 北京市高级人民法院（2017）京行终字3371号行政判决书。

④ 美国《兰哈姆法》第2条（15U.S.C. §1052）；英国《商标法》第4条第1、2款，第57条第1、2款；《欧共体商标条例》第7条第1款第（i）项，《欧盟商标指令》第3条第2款第（c）项；日本《商标法》第4条；我国台湾地区“商标法”（2011年版）第30条；香港特别行政区《商标条例》（第559章）第11条第6款；澳门特别行政区《工业产权法典》第214条第2款第（d）项。

官方徽记、官方符号和检验印章的图形，以及缔约国参加的政府间国际组织的徽章、旗帜、其他徽记、缩写和名称的商标注册进行了限制。[①] 美国、欧盟、日本的商标注册中也出现了大量的含国名商标。当然域外立法中也存在部分国家对国名商标的注册采取保守态度，如俄罗斯的商标法规定，不保护国家名称与年份，但这一规定也并不构成严格限制。在 Afanasy 就 FIFA 涉及俄罗斯元素的国际注册商标“Rossya 2018”无效案件中，俄罗斯专利商标局通过多角度衡量，最终维持了 FIFA 含“Rossya”的商标有效。而对于 CPTPP 中明确提出的禁止使用一缔约方的国名，笔者认为这种针对国名商标注册采取严格的禁止方式并不可取，对于不会造成不良影响和产地误认的含国名商标可以适当给予注册，才有助于促进行业发展。CPTPP 中的这一规定，尤其是将禁止限定在“一缔约方的国名”中可以看作对缔约国成员提高了保护标准。

CPTPP **条文：**

第 18.29 条：国名

每一缔约方应为利害关系人提供法律手段，防止以在货物原产地方面误导消费者的方式在货物上商业性地使用一缔约方的国名。各缔约方应提供法律通道使关系利害人得以防止缔约一方之国名被商业使用于商品上，造成消费者误认该国家为该商品之产地。

---

① 《巴黎公约》第 6 条之（三），各缔约国同意拒绝注册并禁止使用以下标志：“缔约国的国徽、国旗和其他的国家徽记；该国用以表明监督和保证的官方符号和检验印章；一个或一个以上缔约国参加的政府间国际组织的徽章、旗帜、其他徽记、缩写和名称。”

第五章　地理标志

一、地理标志的保护模式

CPTPP 第 18.30 条是为了协调各国关于地理标志保护模式的相关制度而制定的，其规定地理标志可以通过商标制度、专门制度或其他方式予以保护。

（一）各国地理标志的保护模式选择

目前，《巴黎公约》、TRIPs 等国际条约均对地理标志的保护进行了规定，但由于各国经济利益之争，这些国际条约尚未也无法统一地理标志保护方式和保护标准。[①] 因此，CPTPP 也仅是重申明确了地理标志保护的三种模式。这些保护模式不存在优劣之分，各国对地理标志保护模式的选择是基于各国地理标志利益优势等各方面情况的综合衡量。

1. 专门制度保护模式

欧盟、瑞士和东欧国家重视地理标志的保护，因此这些国家大都采用专门立法的方式予以保护。法国是采用这一保护模式的典型代表。法国于 1905 年颁布了第一部关于地理标志的一般法——《1905 年 8 月 1 日法》。随后为弥补该部法律的缺陷，又出台了《1919 年 5 月 6 日原产地名称法》。[②] 经过一系列的立法试验，法国于 1935 年建立了葡萄酒和烈性酒的原产地名称国家委员会，而后改名为国家原产地名称局（INAO），并制定了“经检验”的原产地

① 参见张玉敏：《我国地理标志法律保护的制度选择》，载《知识产权》2005 年第 1 期。

② 王笑冰：《法国对地理标志的法律保护》，载《电子知识产权》2006 年第 4 期。

名称制度。该制度和地理标志的适用继续发展，到1990年其适用范围不再局限于葡萄酒和烈酒，而是扩大到所有的农产品领域。随后法国为达到欧共体2081/92号条例的有关要求，制定了《关于确认农产品和食品质量的1994年1月3日第94－2号法》，从此将地理标志的新概念引入了法国，对原产地名称和地理标志的保护也适用于所有的农产品。[①]

这类保护模式将原产地名称权作为一项特殊的工业产权，制定了一系列严格的注册保护程序，对其的保护是一种绝对保护，不能成为通用名称，也不受时效的限制，保护力度较强。[②]

2. 商标法制度保护模式

以美国为代表的新世界国家拥有产业化、规模化和集约化的工农业生产规模，其产品不具备与特定地理区域相联系的特殊品质或特征。[③] 这些国家的地理标志保护历史短暂，出于对本国经济利益的考虑，大多选择采用商标制度对地理标志进行保护。美国《1946年商标法》第4条[④]规定可以申请集体商标和证明商标进行保护，但要求注册的商标不能存在欺骗性描述，同时对假冒地理标志的侵权和不正当竞争行为进行一般性的规定。这类保护模式为世界大多数国家采用，但这种保护模式下，地理标志有沦为通用名称的可能性，一旦沦为通用名称，丧失显著性，该地理标志即不再受保护。

3. 其他法律方式保护模式

除以专门立法和商标法保护模式外，还可以采用反不正当竞争法给予保

---

① 参见王笑冰：《法国对地理标志的法律保护》，载《电子知识产权》2006年第4期。

② 参见王莲峰、黄泽雁：《地理标志保护模式之争与我国的立法选择》，载《华东政法学院学报》2006年第6期。

③ 参见王笑冰：《论地理标志的法律保护》，中国人民大学出版社2006年版，第122页。

④ 《美国1946年商标法》第4条：可取得注册的集体标志和证明标志商业上使用的集体标志和证明标志，包括原产地标示须按商标注册的有关规定予以注册，其注册方式和效力与商标相同；注册可由个人、国家、州、市等提出，他（它）们对请求注册的标志的使用享有合法的支配权，不管他（它）们是否拥有某个工业或商业营业所；上述标志注册后与商标一样享有本法规定的保护，但如果在上述标志的使用中虚假地将其所有人或使用人描述成该标志所使用的或相关的物品的制造者或销售者或者是服务者，则不在此列。专利与商标局局长可专为集体标志和证明标志设立注册。根据本条的申请和程序应尽可能与商标注册中的有关规定相一致。

护，但各国通常是将反不正当竞争法与专门制度或商标法相结合予以保护。其旨在规范市场秩序，预防与惩治假冒，维护合法使用者的权益。

（二）我国地理标志的保护

我国地域广阔，历史悠久，地方特色产品众多，作为地理标志资源大国，我国需加强对地理标志的保护。目前，我国对地理标志的保护主要包括对地理标志本身和地理标志产品两部分的保护。地理标志在我国主要受到《商标法》《反不正当竞争法》等法律制度的保护；我国对地理标志产品的保护则形成了特有的地理标志保护体制——通过行政规章的规定对地理标志产品进行保护，如国家质量监督检验检疫总局发布的《地理标志产品保护规定》、商标局颁布的《地理标志产品专用标志管理办法》、农业部出台的《农产品地理标志管理办法》。

但这两种保护模式由于对地理标志的界定和管理的不同，引起两种保护规定之间发生冲突，最终导致我国地理标志的保护体系发生混乱，给我国地理标志相关产业的发展带来负面影响。首先，我国地理标志保护格局呈现多元化，但法律法规相互独立，容易产生利益冲突。虽然《商标法》《地理标志产品保护规定》中都规定了地理标志注册登记保护制度，但是这两种保护制度相互独立，缺乏内在配合。当商标权所有人与地理标志产品权的所有人为不同主体时，地理标志商标和地理标志产品专用标记作用于同一产品上时必然会产生冲突，如“金华火腿案”① 就体现了“金华火腿”商标的权利人与“金华”地理名称地域内的生产者之间的利益冲突。② 其次，我国诸部法律对地理标志保护的权利性质的规定不一。《商标法》将地理标志作为集体商标或证明商标来保护，而商标权属于民事权利，是私权；而《地理标志产品保护规定》对地理标志的保护是一种行政管理措施，属于公权。最后，各部法律

① 上海市第二中级人民法院（2003）沪二中民五（知）初字239号民事判决书。
② 参见石小丽：《我国地理标志保护模式探析》，载《传播与版权》2018年第10期。

规定的地理标志相关标记的权利归属不同，对同一个标志进行相互交叉的保护，其引发的权利归属矛盾集中表现在不同的注册体系下，同一个地理标志的重复注册会导致地理标志产品专用标记与在先注册的商标产生权利冲突。[①] 但根据现行法律制度的规定，这两种地理标志的保护均合法。同时，当第三人使用该标记时，需征得国家质检总局（现归国家知识产权局管理）和商标权人的同意，增加了第三人的负担。原先我国地理标志保护行政部门众多，经常产生权利矛盾和冲突，如今我国地理标志管理部门的统一，将在一定程度上缓解地理标志保护行政管理上的冲突，但我国关于地理标志保护的法律规定之间的矛盾仍亟待解决。除此之外，采用商标法对地理标志进行保护也存在缺陷，集体商标和证明商标的属性、商标特征和取得方式等方面均存在差异，如商标取得是通过注册取得的方式，而地理标志的产生是基于产品的独特品质与地理环境的自然事实。[②]

因此，对我国地理标志的保护模式，学者有着不同的观点。张玉敏教授认为我国应当采取特别法保护和商标法保护并行的双轨制，在对外贸易中占据重要地位的产品，如茶叶、中药等，由行政主管部门（如农业部）通过注册地理标志予以保护，其他产品的地理标志则通过注册集体商标或证明商标进行保护，同时允许在地理标志上存在专门法和商标法的双重保护。[③] 王莲峰教授则认为我国应选择专门立法模式对地理标志进行保护，在《地理标志产品保护规定》的基础上制定《地理标志保护法》，同时修改《商标法》中存在的与《地理标志产品保护规定》冲突的规定。[④] 无论采用哪种保护模式，我国都应当从本国国情出发，真正有效地保护地理标志。

---

① 参见钟萍：《我国地理标志保护制度研究》，载《江西青年职业学院学报》2014 年第 6 期。

② 王莲峰：《制定我国地理标志保护法的构想》，载《法学》2005 年第 5 期。

③ 参见张玉敏：《我国地理标志法律保护的制度选择》，载《知识产权》2005 年第 1 期。

④ 参见王莲峰、黄泽雁：《地理标志保护模式之争与我国的立法选择》，载《华东政法学院学报》2006 年第 6 期。

CPTPP **条文：**

第 18.30 条：地理标志的承认

各缔约方认识到地理标志可以通过商标制度、专门制度或者其他法律方式予以保护。

二、保护或承认地理标志的行政程序

CPTPP 第 18.31 条规定了保护或承认地理标志的行政程序，对各缔约国提出了如下几项要求：放宽地理标志的申请或请求，不施加过于烦琐的手续；保证程序易为公众获取并公布信息，并提供异议程序；还规定提供注销制度；同时在脚注 18 中表示该项也适用于保护或承认地理标志的司法程序。该条降低了地理标志的申请门槛，要求对程序进行简化，并对信息进行公开，[①] 但对该行政程序的具体要求并未作出说明，由各缔约国根据其国内现实情况与现行立法自行规定。

（一）与其他国际条约间的对比

《巴黎公约》《马德里协定（产地）》、TRIPs 都是从实体法的角度对地理标志的保护予以规定；《里斯本协定》则是《巴黎公约》体系中第一部规定原产地名称保护的国际条约，其是在成立一个特别联盟——里斯本联盟的基础上，采用原属国保护与国际注册保护相结合的方式，随后在《里斯本协定实施细则》中对国际注册的程序进行了详细的规定，对国际申请、注册、驳回或保护、无效以及费用等其他事项都有明确的规定。例如，根据《里斯本协定》第 5 条的注册规定，《里斯本协定》的国际注册制度是一种“政府对政

---

① 关琳琳：《考察 TPP 协定中有关地理标志的规定所引发的思考》，载《中华商标》2017 年第 4 期。

府”的通知和注册制度。[①] 这种方式提高了国际申请注册的效率，降低了各成员国审核国际申请的错误率。因此，CPTPP中虽然对注册程序只要求不施加烦琐的手续，但各缔约国可借鉴《里斯本协定》中“政府对政府”这种注册申请的方式。

（二）我国地理标志的保护程序

我国对地理标志的保护采用商标制度与专门制度相结合的方式。首先，在以集体商标和证明商标的方式对地理标志进行保护的情形下，无论是集体商标还是证明商标，都需要遵循商标法的一般规定。按照《商标法实施条例》的规定提交申请文件，在经过商标局审查后给予商标保护，相关利害关系人可以提出异议或无效申请。但对申请集体商标或证明商标，因我国对集体商标和证明商标特殊性的要求，申请人除需提交一般申请文件外，还应证明其主体资格的合法性，集体商标、证明商标的申请人都必须是依法成立，且具有法人资格的组织，此外证明商标的申请人还必须对商品或服务的特定品质具有监督控制能力。

其次，当对地理标志给予专门法保护时，我国《地理标志产品保护规定》也提出了相应的程序要求。《地理标志产品保护规定》中要求申请注册的主体是县级以上人民政府指定或承认的机构、协会和企业；[②] 同时对申请材料内容、[③]

---

① 王笑冰：《论地理标志的法律保护》，中国人民大学出版社2006年版，第32页。

② 《地理标志产品保护规定》第8条：地理标志产品保护申请，由当地县级以上人民政府指定的地理标志产品保护申请机构或人民政府认定的协会和企业（以下简称申请人）提出，并征求相关部门意见。

③ 《地理标志产品保护规定》第10条：申请人应提交以下资料：（一）有关地方政府关于划定地理标志产品产地范围的建议；（二）有关地方政府成立申请机构或认定协会、企业作为申请人的文件。（三）地理标志产品的证明材料，包括：1. 地理标志产品保护申请书；2. 产品名称、类别、产地范围及地理特征的说明；3. 产品的理化、感官等质量特色及其与产地的自然因素和人文因素之间关系的说明；4. 产品生产技术规范（包括产品加工工艺、安全卫生要求、加工设备的技术要求等）；5. 产品的知名度，产品生产、销售情况及历史渊源的说明；（四）拟申请的地理标志产品的技术标准。

审查异议制度①和注销制度②作出了相应的规定。

但由于我国商标法和专门法制定主体的不同，相关的程序规定也有所差别。《商标法》与《地理标志产品保护规定》中关于异议制度的规定就有所不同，我国《商标法》第33条规定，提出异议的主体仅限于在先权利人和利害关系人，提出异议的时间限于商标初步审定公告之日起3个月内；然而《地理标志产品保护规定》规定异议的主体为有关单位和个人，提出异议的时间也仅自公告之日起2个月内，其程序制定远比《商标法》的相关规定宽泛。

尽管我国对地理标志保护的程序的相关规定存在着差异，但我国的程序规定与CPTPP中提出的基本要求相一致，对申请注册、异议和注销都有着较为全面的规定，手续程序简便清晰，各项信息都及时的公布公告以便公众获得。

CPTPP 条文：

第18.31条：保护或承认地理标志的行政程序

如某缔约方规定了保护或承认地理标志的行政程序，无论是通过商标制度还是专门制度，对于此种保护的申请或承认的请求，该缔约方应：

（a）接受此类申请或请求，而无须另一缔约方代表其国民介入[18]；

（b）处理此类申请或请求，而未施加过于烦琐的手续；

（c）确保规制提交此类申请或请求的法律和法规易于为公众获取，并且明确规定提交的相关程序；

（d）提供充分的信息，以使一般公众能够获得有关提交申请或请求的程

① 《地理标志产品保护规定》第13条：国家质检总局对收到的申请进行形式审查。审查合格的，由国家质检总局在国家质检总局公报、政府网站等媒体上向社会发布受理公告；审查不合格的，应书面告知申请人。第14条：有关单位和个人对申请有异议的，可在公告后的2个月内向国家质检总局提出。第15条：国家质检总局按照地理标志产品的特点设立相应的专家审查委员会，负责地理标志产品保护申请的技术审查工作。第16条：国家质检总局组织专家审查委员会对没有异议或者有异议但被驳回的申请进行技术审查，审查合格的，由国家质检总局发布批准该产品获得地理标志产品保护的公告。

② 《地理标志产品保护规定》第23条：获准使用地理标志产品专用标志资格的生产者，未按相应标准和管理规范组织生产的，或者在2年内未在受保护的地理标志产品上使用专用标志的，国家质检总局将注销其地理标志产品专用标志使用注册登记，停止其使用地理标志产品专用标志并对外公告。

序以及处理此类申请或请求的总体流程的指导；以及使申请人、请求人或者其代理人能够查明具体申请或请求的状态；

(e) 确保此类申请或请求公开以便提出异议，以及提供对申请或请求的客体的地理标志的异议程序；以及

(f) 提供对地理标志的保护或承认的注销[19]制度。

脚注 18：本项也适用于保护或承认地理标志的司法程序。

脚注 19：为进一步明确，在本节中，可通过无效程序或撤销程序实施注销。

三、就地理标志提出异议和注销的理由

CPTPP 第 18.32 条对异议和注销①的内容作出了详细的规定，要求各缔约国应允许利害关系人对地理标志的保护或承认提出异议，从异议和注销的理由、程序以及适用范围等方面提出了具体的要求。

第 1 款列明了利害关系人申请注销和异议的理由，表明当地理标志与在先权利发生冲突时，CPTPP 规定优先保护在先权利，限制了对地理标志的保护；此外，CPTPP 对葡萄酒和烈酒的地理标志提供特别保护，各缔约国对葡萄酒和烈酒地理标志的保护可以不遵循该条的相关规定，即使某一缔约国适用该条款，也仅在葡萄酒的地理标志与该缔约方国内葡萄种类的惯常名称相同时才能提出异议和注销申请。

第 2 款要求各缔约国对提出保护请求的地理标志允许利害关系人基于第 1 款的理由提出异议或注销申请并提供相应的程序；而当某一缔约国保留该条所列的理由时，无论是通过行政程序还是司法程序保护地理标志，都无须适用该条规定的理由。

---

① CPTPP 第 18.32 条所提及的“注销”制度，体现在我国《商标法》“撤销”和“无效”制度中，但由于各国际条约的表述均为“注销”制度，以下在对 CPTPP 第 18.32 条进行分析时统一用“注销”制度表述。

第3款提出地理标志即使在某一缔约国国内给予保护后不再满足保护的条件，也不得排除注销或停止对地理标志的保护或承认的可能性，即尽管地理标志有可能不再受保护，各缔约国还是应当给予利害关系人提出注销的机会。

第4款表明在缔约国内除给予地理标志保护的行政程序外，还可以提供司法保护程序，但相应的也需为利害关系人提供基于第18.32条第1款的理由提出异议或注销的诉讼程序，为地理标志的保护提供多种途径，其前提是该缔约国的司法机关有拒绝地理标志的保护和承认的权力。但若某一缔约方在此之前就采用专门制度模式保护地理标志，该方司法机关应有权在地理标志成为通用名称时拒绝承认和保护地理标志。

第5款则是将异议和注销的理由与程序扩大适用于地理标志的意译或音译的情形。

（一）异议和注销的理由及其适用范围

1. 异议和注销的理由

CPTPP第18.32条关于异议与注销的理由的条款体现了商标的在先使用原则，无论是普通商标，还是作为集体商标和证明商标注册的地理标志，都有可能因与在先使用商标冲突而遭到拒绝注册或宣布无效。① 当地理标志与在先商标产生冲突时，该条款倾向于保护已经获取权利的在先商标或在先善意申请注册的商标，这实际上限制了对地理标志的保护。此外，该条款也表明地理标志与在先商标可以进行近似性比对，② 但各国对地理标志能否与普通商标进行近似性比对存在分歧。我国司法实践中，各法院对此存在不同的观点与判决。有部分法院认为地理标志与普通商标的主要功能不同，不能将两者

---

① 张乃根：《试析TPP知识产权条款的TRIPS追加义务》，载《海关与经贸研究》2016年第37卷。

② 参见关琳琳：《考察TPP协定中有关地理标志的规定所引发的思考》，载《中华商标》2017年第4期。

进行比对。[①] 但也有部分法院认为尽管证明商标在功能上与普通商标不尽相同，但仍需遵循商标法“禁止混淆”的基本原则，避免消费者产生误认。[②] 因此，该条款要求各缔约方赞同地理标志与普通商标可以进行近似性比对，不利于对地理标志的保护。

CPTPP 所列的异议和注销的理由沿袭了《里斯本协定》和 TRIPs 的相关规定。CPTPP 对异议和注销理由规定得更为完整，融合了《里斯本协定》和 TRIPs 的相关规定，赋予了利害关系人更多的异议权利，实际上相对弱化了地理标志的保护力度。

无论是《里斯本协定》、TRIPs 还是 CPTPP，都表明当地理标志与在先商标、善意申请注册的商标或其他在先权利发生冲突时，地理标志未必一定优先保护。TRIPs 第 24 条第 4 款和第 5 款规定葡萄酒和烈性酒地理标志在先使用或善意使用例外；[③] 以及商标在先注册或善意注册的例外[④]，同时 TRIPs 规定了提出异议的时效：对未因恶意将地理标志作为商标使用或注册为商标提出异议的时限为 5 年之内，5 年时间的起算点从将地理标志注册为商标之日起算或者是从将地理标志作为商标使用并家喻户晓开始起算；恶意的则不受 5 年的时间限制。同时，TRIPs 第 24 条第 8 款规定地理标志与他人姓名冲突时，除非该名字会误导公众，否则优先保护他人的姓名权。[⑤]《里斯本协定》对原产地名称保护进行了例外规定，一国可以依据其国内法以申请注册的原产地

① 北京市第一中级人民法院（2014）一中知行初字 1602 号行政判决书。

② 北京知识产权法院（2016）京 73 行初 1520 号行政判决书。

③ TRIPs 第 24 条 国际谈判：例外 4. 本节任何规定不得要求一成员阻止其任何国民或居民在货物或服务方面继续以相同方式使用另一成员识别葡萄酒或烈酒的某一特定地理标记，如果其国民或居民在相同或有关的货物或服务上在那一成员境内已连续使用这一地理标志：(a) 在 1994 年 4 月 15 日前至少已有 10 年；(b) 在那一日前的使用是善意的。

④ TRIPs 第 24 条 国际谈判：例外 5. 如果一商标的申请或注册是善意的，或如果一商标的权利是在以下日期之前通过善意的使用获得的：(a) 在第六部分确定的那些规定对那一成员适用之日前；(b) 在该地理标记在其来源国被保护之前；为实施本节规定而采取的措施不应因一商标与一地理标记相同或相似而损害商标的注册资格或商标注册的有效性，或商标使用权。

⑤ TRIPs 第 24 条 国际谈判：例外 8. 本节规定不应以任何方式损害任何人在交易过程中在业务上使用那个人的名字或其前任的名字的权利，除非使用这一名字会误导公众。

名称与在先权利产生冲突为由拒绝保护。倘若一国没有按照要求声明拒绝保护申请注册的原产地名称，该国应在两年后禁止第三人继续使用相同的名称。

此外，《里斯本协定》、TRIPs、CPTPP 均表明对构成通用名称的地理标志不予承认或保护。但《里斯本协定》规定了保护的例外情形：该原产地名称通过国际注册在一国获得保护的同时，只有在其原属国持续保护的前提下，成员国才有义务不将该原产地名称视为通用名称而继续保护。由于 TRIPs 要求将葡萄酒和烈酒的地理标志给予特殊保护，其关于构成通用名称的葡萄酒和烈酒的地理标志的规定更为严格，其例外范围小于一般的地理标志，要求以在 WTO 生效之日前存在作为前提要件。①

CPTPP 该条款延续了 TRIPs 对葡萄酒和烈酒的地理标志特别保护的原则：对葡萄酒和烈酒的保护要高于一般的地理标志的保护，同时规定第 18.31 条关于地理标志保护的行政程序，各缔约国仍可以选择适用。然而 CPTPP 对普通酒和烈酒的地理标志的特殊保护并未详细规定，但各缔约国均为 TRIPs 的成员国，对葡萄酒和烈酒的地理标志的特殊保护可遵循 TRIPs 的相关规定。

2. 异议和注销的适用范围

CPTPP 将异议和注销的理由的适用范围予以扩张，扩大至以下两种情形：

第一，根据 CPTPP 第 18.33 条第 3 款的规定，当地理标志在获得保护后又丧失保护条件的，各缔约方不得排除取消或停止保护的可能性，即出现第 18.32 条第 1 款规定的三种理由时，利害关系人仍有权提出注销申请。虽然 TRIPs 中曾规定过对地理标志不再保护的情形，但这与 CPTPP 第 18.32 条第 3 款的规定有所区别。TRIPs 第 24 条第 6 款规定当地理标志在其本国内不再受保护时，其他缔约国可以依据该协议没有保护的义务，但该缔约国也可以依

---

① TRIPs 第 24 条 国际谈判：例外 6. 本节任何规定不要求一成员将其规定适用于任何其他成员的有关货物或服务的地理标志，如果在那一成员境内，与这些货物或服务相关的标记与一般语言中作为这些货物或服务的一般名称的习惯术语相同。本节任何规定也不要求一成员将其规定适用于任何其他成员关于葡萄产品的地理标记，如果此类地理标记与在《建立 WTO 的协议》生效之日在该成员存在的葡萄类产品的习惯名称相同。

其国内法的规定选择继续保护。虽然最终的结果是缔约国不再给予保护，但两个条约规定不再保护的理由却截然不同。

第二，CPTPP 第 18.32 条第 5 款的要求说明地理标志的意译或音译也可适用本条规定的异议或注销的理由。目前，尚未有国际条约规定对地理标志的意译或音译形式提出异议或注销请求，CPTPP 该条款的规定赋予相关利害关系人对地理标志的意译和音译形式异议权，最终限制了对地理标志的保护。

（二）我国地理标志“双轨制”保护下异议和注销[①]的理由

我国对地理标志的保护采用“双轨制”，一是将其申请注册集体商标和证明商标予以保护，因此作为集体商标和证明商标的地理标志，对其的异议和注销需依照我国《商标法》第 49 条关于商标权撤销的规定以及《商标法》关于商标权无效的相关规定。此外，根据我国《商标法》第 16 条的规定，商标中带有商品的地理标志，如果该商品并非来源于该标志所标示的地区，并且导致公众误认混淆的，应当不予注册保护并禁止使用；但是，倘若已经善意取得注册商标的，该商标继续有效，所以当采用商标制度保护地理标志时，与其他在先商标产生冲突时，仍需以误认为前提。我国《商标法》的相关规定也表明在我国，地理标志与在先商标或善意申请注册的商标或在先权利冲突时，地理标志并不优先于其他在先权益的保护。二是通过质量技术监督体系及专用标志管理制度对地理标志产品专用标志的认定和监督管理从而实现对地理标志的保护。[②]但我国《地理标志产品保护规定》及其实施细则均未规定提出异议与注销申请的理由，只是赋予相关利害关系人异议权。

我国目前采用“双轨制”保护地理标志，无论是商标法保护还是专门制

---

① 我国商标注销制度特指的是商标权人自愿放弃注册商标而被终止商标权的形式，但这里所讨论的“注销”则指的是我国《商标法》中关于商标权撤销和商标权无效制度，为与上文 CPTPP 和国际条约的表述一致，统一使用“注销”一词。

② 参见曾洁：《中国酒类地理标志保护制度研究》，中国农业科学院 2009 年博士学位论文，第 15 页。

度保护都未说明对我国酒类、茶叶等特殊重大的地理标志是否需要给予特别保护。我国已加入世界贸易组织，应积极履行TRIPs的各项义务，遵循TRIPs中关于对葡萄酒和烈酒的地理标志的特殊保护规定，因此有学者建议我国应制定地理标志专门保护制度——《地理标志保护法》，在该法中规定对葡萄酒和白酒的地理标志保护的特别规定。①

CPTPP 条文：

第18.32条：异议和注销的理由[20]

1. 如果缔约方通过第18.31条规定的程序（保护或承认地理标志的行政程序）保护或承认地理标志，至少对于以下理由，该缔约方应提供程序，允许利害关系人对地理标志的保护或承认提出异议，以及允许此种保护或承认被驳回或不予提供：

（a）地理标志在可能与该缔约方领域内在先善意申请注册的商标或已注册的商标产生混淆；

（b）地理标志可能与依据该缔约方法律已获得权利的在先商标产生混淆；

（c）地理标志在该缔约方领域内是以通用语文中的惯常用语形式作为相关商品的通用名称。[21]

2. 如一缔约方通过第18.31条（保护或承认地理标志的行政程序）规定的程序保护或承认地理标志，至少对于第1款所列理由，该缔约方应提供程序，允许利害关系人请求注销地理标志，以及允许注销此种保护或承认。缔约方可规定，在该缔约方境内提交保护或承认的请求时，第1款所列理由应予以适用。[22]

3. 任何缔约方均不得排除注销或停止对地理标志的保护或承认的可能性，如果该受保护或承认的标志已不再满足该缔约方最初授予其保护或承认的条件。

4. 如一缔约方存在通过司法程序保护未注册地理标志的专门制度，该缔

---

① 参见王莲峰：《制定我国地理标志保护法的构想》，载《法学》2005年第5期。

约方应规定其司法机关在出现第 1 款所列情形时有权拒绝对地理标志的保护或承认。[23]该缔约方还应提供允许利害关系人根据第 1 款所列理由提起诉讼的程序。

5. 如一缔约方通过第 18.31 条（保护或承认地理标志的行政程序）所述的程序给予地理标志的保护或承认，适用于地理标志的意译或音译，则该缔约方应为该意译或音译提供与第 1 款和第 2 款同等的程序及同样的理由。

脚注 20：不得要求缔约方将本条适用于葡萄酒和烈酒的地理标志，以及有关此类地理标志的申请或请求。

脚注 21：为进一步明确，如一缔约方规定了第 18.31 条（保护或承认地理标志的行政程序）中的程序，而且将该条适用于葡萄酒和烈酒的地理标志，或者有关此类地理标志的申请或请求，缔约各方认为：不得要求缔约方保护或承认任何其他缔约方有关葡萄产品的地理标志，如该相关标志与该缔约方领土内某种葡萄种类的惯常名称相同。

脚注 22：为进一步明确，如果在根据第 18.31 条（保护或承认地理标志的行政程序）提交地理标志保护或承认的请求时，缔约方的法律并未规定第 1 款所列的理由，则该缔约方在涉及本条第 2 款和第 4 款时不需要对地理标志适用这些理由。

脚注 23：作为本款的替代方案，如一缔约方在第 18.36.6 条（国际协定）所规定的适用日期之时，存在本款所述类型的专门制度，则该缔约方至少应规定，其司法机关有权在第 1 款第（c）项所规定的情形出现时拒绝地理标志的保护和承认。

四、某一用语构成通用名称的考虑因素

CPTPP 第 18.33 条规定了对某一用语构成通用名称应当考虑消费者对该用语的理解，继而规定了与消费者的理解有关的因素，一是字典、报纸等消费者日常用语等对该用语的理解；二是该用语指代的商品在该缔约国国内进

行贸易时的用法。CPTPP 关于地理标志相关规定是对以往国际条约的重大突破，既考虑到用语的文义用法，又考虑到用语的实际影响，同时还将地域因素纳入考量。

（一）各条约关于通用名称的规定

地理标志演变成通用名称的主要原因在于权利人未能够积极维护自身的权利，因该地理标志被滥用而导致该地理标志丧失来源指示功能，不再具有显著性。[①] TRIPs 和《里斯本协定》都对构成通用名称的问题作出了明确规定，但仅仅要求继续受保护的条件以防止成为通用名称，并未涉及对通用名称的界定，CPTPP 首次在条约中对通用名称的理解作出规定，对各缔约国判定是否构成通用名称时提供了借鉴。

《里斯本协定》为防止原产地名称成为通用名称，规定了一国仅在某原产地名称通过国际注册在该国获得保护，只有在原属国持续保护的情况下，其他成员国才有义务不将该原产地名称视为通用名称。[②] 国际注册保护与原属国持续保护缺一不可，否则就可在该缔约国视为已成为通用名称，不再给予保护。

而在 TRIPs 中，条约规定通用名称可以不予保护；但葡萄酒和烈酒不予保护的要求更高，其例外范围小于一般的地理标志，要求以在 WTO 生效之日作为前提要件。[③] TRIPs 中葡萄酒和烈酒的保护高于一般的地理标志，TRIPs 规定在葡萄酒和烈酒的地理标志与其他权利发生冲突时会倾向于保护葡萄酒

---

① 田芙蓉：《地理标志与通用名称相互转变条件的比较研究》，载《知识产权》2006 年第 1 期。

② 《保护原产地名称及其国际注册里斯本协定》第 6 条：根据第 5 条规定的程序，一个在特别联盟国家受到保护的原产地名称，只要在原属国作为原产地名称受到保护，就不能在该国视为已成为普通名称。

③ TRIPs 第 24 条 国际谈判：例外 6. 如果其他成员适用于商品或服务的地理标志与任何成员在其领土内以普通语言中惯用的词语作为该商品或服务的普通名称相同，则本节的任何规定并不要求该成员将本节规定适用于其他成员的这种地理标志。如果在世界贸易组织协定生效之日，其他成员的葡萄产品的地理标志与任何成员在其领土内存在的一种葡萄品种的惯用名称相同，本节的任何规定也不要求该成员将本节规定适用于其他成员的这种地理标志。

和烈酒的地理标志，因此，在世界贸易组织协定生效之前，地理标志构成通用名称的情形下，该地理标志可能在缔约国内受到保护。

此外，对于地理标志是否可以是一个国家的国名这一问题，TRIPs 中并未做出答复，但在 CPTPP 第 18. 29 条给出了答案：禁止使用成员的国名。

（二）对通用名称的理解

由于我国对地理标志的保护主要是以商标保护制度为核心，所以我国处理地理标志演变成通用名称的问题都遵循商标法的相关规定。商标的显著性既是商标的基础属性，也是获得商标授权的最大的因素。我国商标法关于通用名称是规定在商标注册部分，这就使得以通用名称作为商标在我国不可能取得商标授权。通常情形下，商标权人对其商标使用管理或宣传不当，导致其商标丧失显著性，商标权人最终丧失商标专有权。阿司匹林沦为药品通用名称便是一个典型案例。德国拜耳公司在销售阿司匹林药品时采用了错误的销售渠道，使得消费者无从得知该阿司匹林药品的生产者是谁，久而久之，阿司匹林在消费者的眼中就成了通用名称。在阿司匹林案的审理过程中曾有法官对判断商标是否成为通用名称提出了标准，要求在判断是否成为通用名称时，应当考虑消费者对其的理解，而非原告想让消费者理解的内容。据此，法院裁定，拜耳公司的阿司匹林 Aspirin 商标尽管最初具有显著性，但是已经退化成为“乙酰水杨酸”的通用名称。①

根据我国商标局和商标评审委员会制定的《商标审查及审理标准》中对通用名称的含义的规定，可以看出我国对通用名称的认定包括国家、行业标准确立的通用名称和公众约定俗成的通用名称。由于对是否构成通用名称的判断主体是消费者，因而在出现国家、行业标准与公众认知出现对通用名称的理解不完全一致时，应以相关公众的认知作为考虑因素，即公众是否普遍

---

① Bayer Co. v. United Drug Co. , 272 F. 505 (D. C. N. Y. 1921) .

约定俗成的认为该名称已构成通用。[①] 在判断某一用语是否构成通用名称时，还需要考虑到地域因素。关于通用名称的界定，对地域范围未做任何量化规定，通用名称的判断主体是消费者，因此应首先考虑消费群体，但若广泛使用的名称所覆盖的消费人群很狭窄，那么显而易见就可以认定该名称尚未达到通用的程度。[②]

无论最终在判断是否构成通用名称时需要考虑的因素有多少，但不可否认的是其判断主体一定是消费者。

CPTPP **条文：**

第 18.33 条：确定一名称是否为通用语言中惯常术语的指南

就第 18.31 条（保护或承认地理标志的行政程序）和第 18.21 条（异议与注销理由）规定的程序而言，在确定某一用语在某一缔约方领域内是否作为通用语言中的惯常用语而构成相关商品的通用名称时，该缔约方主管机关应有权考虑消费者在其领域内如何理解该用语。与消费者理解有关的因素可包括：

（a）根据诸如字典、报纸和相关网站等合格来源的指示，该用语是否被用于指代相关商品类型；

（b）该用语所指代的商品在该缔约方领域内的贸易过程中如何销售和使用。[24]

脚注 24：在本项中，缔约方的主管机关可考虑该用语在其承认的国际标准中是否指代缔约方领域内的某种或某类商品。

五、由多部分组成的用语构成通用名称的情况

CPTPP 第 18.34 条本质上是对由多部分组成的用语构成的地理标志在某

---

① 参见杜颖：《通用名称的商标权问题研究》，载《法学家》2007 年第 3 期。

② 参见杜颖：《通用名称的商标权问题研究》，载《法学家》2007 年第 3 期。

一部分用语属于通用名称的情形下是否给予保护的规定。根据 CPTPP 第 18.32 条关于异议和注销的理由的规定，地理标志构成通用名称是不给予保护或承认的，因此即使由多部分组成的用语属于某个缔约国内受保护承认的地理标志，只要该用语中的某一部分属于通用名称，则该部分在该缔约国不受保护，但其他部分可能受到保护。

通用名称仅作为地理标志的一部分，而非地理标志全部构成要素，若将其申请注册集体商标或证明商标，此时应按照我国商标法的一般规定。而在我国对通用名称为商标组成部分的判定问题的研究中，有学者认为，在认定是否可以予以保护时，如果商标标识中起识别功能的部分是其他部分而非通用名称，可以不考虑通用名称的问题，此时商标权人无权阻止其他人将通用名称作为商标的某个组成部分加以使用。① 在乐天公司诉好丽友公司木糖醇口香糖不正当竞争案中，二审法院认为“木糖醇”是一种甜味食品添加剂的名称，是“木糖醇”这种商品所具有的通用名称，与“木糖醇”并列使用的其他标识，消费者可以区分两种木糖醇口香糖。② 无论是学理还是司法实践中，在商标的一部分是通用名称的情形下，该商标的其他部分足以具有显著性，则对具有显著性的部分进行商标保护，商标权人无权禁止他人使用通用名称部分。因此，在以商标制度保护地理标志为核心的我国，会赞同 CPTPP 第 18.34 条的规定，对地理标志中通用名称的部分不予保护，而保护其他部分。

CPTPP 的这条规定似乎类似于组合商标的用法，将组合商标的各个部分进行拆分注册，构成通用名称的 A 部分不予核准注册，不构成通用名称的 B 部分和 C 部分既可组合申请注册，也可单独注册，在不考虑经济成本的前提下，单独注册 B、C 两部分将强化对商标的保护，商标权人对该组商标的使用更具灵活性。

---

① 参见杜颖：《通用名称的商标权问题研究》，载《法学家》2007 年第 3 期。

② 参见北京市高级人民法院（2005）高民终字 319 号民事判决书。

CPTPP **条文**：

第 18.34 条：由多部分组成的用语

就第 18.31 条（保护或承认地理标志的行政程序）和第 18.32 条（异议与注销理由）规定的程序而言，如由多部分组成的用语是一个在缔约方受保护的地理标志，但该用语的某一部分是作为通用语言中的惯常用语而构成相关商品的通用名称，则该部分在该缔约方不受保护。

六、地理标志的保护日期

CPTPP 第 18.35 条是对地理标志保护起算点的规定，如果申请人根据 CPTPP 第 18.31 条规定的行政程序寻求保护或承认时，在符合该缔约方规定的保护或承认的条件下，该缔约国给予保护或承认的开始时间是该申请人提交申请的申请日或注册日。CPTPP 规定的地理标志的保护日期的起算点有两种选择，同时该条款未规定各缔约国对地理标志保护的期限，由各缔约国在国内转化使用该条约时根据各国的情形来自行选择起算点和确定保护期限。第一种是地理标志保护日期的起算点是从申请日起算，这实际上会缩短对地理标志的保护期限，弱化对地理标志的保护；第二种是起算点从注册之日起计算，这与我国《商标法》所规定的商标权的保护期限的起算时间相一致。我国《商标法》规定我国注册商标的有效期限为 10 年，自核准注册之日起计算。相比以申请日作为保护的起算点，以核准注册之日作为保护的起算点，避免核准注册机关不合理的拖延审查期限，对商标的保护期限较长，加强了对地理标志的保护力度。同时，这种起算点也与绝大多数国家规定的商标权保护的起算点相一致，无论是选择采用商标保护抑或专门制度保护，其起算点均为核准注册之日。

在该条款的脚注中，提及该条所规定的申请日包括《巴黎公约》中的优先权日，这鼓励了各缔约国之间的相互交流，促进商业的发展，但优先权日的主张是否意味着会延长对地理标志的保护期限？笔者认为，即使主张了优先权日，也只是制止他人的投机取巧行为，有助于申请人主张自己的权益。当选择申请日为保护的起算点时，这里的申请日指的是实际申请日，而非优先权日，否则会导致申请人在该缔约国内肆意申请，造成混乱，增加核准注册机关的负担；当选择注册日为保护起算点时，优先权日的存在只是保护该申请人的合法权益，对地理标志保护的起算点没有影响。

CPTPP 条文：

第 18.35 条：地理标志的保护日期

如一缔约方通过第 18.31 条（保护或承认地理标志的行政程序）规定的程序对地理标进行保护或承认，如适用，则该保护或承认开始的时间应不早于在该缔约方的申请日[25]或注册日。

脚注 25：为进一步明确，本款所规定的申请日包括《巴黎公约》中的优先权日（如适用）。

七、依据国际协定提供便利的机会

CPTPP 第 18.36 条规定缔约方与缔约方或非缔约方根据国际协定无须再进行个别申请就可以进行保护或承认该地理标志，此规定既减轻了申请人在海外进行地理标志注册的负担，同时又促进本国的地理标志产品在外国进行品牌保护，① 扩大本国地理标志的知名度。

该条第 1 款要求各缔约国即使没有通过 CPTPP 所规定的程序给予保护或异议，也应当提供相应的程序来保障申请人利益，要求使公众可以获知要求保护的内容以及提供帮助，同时为保护相关利害关系人的权益，对异议程序也提出了要求，规定了提出异议的期限和异议主体。此外即使缔约国未按照 CPTPP 的规定程序进行保护或承认，也需在审查过程中适用关于构成通用名

① 关琳琳：《考察 TPP 协定中有关地理标志的规定所引发的思考》，载《中华商标》2017 年第 4 期。

称的相关规定。随后该条第 2 款在第 1 款的基础之上，对达成“国际协定”的缔约方提出了相应的要求，要求保护利害关系人获知该地理标志保护的信息与评论、异议的机会。该条第3 款呼应了第18. 32 条第3 款关于不排除停止或注销地理标志保护的可能性的规定，不排除停止保护或承认地理标志的可能性。这几个条款在保障利害关系人权益的同时，实际上相对弱化了对地理标志的保护，也与前述几条规定共同表明了 CPTPP 对地理标志的保护的态度：不采用法国等欧盟国家对地理标志的强保护。

该条第 4 款规定了对葡萄酒和烈酒的地理标志的保护，无须适用 CPTPP 中关于地理标志异议与注销的理由，这表明 CPTPP 采取了 TRIPs 中葡萄酒和烈酒的地理标志与一般的地理标志区分保护的模式，对葡萄酒和烈酒给予更高的保护。该条第 5 款则是对提供保护或承认的起算时间的规定，不早于国际协定的生效日期，以保证不延长对地理标志的保护；该条第 6 款则是对该条所提到的“国际协定”提出的要求，即缔约方已经批准或同意该协定。

（一）CPTPP 对 TRIPs 的承继与发展

TRIPs 第 24 条国际谈判规定利害关系人提出异议的时效限制，对未因恶意将地理标志作为商标使用或进行商标注册提出异议的时限为 5 年之内，从将地理标志核准注册商标之日或是从将地理标志作为商标使用并家喻户晓之日起开始计算；恶意注册的则不受 5 年的时间限制。但 TRIPs 的规定是建立在对地理标志进行商标注册式的保护，CPTPP 对地理标志的保护不仅仅是商标保护，还可以通过专门的制度保护，因此在对异议的时效限制的问题上，CPTPP 只要求给予利害关系人提出异议的机会，对异议时效问题各缔约国仍借鉴 TRIPs 的规定加以确定。

此外，CPTPP 也对葡萄酒和烈酒的地理标志与一般地理标志进行区别保护，规定 CPTPP 中关于对一般地理标志保护的程序与异议制度无须适用于葡萄酒和烈酒的地理标志。由此表明 CPTPP 关于地理标志保护的规定实质上是各缔约国对 TRIPs 的继承与发展。

CPTPP 条文：

第 18.36 条：国际协定

1. 如一缔约方在第 6 款所确定的日期之时，已经依据包括有本协定缔约方或非缔约方作为当事方的国际协定来保护或承认地理标志，则在地理标志不是通过第 18.31 条（保护或承认地理标志的行政程序）[26]或第 18.32.4 条（异议与注销理由）所述程序受到保护时，该缔约方应至少适用等同于第 18.31 条第（e）条（保护或承认地理标志的行政程序）和第 18.32.1 条（异议与注销理由）的程序和理由：

（a）提供充分的信息，以使一般公众能获得有关保护或承认地理标志的程序的指导，并使利害关系人能查明保护或承认请求的状态；

（b）如该缔约方正考虑通过包括有本协定缔约方或非缔约方作为当事方的国际协定来承认或保护某些用语，应通过互联网向公众提供相关细节，其中应包括：详细说明是否正在考虑保护或承认这些用语的意译成音译，以及对于由多部分组成的用语，详细说明是否正在考虑保护或承认其中的组成部分，或者不受保护或承认的组成部分；

（c）就异议程序而言，为利害关系人提供对第（b）项所规定的用语的保护或承认提出异议的合理期限。该期限应为利害关系人参与异议程序提供有意义的机会；以及

（d）不迟于该异议期开始之时，通知其他缔约方有机会提出异议。

2. 就第 6 款所规定的允许保护或承认新地理标志的国际协定而言，缔约方应：[27][28]

（a）适用第 1 款第（b）项；

（b）在新地理标志受到保护或承认之前，为利害关系人提供在合理期限内对该用语的保护或承认进行评论的机会；

（c）不迟于该评论期之时，通知其他缔约方有机会进行评论。

3. 就本条而言，缔约方不应排除停止保护或承认地理标志的可能性。

4. 就本条而言，对于葡萄酒和烈酒的地理标志或该类地理标志的申请，

缔约方不需要适用第 18.32 条（异议与注销理由）或等同于第 18.32 条的义务。

5. 根据第 1 款的规定提供保护或承认的起始日期，应不早于该国际协定生效之日；如缔约方提供保护或承认的日期晚于该国际协定生效之日，则为后面的日期。

6. 如地理标志已根据包括有本协定缔约方或非缔约方作为当事方的国际协定被明确认定，且被授予保护或承认，缔约方无须对该地理标志适用本条款，只要该国际协定：

（a）在本协定签署或原则上达成一致[29]之前，已经签署或原则上达成一致；

（b）在本协定为某一缔约方批准之前，已经由该缔约方批准；或

（c）在本协定对某一缔约方生效之前，已经对该缔约方生效。

脚注 26：各缔约方在根据本款决定是否授予地理标志保护或承认时，均应适用第 18.33 条（确定某一用语是否构成通用语文中的惯常用语的指导意见）和第 18.34 条（由多部分组成的用语）。

脚注 27：就第 6 款所定的国际协定而言，如果其已对地理标志进行了认定，但该地理标志尚未在作为该国际协定缔约方的本协定缔约方领域内获得保护或承认，该缔约方可以通过遵守第 1 款的义务的方式，履行第 2 款的义务。

脚注 28：缔约方可以通过适用第 18.31 条（保护或承认地理标志的行政程序）和第 18.32 条（异议与注销理由）的方式，达到符合本规定要求的目的。

脚注 29：在本条中，“原则上达成一致”的协定是指已经达成政治谅解，而且协定的谈判结果已经公开宣布，当事方包括其他政府、政府机构或国际组织的协定。

第六章　专利和未披露的试验或其他数据

一、可授予专利的客体

CPTPP 第 18.37 条介绍了专利权的客体。第 1 款表明专利权的客体应具备的三个特点，即“新颖性”“创造性”和“实用性”，与 TRIPs 第 27 条第 1 款①以及我国《专利法》第 22 条②的表述基本一致。第 2 款规定缔约国可为已知产品的新用途、新使用方法和新工序提供专利保护，这其实在一定程度上明确了“已知产品”的“用途”类发明的可专利性。第 3 款是对专利权客体的限制。缔约国出于对公共秩序、社会道德、自然环境等的考虑，可就某些发明不给予专利保护，并明确列出其中两种：①对人类或动物疾病的诊断、治疗及手术方法；②除微生物外的动物，以及除非生物学方法和微生物学方法外的生产植物和动物的生物学方法。同时，第 4 款表明各缔约国也可排除对植物的专利权保护。至此，对不授予专利权客体的规定，CPTPP 与 TRIPs

---

① TRIPs 第 27 条第 1 款：根据下述第 2、3 款的规定，所有技术领域内的任何发明，无论是产品还是工艺，均可取得专利，只要它们是新的、包含一个发明性的步骤，工业上能够适用。根据第 65 条第 4 款、第 70 条第 8 款和本条第 3 款的规定，专利的取得和专利权的享受应不分发明地点、技术领域以及产品是进口的还是当地生产的。

② 《专利法》第 22 条：授予专利权的发明和实用新型，应当具备新颖性、创造性和实用性。新颖性，是指该发明或者实用新型不属于现有技术；也没有任何单位或者个人就同样的发明或者实用新型在申请日以前向国务院专利行政部门提出过申请，并记载在申请日以后公布的专利申请文件或者公告的专利文件中。创造性，是指与现有技术相比，该发明具有突出的实质性特点和显著的进步，该实用新型具有实质性特点和进步。实用性，是指该发明或者实用新型能够制造或者使用，并且能够产生积极效果。本法所称现有技术，是指申请日以前在国内外为公众所知的技术。

第27条第2、3款[①]相一致。但第4款还强调缔约方应就源于植物的衍生发明[②]给予专利权保护，这一点超越了TRIPs与其他国际条约的规定。TRIPs第27条第3款第2项要求对植物新品种提供或专利或特殊制度或两者结合的保护。此外，《国际植物新品种保护公约》规定各国应对植物采用专利或特殊制度保护，但不可以两者兼用。这两项国际条约均未提及对源于植物的发明的保护。CPTPP此项规定无疑会限制各缔约国知识产权制度的灵活性，也会对物种多样性产生不利影响。

实际上，CPTPP本条内容源自TPP谈判时的美国建议草案第8条。[③] 该条第1款与本条第1、2款内容基本一致，但确定了“已知产品的新形式”与“无增强效用的发明”也具有可专利性[④]的规定，扩大了专利权保护范围，将助长“常青专利”的出现。[⑤] 该条第2款规定各缔约方应当将动植物新品种、人畜医疗中的诊断、治疗以及外科手术方法也列入可获得专利对象中，大大突破了TRIPs的规定，是对成员国公共政策决定权的剥夺。该款一方面将限制农民及其他育种人员对农作物新品种的培育，不利于生物多样性及全球粮

---

① TRIPs第27条第2款：若阻止某项发明在境内的商业利用对保护公共秩序或公共道德，包括保护人类、动物或植物的生命或健康或避免对环境造成严重污染是必要的，则成员方可拒绝给予该项发明以专利权，条件是，不是仅因为其国内法禁止这种利用而作出此种拒绝行为。第27条第3款：以下情况，成员方也可不授予专利：（1）对人类或动物的医学治疗的诊断、治疗和外科手术方法；（2）微生物以外的动植物，非生物和微生物生产方法以外的动物或植物的实为生物的生产方法。然而，成员方应或以专利形式，或以一种特殊有效的体系，或以综合形式，对植物种类提供保护。应在世界贸易组织协定生效4年之后对本子款的规定进行审查。

② “源于植物的衍生发明”，是指从植物中提取出的化学物质、植物的基因或DNA片段以及植物细胞、组织和器官等。谢青轶：《〈跨太平洋伙伴关系协定〉（TPP）的专利条款研究》，载《知识产权》2016年第1期。

③ 参见美国建议草案文本：Trans - Pacific Partnership Intellectual Property Rights Chapter, https://www.keionline.org/sites/default/files/tpp - 10feb2011 - us - text - ipr - chapter.pdf，2019年1月29日访问。

④ 美国建议草案第8条第1款规定“已知产品的新形式、新用途和新使用方法具有可专利性”以及“已知产品的新形式、新用途和新使用方法即使不能使该产品的已知功效增强，也可满足可专利性标准”。也即若医药公司制备出相同药物的不同剂型，如片剂、胶囊剂、颗粒剂、口服液等，虽然不能增强药物的治疗功效，但由于是药物的新形式，也可获得专利保护。

⑤ 参见C. L. Lim, Deborah Kay Elms and Patrick Low: The Trans - Pacific Partnership: A Quest for a Twenty - first Century Trade Agreement, Cambridge University Press, 2012, p. 166。

食安全;[①] 另一方面也将对公共健康造成威胁，与普世的道德观和价值观相悖，不利于人权的保护。第 3、4 款则对公共秩序包括公共健康在内的例外进行了限制，进一步加强对专利的保护。这些条款都遭到谈判国不同程度的反对,[②] 在一次次的磋商和谈判中最终演化为上述版本。

其实，美国希望扩大专利权保护范围的意图在其与韩国新签订的 2018《美韩自由贸易协定》中也可见一斑。该协定第 18. 8 条第 1 款明确了已知产品新用途、新使用方法的可专利性，第 2 款未将动植物以及生产动植物的生物学方法排除于专利权保护范围。这一扩大专利权客体的规定，是美国单边施压的结果,[③] 符合美国国内经济发展、技术进步的要求，但给韩国造成了诸多不利影响。

虽然美国退出了 TPP 协定，但其对 CPTPP 协定的影响仍旧存在。[④] CPTPP 的规定虽然较美国建议草案和《美韩自由贸易协定》的规定来说缩小了专利权保护范围，但从 TRIPs 和其他国家的规定来看，专利权客体的扩张仍是较为明显的。这是美国以退为进的策略，软化甚至移除某些条款以最大限度地固化谈判成果,[⑤] 反映了美国作为经济实力强、科技水平高的技术输出型国家要求通过知识产权强保护来服务国内发达的科技、生物、种子等产业的利益诉求，给发展中国家带来巨大的压力。

对于我国，由于我国生物技术、种子产业等的发展较为落后，因此专利

---

① 参见［英］杰夫·坦西、［加］泰斯明·莱约特：《对未来食物的掌控：与知识产权、生物多样性和食物保障相关的国际磋商与协定之指南》，师翱翔译，中国农业出版社 2012 年版，第 46 页。

② 胡志明回合知识产权谈判中，美国提议的动植物专利，只有新加坡和日本支持，其余谈判国均表示反对（Article QQ. E. 1. 3）；“第二用途”专利（已知产品的新用途、新方法），仅澳大利亚和日本支持，其余谈判国均表示反对（Article QQ. E. 1. 4）；“无增强效用的发明”的可专利性，仅日本表示同意，其余谈判国均表示反对（Article QQ. E. 1. 2）。参见余楠：《国际法与国际关系视野下〈跨太平洋伙伴关系协定〉（TPP）知识产权谈判》，法律出版社 2016 年版，第 96 页。

③ 参见周密、廖凡、任琳、王亚娟：《特朗普政府的贸易霸凌主义行为给全球带来了怎样的伤害》，载《世界知识》2018 年第 22 期。

④ CPTPP 协定的文本以 TPP 协定的文本为基础，差异仅在于 CPTPP 协定冻结了 TPP 协定的部分条款。

⑤ 参见谢青轶：《TPP 专利谈判中各缔约国的利益诉求和谈判策略研究——以“可获得专利的主题”条款为视角》，载《专利法研究 2014》，知识产权出版社 2017 年版，第 230 页。

权保护范围在这些产业领域的扩大不利于我国相关技术的进一步发展，也将阻碍我国对国外先进技术的学习和运用。尤其是对源于植物的衍生发明的专利权保护，毕竟农业问题关乎我国广大农民的利益以及十几亿人口的民生问题，作为农业大国，我国应慎重考虑。①

CPTPP 条文：

第 18.37 条：可授予专利的客体

1. 在遵守第 3 款和第 4 款的前提下，每一缔约方应保证所有技术领域的任何发明，无论是产品还是方法，均可授予专利，只要此类发明具有新颖性、包含创造性步骤且可供工业应用。[30]

2. 在遵守第 3 款和第 4 款并与第 1 款相一致的前提下，每一缔约方确认以下至少一种类型主张的发明可授予专利：已知产品的新用途，使用已知产品的新方法或使用已知产品的新工序。缔约方可将此种新工序的范围限定为并非主张对产品本身的使用。

3. 一缔约方可拒绝对某些发明授予专利权，如在其领土内阻止对此类发明的商业利用是维护公共秩序或道德，包括保护人类、动物或植物的生命或健康或避免对自然或环境造成严重损害所必需的，只要此种拒绝授予并非仅因为此种利用为其法律所禁止。一缔约方还可拒绝对下列内容授予专利权：

(a) 医治人类或动物的诊断、治疗和外科手术方法；及

(b) 除微生物外的动物，以及除非生物学方法和微生物学方法外的生产植物和动物的实质生物方法。

4. 一缔约方也有权拒绝授予植物以专利权，但微生物除外。但在与第 1 款相一致并在遵守第 3 款的前提下，每一缔约方确认，专利至少可授予源自植物的发明。

脚注 30：就本节而言，缔约方可认为“创造性步骤”和“可供工业应

---

① 张乃根：《试析 TPP 知识产权条款的 TRIPS 追加义务》，载《海关与经贸研究》2016 年第 4 期。

用”两个用语分别与“非显而易见性”和“实用性”两个用语的含义相同。在认定创造性步骤或非显而易见性时，每一缔约方应考虑申请专利的发明对于相关技术领域具有熟练或一般技术的人员来说是否是显而易见的，并注意到现有技术。

二、宽限期

CPTPP第18.38条是对宽限期的规定。“宽限期”指在特殊情形下，申请日前的某些发明创造公开行为在特定时间之内并不会使该发明创造丧失新颖性和创造性。[①] 宽限期制度源于《巴黎公约》第11条对新发明在国际展览会上的首次展出给予临时保护的规定，但该规定只是原则性的概述，并不具体，因此各国对宽限期制度的规定各不相同。

美国在其2011年的《美国发明法案》第102条（b）款[②]中规定了宽限期时间为12个月，需满足的条件为“披露是由发明人或共同发明人，或其他直接或间接从发明人或共同发明人处获得该发明的人所为”或“在披露之前，被披露的发明已经由发明人或共同发明人或其他直接或间接从发明人或共同发明人处获得该发明的人公开披露”。日本在其《专利法》第30条中规定宽限期时间为6个月，适用情形包括：①实验；②发表；③他人未经许可的公开；④展览会展出。[③] 我国《专利法》第24条[④]也规定了6个月的宽限期，适用情形为在规定的国际展览会或学术会议、技术会议上首次出现，以及他

① 参见尹新天：《中国专利法详解》，知识产权出版社2011年版，第316页。

② 2011年《美国发明法案》第102条（b）款关于宽限期的规定：在要求保护的发明的有效申请日之前1年或1年之内的披露，若有以下情况，则不属于第（a）（1）款规定的要求保护的发明的现有技术——（A）披露是由发明人或共同发明人，或其他直接或间接从发明人或共同发明人处获得该发明的人所为；或者（B）在披露之前，被披露的发明已经由发明人或共同发明人或其他直接或间接从发明人或共同发明人处获得该发明的人公开披露。

③ 黄虹：《关于专利新颖性宽限期问题的答疑》，载《电子知识产权》2008年第12期。

④ 《专利法》第24条：申请专利的发明创造在申请日以前六个月内，有下列情形之一的，不丧失新颖性：（一）在中国政府主办或者承认的国际展览会上首次展出的；（二）在规定的学术会议或者技术会议上首次发表的；（三）他人未经申请人同意而泄露其内容的。

人未经申请人许可所作的公开。

从宽限期时间及其适用范围来看，CPTPP 对宽限期的规定与美国的规定较为相似。这种较为宽松的宽限期制度，一方面为申请人提供了较为灵活自由的创新环境，利于学术的交流和技术的进步，满足了专利制度与科学技术发展的需求，同时也利于降低发明信息被泄露或被窃取所带来的损失；[①] 但另一方面也将导致公众即使通过正当途径得知发明创造的内容，也无法确切知道可予以应用的范围，从而增大了专利制度对于第三人的法律不确定性，[②] 在无形中要求第三人提高注意义务，造成社会资源的浪费。

此外，再回到《美国发明法案》的相关条款。由于该法案第 273 条[③]"基于商业在先使用的侵权抗辩"规定这种在先使用必须早于专利申请日前 1 年以及第 102 条（b）款规定的不影响新颖性的公开日期前 1 年，因此，若 A 于 2018 年 1 月 1 日公开其发明，并于当年 7 月 1 日提出专利申请，而 B 基于自主研发于当年 5 月 1 日使用同一发明并提出专利申请，此时，A 可获得专利权，因为其享有宽限期，而 B 在未来的侵权诉讼中不能主张先用权，因为其使用迟于 A 的公开日期。这在一定程度上体现了先用权与宽限期规定的衔接。[④] 反观我国，虽然也有关于"在先使用侵权抗辩"的规定，[⑤] 但由于该在先使用只需要早于申请日即可，因此若他人在宽限期内通过正当途径获知了该项发明并投入使用，只要该使用发生在申请日之前，使用人就能享有先用

---

① 参见徐楠楠、陈嘉威、刘谦：《从泰根塞专家组报告看新颖性宽限期制度的国际趋势》，载《中国发明与专利》2015 年第 9 期。

② 参见尹新天：《关于新颖性宽限期的问题》，载《知识产权》2002 年第 1 期。

③ 2011 年《美国发明法案》第 273 条：基于商业在先使用的侵权抗辩

……

（2）此类商业使用必须早于以下两个时期的前 1 年——

（A）要求保护的发明的有效申请日；

（B）要求保护的发明以符合第 102 条（b）款规定的现有技术例外方式向公众披露的日期。

④ 参见左玉茹：《美国发明法案中"发明人先申请制"研究》，载《电子知识产权》2012 年第 11 期。

⑤ 《专利法》第 69 条：有下列情形之一的，不视为侵犯专利权：……（二）在专利申请日前已经制造相同产品、使用相同方法或者已经作好制造、使用的必要准备，并且仅在原有范围内继续制造、使用的……

权并在一定范围内继续使用，这对发明人不利，也体现出我国对专利的保护弱于美国。

CPTPP 的宽限期规定（正文及脚注）虽然与美国表述一致，但其未涉及对在先使用的规定，易出现各国对这方面规定的差异而造成的宽限期制度适用效果的不同，不利于专利制度的统一。

CPTPP **条文：**

第 18.38 条：宽限期

每一缔约方在确定某一发明是否具有新颖性或是否包含创造性步骤时，至少不得考虑已公开披露的信息，如此类公开披露[31 32]：

(a) 是由专利申请人所为或从专利申请人处直接或间接获取信息的人所为；及

(b) 发生在该缔约方领土内的申请日之前 12 个月内。

脚注 31：缔约方不得忽视由专利局向公众提供或发布的知识产权申请或注册中包含的信息，除非错误发布，或该申请系由未经发明者或其继承人的同意而由从发明者处直接或间接获得信息的第三人提交。

脚注 32：为进一步明确，一缔约方可将本条的适用限于发明者或共同发明者作出的或从其直接或间接获得的披露。为进一步明确，一缔约方可规定，就本条而言，从专利申请人处直接或间接获得的信息可是专利申请人授权或源于专利申请人的公开披露中包含的信息。

三、专利撤销

CPTPP 第 18.39 条规定了可撤销专利权的情形。美国建议草案第 8 条第 7 款①规定，各缔约方仅可基于可拒绝授予专利的正当理由，或由于欺诈、虚假

① 参见美国建议草案文本：Trans－Pacific Partnership Intellectual Property Rights Chapter，https：//www.keionline.org/sites/default/files/tpp－10feb2011－us－text－ipr－chapter.pdf，2019 年 1 月 29 日访问。

陈述、不公平行为而撤销专利（也即本条第 1 款），以限制各国对专利权的撤销、维护本国利益。由于其未将滥用专利权、违反公共利益等作为撤销专利权的事由而引起其他谈判国家的不满，[①] 因此 TPP 最终又增加了第 2 款作为第 1 款的补充，将 TPP 关于撤销专利权的规定置于《巴黎公约》和 TRIPs 的框架之中，CPTPP 沿用了此规定。

《巴黎公约》第 5A 条规定，各国不应撤销专利，除非对该专利的强制许可仍旧不能够防止该专利权的滥用。也就是说，在强制许可不能防止专利权滥用的情况下，可以撤销专利。TRIPs 第 32 条规定，对专利权的灭失应提供司法审查的机会。这为缔约国提供了通过司法程序撤销专利的途径，使抵制反竞争方式使用专利的行为成为可能。

当代社会，科学技术已积累到一定水平，前所未有的开创性的发明几乎是没有的，更多的是站在前人的肩膀上进行的创新改进。[②] 因此，若将专利权授予无资格成为专利的发明或专利权人滥用专利权，无疑会限制社会可利用的技术资源，造成创新活动成本的增加。且在专利侵权诉讼中，若专利权人主张的专利权本不应被授予，但却因之获得损害赔偿并禁止他人使用该技术，不仅是对私人利益的剥夺，也是对公共利益的侵犯。[③] 而专利撤销或无效制度却可有效避免上述情况的出现，特别是将专利权滥用行为和违反公共利益等也作为撤销专利权的事由，使社会公众和相关部门在纠正审查部门疏忽的同时也能够增进个体和社会福利。

---

① 其他国家曾提出："如果专利的使用被法庭或行政机构认定为反竞争（anticompetitive），以此为基础该专利也可被取消、撤销或无效。"参见谢青轶：《〈跨太平洋伙伴关系协定〉（TPP）的专利条款研究》，载《知识产权》2016 年第 1 期。

② 参见［美］布莱恩·阿瑟：《技术的本质》，曹东溟、王健译，浙江人民出版社 2014 年版，第 14 页。

③ 史兆欢：《专利无效制度的改革和完善》，载《电子知识产权》2018 年第 8 期。

我国《专利法》第45、46条[①]是关于专利无效的条款，其内容与CPTPP专利撤销条款相对应。第45条规定，专利授权之后，若不符合《专利法》规定的，任何单位或个人可请求宣告专利无效。第46条第2款规定，法院可对专利是否有效进行判决。这两条的规定与CPTPP本条第1款和第2款提及的TRIPs相关内容基本一致，只是不涉及《巴黎公约》5A中规定的撤销专利权的情形。此外，我国《专利法》第46条第1款还规定了专利复审委员会对专利无效的宣告职能，提供了通过行政程序撤销专利的途径。

CPTPP 条文：

第18.39条：专利撤销

1. 每一缔约方应规定，只有基于可拒绝专利授权的事由，方可注销、撤销专利或宣告专利无效。一缔约方也可规定，欺诈、虚假陈述或不公正行为可导致专利被注销、撤销、宣告无效或不可执行。

2. 尽管有本条第1款的规定，但是一缔约方仍可规定撤销专利，只要以与《巴黎公约》第5A条和TRIPs相一致的方式规定。

四、专利权的例外

CPTPP第18.40条规定了专利权的例外。专利权给予专利权人独占性的权利，但专利权的绝对垄断会损害社会的公共利益。为专利权人和社会公众之间利益平衡的需要，我们需对专利权做出例外规定。本条确定了各缔约方对专利权进行例外规定的基本条件——有限的例外；不得不合理地影响专利的正常使用；考虑第三方合法利益的基础上，不得不合理地损害专利权人的

---

① 《专利法》第45条：自国务院专利行政部门公告授予专利权之日起，任何单位或者个人认为该专利权的授予不符合本法有关规定的，可以请求专利复审委员会宣告该专利权无效。

第46条：专利复审委员会对宣告专利权无效的请求应当及时审查和作出决定，并通知请求人和专利权人。宣告专利权无效的决定，由国务院专利行政部门登记和公告。

对专利复审委员会宣告专利权无效或者维持专利权的决定不服的，可以自收到通知之日起三个月内向人民法院起诉。人民法院应当通知无效宣告请求程序的对方当事人作为第三人参加诉讼。

合法利益——与TRIPs第30条的表述完全一致。

"有限的例外"指对专利权的例外规定只能使专利权产生较小程度的缩减，限制了例外对专利权人法律权利的影响。"不得不合理地影响专利的正常使用"与"不得不合理地损害专利权人的合法利益"则限制了例外对专利权人经济利益的影响。[①] 而"考虑第三方的利益"则指该例外规定在考虑专利权人利益的同时，也应考虑社会公众的利益，以不违背对专利权进行例外规定来满足社会需要的初衷。上述三个条件互相补充，缺一不可，[②] 同时以其灵活性和模糊性为各国制定专利权的例外规定提供了很大的空间。

先用权制度是符合本条规定的一个典型专利权例外，它指在专利申请日之前，已有他人通过独立研究而制造了专利产品或使用了专利方法，或已经做好相关的必要准备，则其可无须经过专利权人的许可而在原有范围内继续制造、使用。先用权制度在一定程度上缩减了专利权人制造、使用、销售、许诺销售的权利，但由于仅限于"先用权人"这一范围内，因此仍属于"有限的例外"。同时，虽然先用权人的上述行为会对专利权人的经济利益造成一定的影响，但由于具有合理的理由，因此也满足了第2、3项条件。至于对第三方利益的考虑，先用权制度会造成先用权人与专利权人的市场竞争，为消费者提供更多的选择、降低产品价格，利于消费者。此外，专利权用尽也是符合本条规定的专利权例外的典型例子。

CPTPP条文：

第18.40条：例外

缔约方可对专利授予的专有权规定有限的例外，只要此类例外不会对专利的正常利用发生无理抵触，也不会无理损害专利所有权人的合法权益，同时考虑第三方的合法权益。

---

① 参见胡建国：《TRIPS协议第30条研究》，武汉大学出版社2005年版，第35页。
② 参见朱榄叶：《WTO争端解决案例新编》，中国法制出版社2013年版，第307页。

五、强制许可

CPTPP 第 18. 41 条表明，缔约国在 TRIPs 第 31 条下的权利、义务及对第 31 条的修正均不受 CPTPP 的限制，即 CPTPP 知识产权章节中的任何条款都不能用来干涉缔约方对此类事项所采取的任何措施，避免各国在执行强制许可时受制于第 18. 40 条或第 18. 47 条的规定。① 这是 CPTPP 对 TRIPs 的遵守与继承，表明 CPTPP 同意 TRIPs 第 31 条的规定。

TRIPs 第 31 条规定了“未经权利人授权的其他使用”，即政府许可第三方使用或者政府出于某些需要而进行的使用，也被称为强制许可。与第 30 条一样，该条既是对专利垄断性的一种限制，也是对限制的限制，在考虑公共利益的同时防止强制许可的滥用以保护专利权人的利益，达到公共利益与个人利益的平衡。但仔细区分，TRIPs 第 30 条（即 CPTPP 第 18. 40 条）与 TRIPs 第 31 条（即 CPTPP 第 18. 41 条）的含义又不完全一样，前者是“例外”（exception），后者是“限制”（limitation）。“例外”是用否定方式进行排除，比如描述某一具体情形不在定义范围之内，② 在专利中多指个体行为导致的专利权人对专利独占性的丧失。而“限制”是以正面方式进行描述，诸如说明限制的方式、类型等，③ 在专利中多指政府强制许可导致的专利权人对专利独占性的丧失。同时，CPTPP 本条规定，TRIPs 第 31 条不受制于 CPTPP 其他条款，也即不受制于 TRIPs 第 30 条（即 CPTPP 第 18. 40 条）。由此可见，“限制”的地位高于“例外”，对专利权的“限制”可突破“例外”所不允许的情况。

---

① 参见谢青轶：《TPP 专利谈判中各缔约国的利益诉求和谈判策略研究——以“可获得专利的主题”条款为视角》，载国家知识产权局条法司：《专利法研究 2014》，知识产权出版社 2017 年版，第 224 页。

② 王鸿、曾培芳：《TRIPS 协议例外条款范畴研究》，载《南京理工大学学报（社会科学版）》2015 年第 4 期。

③ 王鸿、曾培芳：《TRIPS 协议例外条款范畴研究》，载《南京理工大学学报（社会科学版）》2015 年第 4 期。

在TRIPs之前，《巴黎公约》第5条就已提及强制许可的有关规定，只是该规定是为不实施或不充分实施专利的情形而设定，即出于平衡各方商业利益、避免垄断或不正当竞争行为的目的而对专利权人进行限制。但TRIPs第31条在平衡商业利益的基础上，更增加了对公共利益、社会利益的考虑，允许各缔约国“由于诸如公共健康、国防和社会经济发展此类公共利益所迫切需要而授予专利强制许可”。[①] 此外，为落实《TRIPs与公共健康多哈宣言》[②]及《多哈宣言第六段的执行决议》[③] 的规定，WTO通过了修改TRIPs有关强制许可条款的决定，突破了强制许可药品只能供应本国市场的限制，[④] 为发展中国家尤其是最不发达国家提供了实质性帮助。我国《专利法》第六章与TRIPs第31条规定基本一致。

CPTPP **条文：**

第18.41条：未经权利持有人授权的其他使用

缔约方理解，本章并不限制缔约方在TRIPs第31条下的权利和义务，也不限制缔约方接受的对该条的任何豁免或修正。

六、先申请制度

CPTPP第18.42条确定了专利的先申请制度，即若两个或两个以上的人就同样的技术分别向专利局申请专利，则专利权授予最先提出申请的人。同

① 张玉卿：《WTO法律大词典》，法律出版社2006年版，第546页。

② 《TRIPS与公共健康多哈宣言》第4条：“We agree that the TRIPS Agreement does not and should not prevent Members from taking measures to protect public health.” 第6条：“We recognize that WTO Members with insufficient or no manufacturing capacities in the pharmaceutical sector could face difficulties in making effective use of compulsory licensing under the TRIPS Agreement. We instruct the Council for TRIPS to find an expeditious solution to this problem and to report to the General Council before the end of 2002.”

③ 《多哈宣言第六段的执行决议》决定，不具备药品生产能力或生产能力不足的国家可通过强制许可从他国获得专利药品。参见贺小勇：《WTO〈多哈宣言〉“第6条款问题”之研析》，载《法学评论》2004年第6期。

④ 参见郭寿康、史学清：《WTO协定的首次修订——Trips协定第31条之修改》，载《海南大学学报（人文社会科学版）》2009年第1期。

时，脚注 33 明确了先申请制度对于申请中含有至少一项权利要求是在 CPTPP 对该缔约国生效之前就已存在有效申请日或提出过优先权请求的，不具有溯及力的规定，确保 CPTPP 对缔约国生效前的专利申请能够按照本国原有规定有序实施，避免混乱。

与先申请制度相对，在专利取得制度中还存在着先发明制度，即若两个或两个以上的人就同样的技术分别向专利局申请专利，则专利权授予最先发明的人。在该制度下，最先发明人可以长时间地保留其智慧成果，即使之后他人已就该技术提出了专利申请甚至是取得了专利，最先发明人最终仍旧可以获得专利权。[①] 因此，发明人很可能故意推迟专利的申请，在发明被公开或被他破解后才提出申请，运用商业秘密和专利制度“双保险”的方式来延长该发明实际受保护的时间，易对社会利益造成不利影响。

我国自 1985 年起便采用先申请制度，现行《专利法》第 9 条第 2 款[②]及《专利法实施细则》第 11 条[③]对此制度进行了具体规定。原先采用先发明制度的美国，在 2011 年的《美国发明法案》中也开始采用先申请制度，[④] 可见先申请制度有其独特的优势。

目前，世界上绝大多数国家均采用了先申请制度，CPTPP 则是首个将这一制度通过义务形式固定下来的国际条约。统一采用先申请制度，一方面利于国际专利领域的协调，另一方面也有利于促进发明人尽快将其发明申请专利，使先进的专利尽早公布于众，[⑤] 从而加速技术的进步，提升公共利益。

---

① 张磊：《2011 年美国专利法改革对制药行业的影响——先申请制对于美国制药行业的影响》，载《中国发明与专利》2012 年第 7 期。

② 《专利法》第 9 条第 2 款：两个以上的申请人分别就同样的发明创造申请专利的，专利权授予最先申请的人。

③ 《专利法实施细则》第 11 条：除专利法第 28 条和第 42 条规定的情形外，专利法所称申请日，有优先权的，指优先权日。本细则所称申请日，除另有规定的外，是指专利法第 28 条规定的申请日。

④ 虽然美国采用了先申请制度，但其《美国发明法案》第 102 条第（b）款所提及的宽限期制度，实际上是“披露在先”制度的体现。参见 H. R. REP. No. 110 - 314，at 57 - 58，转引自 Joe Matal：A Guide to the Legislative History of the America Invents Act：Part I of II，The Federal Circuit Bar Journal，vol. 21，p. 477。

⑤ 张丽霞：《CPTPP 知识产权规则及我国的应对研究》，江西财经大学 2018 年硕士学位论文，第 20 页。

CPTPP **条文：**

第 18.42 条：专利申请

每一缔约方应规定，如一项发明被不同的发明者独立创造，且分别向该缔约方的有关机关申请该项发明为专利，则该缔约方应将专利权授予符合专利授予条件且申请日或优先权日（如适用）在前的申请，[33]除非该申请在公告之前[34]已经被撤回、放弃或驳回。

脚注 33：缔约方在以下情况下无须适用本条款：涉及衍生或至少有一项权利要求在本协定对该缔约方生效之前存在有效申请日的申请，或对任何包含该权利要求的申请提出过优先权请求的申请。

脚注 34：为进一步明确，如在先申请被撤回、放弃或驳回或并未对在后申请构成现有技术，缔约方可把专利权授予在后提出的可专利申请。

七、对专利申请的修改、更正和陈述意见

CPTPP 第 18.43 条要求缔约国为专利申请人提供至少一次对申请案进行不超出原申请范围的修改、更正和陈述的机会。我国《专利法》第 33 条①也规定了专利申请人对其专利申请文件进行修改的权利，且修改不得超出原文件记载或表示的范围，与 CPTPP 本条的要求基本一致。

为专利申请人提供修改、陈述的机会，利于减少专利文件中存在着的缺陷或对专利文件中的晦涩之处进行说明，缩短审查部门审查时间、提高专利授权概率与效率，在节约行政资源的同时维护专利权人的利益。此外，本条脚注特别指出修改不得超过原申请范围，这是对专利申请人的限制，要求其在首次申请时就对相关技术信息进行充分公开，同时也防止专利申请人随着技术的进步对专利申请文件进行无止境的修改，使新增的发明创造的申请日

① 《专利法》第 33 条：申请人可以对其专利申请文件进行修改，但是，对发明和实用新型专利申请文件的修改不得超出原说明书和权利要求书记载的范围，对外观设计专利申请文件的修改不得超出原图片或者照片表示的范围。

被提前。而且这一规定也保障了第 18.42 条先申请制度的有效实施。在先申请制度下，如果允许专利申请的修改超出原申请范围，很有可能导致申请人恶意将他人后申请的相关发明写入自己的申请文件中，造成对其他申请人不公平的后果。①

而我国除对专利申请修改的内容进行限制外，对修改时间也进行了规定。《专利法实施细则》第 51 条②详细规定了专利申请人可对专利申请文件进行修改的情形及时间，可操作性强，将申请人的修改权真正落到了实处。但相较于欧洲和美国的规定，我国的规定稍显不足。

欧洲给予申请人在收到检索报告之后至收到来自审查部门的第一次审查通知之前以及在收到来自审查部门的第一次审查通知之后两个阶段的修改权利。③ 美国《专利审查程序手册》也给予申请人从专利商标局收到申请之日起到发出第一次审查意见通知书之前进行初步修改的权利，以及答复最后审查意见修改的权利。欧洲和美国所规定的修改机会中，修改的时间阶段都有数月到数年之久，如此漫长的修改时间给予专利申请人仔细斟酌并完善申请文件的机会，利于维护其利益。反观我国，第一个修改机会是一个时间点（即提出实质审查之时），第二个修改机会是仅 3 个月的时间段（即收到发明专利申请进入实质审查阶段通知之日起 3 个月内），相较而言，可能会限制专利申请人调整并获得更合适的保护范围的机会。

CPTPP 条文：

第 18.43 条：修正、更正和陈述意见

---

① 参见尹新天、文希凯：《新专利法详解》，知识产权出版社 2001 年版，第 228 ~ 229 页。

② 《专利法实施细则》第 51 条：发明专利申请人在提出实质审查请求时以及在收到国务院专利行政部门发出的发明专利申请进入实质审查阶段通知书之日起的 3 个月内，可以对发明专利申请主动提出修改。实用新型或者外观设计专利申请人自申请日起 2 个月内，可以对实用新型或者外观设计专利申请主动提出修改。申请人在收到国务院专利行政部门发出的审查意见通知书后对专利申请文件进行修改的，应当针对通知书指出的缺陷进行修改。国务院专利行政部门可以自行修改专利申请文件中文字和符号的明显错误。国务院专利行政部门自行修改的，应当通知申请人。

③ 《欧洲专利条约实施细则》第 86 条：……在收到欧洲检索报告之后和收到来自审查部门的第一次审查通知之前，申请人可以根据自己的意志，修改说明书、权利要求书和附图。在收到来自审查部门的第一次审查通知之后，申请人可以根据自己的意志，修改一次说明书、权利要求书和附图……

每一缔约方应为专利申请人提供至少一次对其专利申请进行修改、更正和陈述意见的机会。[35]

脚注35：一缔约方可规定此类修正不得超出该发明截至申请日的披露范围。

八、专利申请的公布期限

为了避免重复投资和重复申请、促进技术传播、扩展公共领域内的技术总量，许多国家尤其是经济发达国家都明确规定申请中的专利自申请日起满18个月便向社会公布，并且允许申请人早于18个月公开其专利申请。① 我国《专利法》第34条同样有此规定。②

CPTPP该项条款由专利申请法定公开和申请人请求提前公开两部分组成。法定公开致力于促进信息及专利技术的传播。就某一项未决专利申请而言，如对其公开期限不加限制，则专利局可能积压大量较长时间仍未审批的专利，使得专利技术的财产权利长时间处于不确定状态，且社会无法获知该部分专利申请情况，容易形成重复投资和研发，浪费社会公共资源，故许多国家都规定了18个月的专利申请法定公开期限。而申请人申请提前公开则兼具利弊，甚至与申请人的专利申请和应用策略相关。其有利之处在于：第一，一项发明专利的取得需要经过 受理、初审、公开、实质审查及授权等程序，如果申请人请求提前公开专利申请，该项专利申请在通过初审后即可更快地进入公开阶段，不必等待法定公开期限届满，实质上缩短了初审合格至公开的程序；第二，公开的专利申请已经能够被公众所知悉，他人可能利用公开的专利说明书制造产品，专利制度对于最终通过授权的专利申请，自公开之日

① 叶静怡、李晨乐、雷震、曹和平：《专利申请提前公开制度、专利质量与技术知识传播》，载《世界经济》2012年第8期。

② 《专利法》第34条：国务院专利行政部门收到发明专利申请后，经初步审查认为符合本法要求的，自申请日起满十八个月，即行公布。国务院专利行政部门可以根据申请人的请求早日公布其申请。

至授权之日赋予了临时保护，而申请人请求提前公开专利申请使临时保护期提前到来，申请人也能够对临时保护期内的专利侵权行为进行控制。其不利之处在于：申请人请求提前公开专利申请后就无法再将该项专利技术作为技术秘密保有、为竞争对手避开其专利提供可能、可能破坏申请人对技术进行完善后的在后申请的创造性。① 该项规定明确了缔约方公布未决专利的时限，并给予专利申请人选择是否请求提前公布专利的权利，有利于专利申请人依据其产品上市策略和市场竞争状况调整专利申请策略。此外，公开专利申请信息具有使异议期到来的效果。②

CPTPP **条文：**

第 18.44 条：专利申请的公布

1. 鉴于透明度在专利制度中的积极作用，各缔约方应努力在专利申请日或最早的优先权日（如存在优先权主张）起 18 个月后迅速公布尚未公布的未决专利申请。

2. 如一项未决申请未按照第 1 款及时公布，各缔约方应尽可能快地公布该项专利申请或相应专利。

3. 各缔约方应规定，专利申请人可请求在第 1 款所述的期限届满之前早期公布其申请。

九、已公布的专利申请和已授权的专利的信息公开

CPTPP 第 18.45 条是对专利申请和已授权专利信息的公开所作的规定，规定了缔约方至少应当向公众提供的信息，一定程度上加重了专利局的工作负担。我国《专利法》第 21 条规定，国务院专利行政部门及其专利复审委员会依法处理有关专利的申请和请求，并完整、准确、及时地发布专利信息，

---

① 参见张建山：《发明专利申请早期公开的利与弊》，载《企业科技与发展》2009 年第 5 期。

② 如我国《专利法实施细则》第 48 条规定："自发明专利申请公布之日起至公告授予专利权之日止，任何人均可以对不符合专利法规定的专利申请向国务院专利行政部门提出意见，并说明理由。"

定期出版专利公报。与我国规定相比，CPTPP 该条款规定了更为详细具体的公开信息，有利于技术信息的传播，防止重复研发和申请，但为专利审查部门设立了更明确的义务。同时，在专利申请的公开阶段，公众可以提交专利申请不具有可专利性的意见，在公开后的实质审查阶段发挥作用；在已授权的专利公开中，公众也可以提交专利无效的请求，启动专利权无效审查程序。值得注意的是，在已公布的专利申请中，由于相关专利技术已被公众所知晓，专利申请人即使撤回申请，也难以再将该技术以商业秘密的方式进行保护。同时，专利申请的公开资料中可能包含专利说明书等资料，公众可能据此制造相同产品，所以为专利申请的公开之日至授权之日提供临时保护十分必要。

此外，具体而又细致的专利信息公布程序将有利于公众对专利申请和授权状况进行查询，减少程序性事务中不必要的等待和重复操作，但对于专利审查部门来说，具体的信息公布清单将减少审查部门操作相关程序的自由度，设立了更为繁重的工作义务，将考验缔约国专利审查部门的规模和人员素质。

CPTPP 条文：

第 18.45 条：与已公布的专利申请和已授权的专利有关的信息

对于已公布的专利申请和已授权的专利，依照该缔约方管理此类专利申请和授权专利的规定，各缔约方应当至少向公众提供以下信息，只要该信息由主管机关持有，且产生于本协定对该缔约方生效之日或之后：

（a）检索和审查结果，包括相关现有技术检索的细节或相关信息；

（b）如适当，来自申请人的非保密性来文；以及

（c）申请人和相关第三方提交的与专利或非专利相关的引用文献。

十、对不合理地延迟专利申请进行的补偿

TPP 第 18.46 条规定了因专利局延迟，专利所有人可申请调整专利保护的期限，在美国宣布退出 TPP 后，CPTPP 的各缔约方将本条进行了冻结。

关于专利保护期，TRIPs 协定第 33 条规定：保护期限不得在自申请之日起计算的20 年期满前结束，第62 条第2 款规定：如知识产权的取得取决于权利的给予或注册，则各成员应保证在遵守实质性条件的前提下，在合理期限内给予或注册该权利，避免无根据地缩短保护期限。与此相比，TPP 要求成员国承担进一步延长专利期限的义务，以弥补专利授权及上市许可过程中的延迟。[①] 在 TPP 各缔约国中，专利期延长显然有利于美国为首的发达国家的专利保护。一方面，该条款使得缔约方必须更快地进行专利申请审查和授予，虽然有利于各缔约方的科技创新，但发展中国家的专利研发水平远远低于美国等专利输出国，该条款客观上更多地保护了美国拥有核心专利公司的利益。另一方面，TRIPs 协定框架下并未规定专利申请延迟后的保护期补偿，TPP 条款客观上延长了这一部分专利的保护期限，使其更晚进入公有领域，不利于后续的创新和社会公共利益。

第 18.46 条的相关规定在谈判中由美国提议，但遭到了澳大利亚、新西兰等其他国家的反对，日本的态度则不明朗。在最终文本中，美国提议的条款被分解为第 18.46 条和第 18.48 条。[②] 该条款通过 TPP 谈判的原因主要在于美国的施压及其他国家希望在贸易等方面获得利益而做出的让步，在多数的美式自由贸易（Free Trade Agreement，FTA）协定中，该条款也作为强制性条款存在。如《美韩自由贸易协定》第 18.8.6（a）项规定：在授予专利时出现不合理延迟的，各缔约方应调整专利期限以对该延迟进行补偿。在本条中，不合理的延迟至少应当包括在该缔约方领土内提交申请超过 4 年或请求审查申请超过 3 年（以较后日期为准）仍未授予专利。在相关的 FTA 中，美国已经引入了专利保护期的补偿，原因在于美国国内大型企业的利益诉求和国家的整体利益，但此条款对于缔约国中发展中国家的国内立法和行政政策具有

① 谢青轶：《〈跨太平洋伙伴关系协定〉（TPP）的专利条款研究》，载《知识产权》2016 年第 1 期。

② 参见何华：《〈跨太平洋伙伴关系协定（TPP）〉知识产权议题及中国对策研究》，世界图书出版公司 2016 年版，第 148～149 页。

很大的挑战，相关规定也难以立即执行。在 K 节第 18.83 条最终条款中，给予了越南实施本条第 3、4 款以及其中有关申请药品专利和有关申请农业化学物质产品专利的规定了 5 年的过渡期；附件 18 – D 规定秘鲁将尽力从安第斯共同体第 486 号决议《共同工业产权制度》以及第 689 号决议《第 486 号决议某些条款的有效性》中获得豁免，以求达到本条第 3 款的规定。

CPTPP 条文：

第 18.46 条：因专利局的延迟而调整专利保护期（CPTPP 冻结条款）

1. 各缔约方应尽最大努力及时有效地处理专利申请，避免不合理或不必要的延迟。

2. 各缔约方可为专利申请人提供申请加速审查其专利申请的程序。

3. 如缔约方不合理地延迟授予专利，该缔约方应为专利所有人提供依其请求可调整专利权的期限以补偿该延迟的途径。[36]

4. 就本条而言，一项不合理的延迟至少应包括自在该缔约方领土内提交申请之日起超过 5 年或自请求审查专利申请之日起超过 3 年（以较后的日期为准），仍未授予专利。缔约方在确定此类延迟时，可将专利授权机关处理[37]或审查专利申请过程之外的时间、不能直接归因于[38]专利授权机关的时间以及归因于专利申请人的时间排除在外。[39]

脚注 36：附件 18 – D 适用本款。

脚注 37：就本条而言，缔约方可将“处理”解释为初始阶段的行政处理以及授权阶段的行政处理。

脚注 38：缔约方可将“不能直接归因于专利授权机关的延迟”解释为发生在授权机关指导或控制之外的延迟。

脚注 39：尽管有第 18.10 条（本章对现有客体与在先行为的适用）的规定，本条应适用于所有的专利申请，只要该申请发生于本协定对某一缔约方生效时，或缔约方签署本协定两年后，以对该缔约方较后的日期为准。

十一、对农业化学物质产品的数据保护

CPTPP 第 18. 47 条规定细致地为农业化学物质产品的未披露的试验或其他数据提供保护依据，消除了限缩专利客体对美国农业化工企业带来的负面影响，采用与专利保护的专有权保护相近的形式，效仿了美式 FTA 中的标准，[①] 如该条与《美韩自由贸易协定》第 18. 9. 1（a）、（b）中关于农业化学物质产品的规定基本一致。

与之相比，TRIPs 协定第 39 条第 1 款规定：各成员应当依照《巴黎公约》（1967）第 10 条之二规定[②]的不公平竞争情形，对未披露信息和提交政府或政府机构的数据进行有效的保护。第 3 款规定：各成员国如果要求，作为批准销售使用新型化学实体制造的药品或农业化学物质产品的条件，需提交通过相当的努力取得的、未披露的试验数据或其他数据，则应保护该数据，以防止不正当的商业使用。此外，除非为保护公众所必需或已经采取措施保证数据不被用在不正当的商业使用中，这些数据不应被披露。

在 TRIPs 协定的规定中，仅要求对各成员国的数据保护提供较低层次的反不正当竞争的保护，并设置了层层限制，未对相关定义做出说明，造成了条款解读上的模糊性，为各国立法及执法提供了一定的解释空间。[③] 首先，TRIPs 协定以新型化学实体（new chemical entities）界定农业化学物质产品的成分，却并未明确规定该“新型化学实体”指的是在全球范围内首次披露，或者是首次在某一缔约国境内提交上市申请，显然，CPTPP 将其明确解释为“此前从未在该缔约方领土内获许可、用于农业化学物质产品的化学成分的农

---

① 唐冰琪：《TPP 中知识产权的特殊保护问题研究——兼论对我国知识产权立法的启示》，宁波大学 2017 年硕士学位论文，第 13 页。

② 《巴黎公约》第 10 条之二则规定：（1）本联盟国家有义务对各该国国民保证给予制止不正当竞争的有效保护。（2）凡在工商业事务中违反诚实的习惯做法的竞争行为构成不正当竞争的行为。

③ 参见刘宇：《药品试验数据保护：从〈TRIPS 协定〉到〈TPP 协议〉》，载《国际经济法学刊》2013 年第 3 期。

业化学物质产品”，采用了相对新颖性的标准。其次，TRIPs 协定未明确何为“相当的努力”。一般情况下，获取试验数据所花费的金钱、投入的智力资源、试验花费的时间成本、最终数据对于产业发展的重要性等都可以作为衡量的因素，可以重点参照某一因素单独考量，也可以综合考虑。但这些因素并没有一个权威性和确定性的标准，也没有具体的计算方式供监管机构参考，为国内的法律实施以及行政实践留有一定空间。[①] 而 CPTPP 删除了这一要素，意味着只要授权机构要求申请人提交了相应的数据就应对其进行保护，减轻了申请人的举证责任，也减少了授权机构对特定农业化学物质产品进行专利授权时的解释空间和执法弹性。最后，TRIPs 协定提供的反不正当竞争保护的范围和“不正当的商业使用”的界定存在较大争议。一种观点认为，授权机构获取数据后仅仅具有“不披露”的保护义务，而当其他主体申请相同或类似农业化学物质产品时授权机构仍然有权依据在先申请人提供的数据进行受理和批准，因为授权机构使用该项数据进行判断和界定产品的过程属于行政行为，而非商业使用行为，授权机构仅仅具有对数据的保护义务；另一种观点认为，在要求申请人提交数据后，授权机构无权利用该数据审查并批准其他农业化学物质产品的生产和销售（这在后续的 TPP 第 18.50 条对于药品的试验数据的规定尤其重要，因为在制药行业中，仿制药的上市对于原创药的市场地位具有重大的冲击）。原因在于，不正当竞争保护设置的目的在于防止其他企业对原创数据搭便车的行为，而依据原创数据批准其他产品的上市已经对原创企业造成了不正当的竞争效果，无法体现条约对于数据的保护。而在 CPTPP 条款中，已明确规定了缔约方不得允许第三方依据在先数据销售该相同或类似产品。由此可见，CPTPP 本条将 TRIPs 协定与《巴黎公约》相关条款进行了解释和限缩，且解释方向有利于原始的试验和其他数据的持有人，体现了对有关数据的严格保护，有利于美国农业化工企业的利益。

我国对农业化学物质产品的保护曾在加入世贸组织时引起了其他国家的

---

① 褚童：《TRIPS 协定下药品试验数据保护研究》，复旦大学 2014 年博士学位论文，第 16 页。

关注。1992 年由我国化工部发布的《农业化学物质产品行政保护条例》第 13 条规定：农业化学物质产品的行政保护期为七年零六个月，自农业化学物质产品行政保护证书颁发之日起计算。第 19 条规定：国务院化学工业行政主管部门对申请人提供的需要保密的资料，应当采取保密措施。在 2001 年中国加入世界贸易组织做出入世承诺时发布的《中国加入工作组报告书》中也有对未披露信息，包括商业秘密和试验数据保护的阐述。在第 284 条中，中国将对为申请使用新化学成分的药品或农业化学品的上市许可而按要求提交的未披露试验数据或其他数据提供保护，以防止不正当商业利用，但披露相关数据是保护公共利益所必需的，或已防止该数据受到不正当商业利用的情况除外。这种保护包括，采用并制定法律法规，以保证政府授予上市许可之日起至少 6 年内，未经数据提供者允许，任何人不得以该已经提交的数据为基础申请产品上市许可。在此期间，对于任何第二个申请上市许可的人，应当提交自己的数据。可见，我国致力于保护农业化学物质产品的原始数据，但保护水平低于 CPTPP 中的规定。

在 K 节第 18.83 条最终条款中，给予了文莱实施本条 18 个月的过渡期，墨西哥 5 年的过渡期，越南 5 年的过渡期。

CPTPP 条文：

第 18.47 条：对农业化学物质产品的未披露试验或其他数据的保护

1. 作为授予一项新农业化学物质产品上市许可[40]的条件，如缔约方要求提交关于该产品安全性和有效性的未披露的试验或其他数据，[41]则对于相同或类似[42]产品，自该新农业化学物质产品在该缔约方地域内获得上市许可之日起至少 10 年[43]内，未经先前提交前述试验或其他数据的主体同意，缔约方不得允许第三方依据前述信息或依据对提交了前述信息的主体所授予的市场许可，销售相同或类似产品。

2. 作为批准一项新农业化学物质产品上市许可的条件，如缔约方允许提交该产品在其他领土先已获得上市许可的证据，则自该新农业化学物质产品在该缔约方获得上市许可之日起至少 10 年内，该缔约方不得批准第三方未经先前提交涉及该产品的安全性和有效性的未披露的试验或其他数据以支持其获得先前上市许可的人的同意，而基于该未披露的试验或其他数据或在其他地域获得在先上市许可的证据，上市销售相同或类似产品。

3. 就本条而言，新农业化学物质产品指含有[44]此前从未在该缔约方领土内被批准用于农业化学物质产品的化学成分的农业化学物质产品。

脚注40：就本章而言，“上市许可”与缔约方法律中的“卫生许可”具有相同含义。

脚注41：各缔约方确认，本条所规定的义务适用于缔约方要求提交涉及下列未披露的试验或其他数据的情形：(a) 仅涉及产品的安全性；(b) 仅涉及产品的有效性；或者 (c) 同时涉及两者。

脚注42：为进一步明确，在本节中，如某一农业化学物质产品的市场许可或申请人的许可请求是基于与先前已获许可的农业化学物质产品的安全性和有效性有关的未披露的试验或其他数据，或基于该先前已获许可的产品的在先许可，则可认为该农业化学物质产品与先前已获许可的农业化学物质产品“类似”。

脚注43：为进一步明确，缔约方可将本条规定的保护期限限制为10年。

脚注44：就本条而言，缔约方可将“含有”解释为使用。为进一步明确，就本条而言，缔约方可将“使用”视为要求该新化学成分对产品的预期功效起主要作用。

十二、对不合理地缩短药品专利保护期进行的补偿

TPP第18.48条是第18.46条“一般专利范围内调整专利保护期限规则”在药品专利范围下的体现，同样具备美式FTA规则的色彩，如《美韩自由贸易协定》第18.8.6 (b) 项规定：关于被批准在缔约方境内销售的新药品的专利，被批准境内销售的新药品的制造或使用方法，应专利权人的请求，每一缔约方应提供专利期限或一个专利涵盖了新医药产品，经批准的使用方法，

或制造方法的专利权的期限调整，以弥补由于医药产品在缔约方领土内的首次商业利用相关的上市审批流程造成的专利有效期限不合理削减。在美国退出 TPP 后，本条被 CPTPP 缔约方冻结。

就药品而言，企业在发现新的化学实体后，往往会立刻申请专利，然后对新药进行化学、药理学、动物实验、人体实验等各阶段的试验。这些试验阶段分为临床前阶段和临床阶段，再加上行政部门的审批时间，整体耗费时间在 12～15 年。因此，在漫长的各项研发和试验阶段后，新药成功上市并开始获得回报，但剩余的专利保护期限只有 5～8 年，这段保护期间难以使得制药企业收回巨大的前期投入。[①] 因此，如果上市许可的审批程序更长，那么制药企业能够获得的实际专利保护期限就更短。在此基础上，本条在药品上市许可程序较长的情况下，为申请人申请调整专利保护期限提供了可能，实际上使制药企业有机会延长专利保护期，获取更多收益，也催促了缔约方更快地结束药品上市许可的审查程序，这可能导致审批部门刻意加快审查进度。同时，更长的保护期限将延迟仿制药品的上市，可能造成药品来源的减少，而原创药的持续垄断无助于药品价格的公平合理，可能提高公众的医疗成本，为公共健康带来挑战。

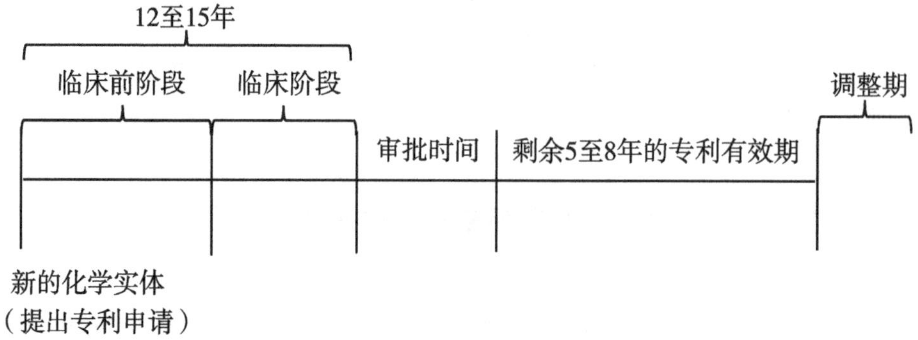

（药品研发过程和专利保护期限的示意图）

---

① 参见车慧晶：《TPP 药品试验数据保护问题研究》，北京外国语大学 2016 年硕士学位论文，第 4 页。

在 K 节第 18.83 条最终条款中，给予了马来西亚实施本条第 2 款 4.5 年的过渡期，墨西哥实施本条第 2 款 4.5 年的过渡期，越南实施本条第 2 款 5 年的过渡期；附件 18－D 规定秘鲁将尽力从安第斯共同体第 486 号决议《共同工业产权制度》和第 689 号决议《第 486 号决议某些条款的有效性》中获得豁免，以达到本条第 2 款的规定。

CPTPP **条文**：

第 18.48 条：因不合理缩短导致的专利保护期调整（CPTPP 冻结条款）

1. 各缔约方应尽最大努力及时有效地处理药品的上市许可的申请，避免不合理或不必要的延迟。

2. 对于受专利保护的药品，[45]各缔约方应提供调整[46]专利保护期的可能性，以补偿专利所有人因上市许可程序导致的专利有效保护期的不合理缩短。[47][48]

3. 为进一步明确，在实施本条义务时，只要继续使本条的规定生效，各缔约方可规定一些条件和限制。

4. 为避免专利有效保护期的不合理缩短，各缔约方可采取或维持加快上市许可申请的程序。

脚注 45：各缔约方可以对药品或药用物质适用本款规定的义务。

脚注 46：为进一步明确，缔约方可以选择提供额外的专门保护期，以补偿因上市许可程序造成的有效专利保护期限不合理的缩短。在遵守第 3 款规定的条件和限制的前提下，该专门保护应授予专利所应当授予的权利。

脚注 47：尽管有第 18.10 条（本章对现有客体和先前行为的适用）的规定，本条应适用于本条对该缔约方生效日以后提交的所有的上市申请。

脚注 48：附件 18－D 适用于本款。

十三、对药品监管审查的例外

CPTPP 第 18.40 条与 TRIPs 协定第 30 条一致，对专利权规定了有限的例外，但这些例外需要同时满足有限性、不得与专利的正常利用存在不合理的冲突、不得不合理地损害权利人的正当利益。[①] 第 18.49 条在药品专利范围内对此例外进行了确认。

专利权赋予了权利人在权利范围内的垄断优势，权利范围越大，对公共领域的侵蚀越明显，过大的权利保护范围不能起到专利制度促进技术传播的目的，也不利于相关技术的后续创新和发展。同时，保护专利权需要动用行政和司法力量，动用公共资源完全服务于个人利益容易导致权利失衡，因此，对专利权的保护需要在满足特定条件时规定一定的例外。由于药品与公民的身体健康息息相关，紧急情形下，在整体公众的生命健康权与专利药品持有人的财产权利产生冲突时，对生命健康和社会公共利益进行倾斜符合利益的衡平。因此，缔约方有权基于民众的生命健康权和公共利益在例外情形下限制药品专利权利人的经济利益，如制定药品的强制许可制度，这也符合 TRIPs 协定等国际条约对于知识产权的限制。本条基于药品的特殊性，对 CPTPP 第 18.40 条进行了确认和重申，这在一定程度上有利于缔约国在处理一些紧急状况时突破专利权的权利限制，并获得法律上的支持。我国相关规定如 2015 年修正的《药品管理法》第 44 条：对国内供应不足的药品，国务院有权限制或者禁止出口。

CPTPP 条文：

第 18.49 条：监管审查的例外

在不损害第 18.40 条（例外）的范围并与该条规定相一致的情况下，各缔约方应对药品采取或维持监管审查例外。[49]

脚注 49：为进一步明确，与第 18.40 条（例外）规定相一致的前提下，缔约方可规定监管审查的例外适用于在该缔约方的监管审查目的、在其他国家的监管审查目的或二者兼具。

---

① 参见胡建国：《TRIPS 协议第 30 条研究》，武汉大学 2005 年硕士学位论文，第 35 页。

十四、对新型药品的数据保护

CPTPP 第 18. 50 条是对新型药品的未披露试验或其他数据保护的规定，基于 TRIPs 中关于数据反不正当竞争的保护及其争议在前述 18. 47 条中已加以解读，此处不再赘述，而将焦点置于新药的特殊性中。

药品试验数据主要是指在新药开发的不同阶段所取得的测试数据，用以确定药品的安全性、有效性和质量可控性。从保护公共利益、保障人类健康和保护环境的目的，试验数据信息往往是药品得以上市销售的重要参考材料，构成国家卫生管理部门据以评估新药药效和风险的主要依据。[①] 保护药品数据有利于激励创新，为研发者的物质和智力投资带来回报，但过高的数据保护水平会提高创新药品的价格，可能造成药品垄断，降低必需药品的可及性，影响公众的健康和社会总体利益。因此，保护药品试验数据必须适度，以达到其设置的目的。[②]

在本条第 1 款中，首先明确了缔约方要求提交新药上市销售许可有关的数据时，不得基于此数据批准第三方的相同或类似产品，这将直接导致非专利药品可以转向数据保护，而数据持有者也可以选择以数据保护替代专利保护。因为，专利药品的审批要经过严格的新颖性、创造性审查，并不是所有的新药都能通过可专利性审查，其专利申请可能被驳回，专利药品也有可能受到专利无效诉讼而失去专利保护。在此情况下，如果可以对新药的试验数据进行保护，其他制药企业无法参照前述的临床数据，研发相同或类似产品需要自行研发，也需要承担研发周期和研发投入带来的风险，因此数据保护可以发挥相对于专利的替代保护作用。此外，第 1 款（b）项提供了跨国保

---

① 冯洁菡：《TRIPs 协议下对药品试验数据的保护及限制——以国际法和比较法为视角》，载《武大国际法评论（第 11 卷）》，第 125 ~ 126 页。

② 参见吴锁薇、韩晟、陈敬、史录文：《药品数据保护对我国药品费用及可及性的影响》，载《中国新药杂志》2012 年第 20 期。

护，据此，数据持有人即使未在某一缔约国申请上市药品，但其药品数据也可以达到在各国之间相互承认的效果。

对于药品的数据保护，我国相关规定可见《药品管理法实施条例》，如第34条规定对获得生产或者销售含有新型化学成分药品许可的生产者或者销售者提交的自行取得且未披露的数据进行保护，任何人不得对该数据进行不正当的商业利用。自药品生产者或者销售者获得许可证明文件之日起6年内，对其他申请人未经同意使用前款数据申请生产、销售新型化学成分药品许可的，药品监督管理部门不予许可；但是，申请人自行取得数据的除外。《药品注册管理办法》第20条的规定与此类似。可见，我国同样保护与生产和销售药品有关的未披露试验和其他数据，并对未经许可使用该数据的生产、销售申请不予批准，高于TRIPs协定的最低保护标准。

本条第2款为支持含有新适应证、新剂型或新给药途径的在先获批药品获得上市许可而提交的新的临床信息，提供至少3年的保护期，并为含有未经某缔约方批准的化学成分的新药提供至少5年的保护。如此，将受数据保护的药品类型扩展到了改良新药的范畴。这一规定高于我国的保护标准，例如，《药品管理法实施条例》第34条对受数据保护的药品类型限于“含有新型化学成分的药品”，CPTPP该项条款对此进行了突破。需要肯定的是，为已获批药品寻找新适应证、新剂型或新给药途径并非易事，仍然需要大量的临床实验和成本投入，且需要申请人举证证明，如我国《国家食品药品监督管理总局关于药品注册审评审批若干政策的公告（2015年第230号）》中规定了改良型新药的审批环节：对改变原研药剂型、酸根、碱基和给药途径等的药品注册申请，申请人需证明技术创新性以及对比原研药具有明显优势的临床价值；无法证明的，不予批准。可见，该条的适用应当具有严格的要求，但其仍然有可能造成医药产品的“常青专利”，不利于公共健康。例如，如果在治疗某项疾病起基础性作用的原创药品在保护期届满前，研发出了具有新适应证、新剂型或新给药途径的改良药品，便可能延长原创药的数据保护期限，阻碍仿制药品的上市，但其新研发的部分可能对于该药品具有基础性疗效的病症并无意义。在此情况下，扩张的数据保护范围为原创药企业寻求更长时间的药品保护提供了途径。

本条第 3 款是对药品数据保护在特殊情况下的限制，也是对于 TRIPs 协定框架下维持公共健康的重申，为药品数据保护在特殊情况下提供了豁免。相关的国际条约如《关于 TRIPs 协议与公共健康多哈宣言》第 4 条规定 TRIPs 不应阻止成员国保护公众健康。第 6 条规定允许发展中国家在紧急情况下灵活利用知识产权保护例外条款，对专利药品生产进行强制许可，解决公共健康危机。WTO 成员方经过艰难谈判所达成的《关于 TRIPs 协议和公共健康多哈宣言第六段的执行决议》的主要目的也在于使得在药物领域生产能力不足的较贫穷国家更容易地进口到较便宜的、在强制许可制度下生产的未注册类药品。我国也有类似规定，如《专利法》第 49 条规定出现紧急状态或非常情况时，或出于公共利益的考虑，专利行政部门可以给予实施发明专利或实用新型的强制许可。第 50 条规定为了公共健康目的，对取得专利权的药品，专利行政部门可以给予制造并将其出口到符合有关国际条约规定的国家或者地区的强制许可。

在 K 节第 18.83 条最终条款中，给予了文莱实施本条 4 年的过渡期，墨西哥 5 年的过渡期，秘鲁实施本条第 2 款 5 年的过渡期，越南实施本条 10 年的过渡期；附件 18 – B 规定不得依据本条第 1 款或第 2 款阻止智利实施或适用在本协定达成原则性一致时有效的《智利有关工业产权的第 19.039 号法律》；附件 18 – C 规定为授予本条第 1 款和第 2 款的保护，马来西亚可要求申请人在前述规定所涵盖的药品在任何国家首次获得上市许可之日起 18 个月内，在其国内开始启动上市许可程序，且保护期应自药品在马来西亚获得上市许可之日起计算；附件 18 – D 规定如秘鲁根据第 18.50.1（b）条规定，依赖另一缔约方授予的市场许可，且在向秘鲁提交完整的上市许可申请之日起 6 个月内授予了市场许可，则秘鲁可规定：第 18.50.1（b）条所规定的保护在其适用的情况下，应自首次上市许可之日起开始计算（该规定同样适用于第 18.50.2 条）。在美国宣布退出 TPP 后，CPTPP 的各缔约方将本条进行了冻结。

CPTPP 条文：

第 18.50 条：保护未披露试验或其他数据[50]（CPTPP 冻结条款）

1.（a）作为授予某一新药上市许可的条件，如一缔约方要求提交关于产品安全性和有效性的未披露试验和其他数据[51]，则自该新药在该缔约方领土内获得上市许可之日起至少 5 年[52]内，该缔约方不得批准第三人未经先前提交此类信息的人的同意而上市销售相同或类似[53]产品，基于：

（i）该信息；或

（ii）对提交了前述信息的主体所授予的上市许可。

（b）作为批准该新药上市许可的条件，如一缔约方允许提交该药品在其他领土先已获得上市许可的证据，则自该新药在该缔约方领土内获得上市许可之日起至少 5 年内，该缔约方不得批准第三方未经先前提交关于该产品安全性和有效性的信息的主体同意而上市销售其他领土先前上市许可的相同或类似产品。[54]

2. 各缔约方应：[55]

（a）对于为支持含有新适应证、新剂型或新给药途径的在先获批药品获得上市许可而提交的新的临床信息，比照第 1 款适用至少 3 年的期限；或，作为替代；

（b）对于含有[56]此前未获该缔约方批准的化学成分的新药，比照第 1 款适用至少 5 年的期限。[57]

3. 尽管有本条第 1、2 款和第 18.51 条（生物制剂）的规定，缔约方仍可依据下列规定采取措施保护公共健康：

（a）《TRIPS 与公共健康宣言》；

（b）WTO 成员根据 WTO 协定为执行《TRIPS 与公共健康宣言》而放弃履行 TRIPs 协定规定的义务，且该放弃已在缔约方之间生效；或

（c）已对缔约方生效的、为执行《TRIPS 与公共健康宣言》而对 TRIPs 协定所作的任何修正。

脚注 50：附件 18 – B 和 18 – C 适用于本条第 1、2 款。

脚注51：各缔约方确认，本条义务以及第18.51条（生物制剂）适用于缔约方要求提交涉及下列未披露的试验或其他数据的情形：(a) 仅涉及产品的安全性；(b) 仅涉及产品的有效性；或者 (c) 两者。

脚注52：为进一步明确，缔约方可将第1款规定的保护期限限制为五年，将第18.51.1 (a) 条（生物制剂）规定的保护期限限制为八年。

脚注53：为进一步明确，在本节中，如某一类似药品的上市许可或申请人的许可请求是基于与先前已获许可的药品的安全性和有效性有关的未披露的试验或其他数据，或基于该先前已获许可的产品的在先获批，则可认为该药品与先前已获许可的药品“类似”。

脚注54：附件18-D适用本款。

脚注55：根据第1款提供至少8年保护期的缔约方无须适用第2款。

脚注56：就本条而言，缔约方可认为“含有”一词是指利用。

脚注57：就第18.50.2 (b) 条（保护未披露的试验或其他数据）的目的而言，缔约方可以选择仅保护与尚未获该缔约方批准的化学成分的安全性和有效性有关的未披露的试验或其他数据。

十五、对新型生物制剂的保护

生物制剂是指用微生物（细菌、立克次体、病毒等）及其代谢产物有效抗原成分、动物毒素、人或动物的血液或组织等加工而成作为预防、治疗、诊断相应传染病或其他有关疾病的生物制品。现代微生物学和化学促进了生物制品的研究，成为国际上控制和消灭传染病的重要步骤。① 本条规定了属于或含有以生物方法生产的蛋白质的用于人类预防、治疗或治愈疾病或症状的产品至少应属于生物药品。有研究对WTO成员方生物制品数据保护制度实施

---

① 参见何华：《〈跨太平洋伙伴关系协定（TPP）〉知识产权议题及中国对策研究》，世界图书出版公司2016年版，第157页。

情况进行统计分析后，将其保护强度分为强保护（生物制品采取保护期限和保护力度大于化学药的数据保护制度）、中保护（生物制品和化学药采取统一保护模式的数据保护制度）和零保护（尚未设立生物制品的数据保护制度）三类。其中，强保护国家仅有美国，中保护国家共43个，占比26.9%，零保护国家有116个，占比72.5%。[①] 可见，世界大多数国家对生物制品的数据保护都持审慎态度。我国《药品注册管理办法》第12条提及了生物药品的申请,[②] 在此规定之外，我国并没有生物药品的特殊申请流程。

TRIPs协定第39.3条规定的数据保护范围为“新型化学实体制造的药品或农业化学物质产品”，并不包含生物药品，而TPP的生物制剂条款对相关数据给予了保护，并明确了含有生物制剂的新药最低的涵盖范围。相较于化学药品，生物药品的分子较大，结构复杂而不稳定。对于大多数生物制药，如最主要的生物药品治疗性蛋白，其分子极其复杂，现有的检测系统难以对其进行全面分析，因此，生物药品比化学药品更依赖于数据保护给予的垄断性保护期。[③]

在TPP成员国内部，各国对于生物药品数据的保护水平参差不齐，且多数国家的保护力度低于美国与欧盟，而TPP的签订将影响缔约国的国内立法和政府药品采购政策，因此对于生物药品数据保护水平和年限的争议十分巨大。从TPP谈判过程来看，其对生物药品数据保护的时间以选项方式出现，即包括0年、5年、8年和12年四种选项。事实上，美国贸易代表办公室（USTR）的谈判目标是12年，这也是TPP谈判遇到的主要障碍之一，最终规定的8年保护期也是谈判妥协的产物。[④] 最终，经过长时间的磋商，该条为较多缔约国保留了过渡期机制，在K节第18.83条最终条款中，给予了文莱实

---

① 参见丁锦希、任宏业、姚雪芳：《TPP生物制品数据保护条款与中国政策定位研究》，载《上海医药》2016年第17期。

② 仿制药申请，是指生产国家食品药品监督管理局已批准上市的已有国家标准的药品的注册申请；但是生物制品按照新药申请的程序申报。

③ 张磊、夏玮：《TPP生物药品数据保护条款研究》，载《知识产权》2016年第5期。

④ 张磊、夏玮：《TPP生物药品数据保护条款研究》，载《知识产权》2016年第5期。

施本条4年的过渡期，马来西亚5年的过渡期，墨西哥5年的过渡期，秘鲁10年的过渡期，越南10年的过渡期；附件18－B规定不得依据本条规定阻止智利实施或适用在本协定达成原则性一致时有效的《智利有关工业产权的第19.039号法律》；附件18－C规定为授予本条第2款的保护，马来西亚可要求申请人在前述规定所涵盖的药品在任何国家首次获得上市许可之日起18个月内，在其国内开始启动上市许可程序，且第1款规定的保护期应自药品在马来西亚获得上市许可之日起计算；附件18－D规定如秘鲁根据第18.50.1（b）条规定，依赖另一缔约方授予的市场许可，且在向秘鲁提交完整的上市许可申请之日起6个月内授予了市场许可，则秘鲁可规定：第18.50.1（b）条和第18.51条所规定的保护在其适用的情况下，应自首次上市许可之日起开始计算。在美国宣布退出TPP后，CPTPP的各缔约方将本条进行了冻结。

TPP成员国药品数据保护情况表①

TPP成员国	数据保护得分（1）	药品数据保护（年）	生物药品数据保护（年）
澳大利亚	0.5	5	5
文莱	无	0	0
加拿大	0.8	8	8
智利	0.5	5	5
日本	0.8	8	8
马来西亚	0.5	5	5
墨西哥	0.5	5	5
新西兰	0.5	5	5
秘鲁	0.25	5	5

① 来源：张磊、夏玮：《TPP生物药品数据保护条款研究》，载《知识产权》2016年第5期。另可参见美国商会全球知识产权中心发布的2015全球知识产权保护指数，https://www.theglobalipcenter.com/wp-content/uploads/2017/04/GIPC_Index_Report2015.pdf，2019年2月21日访问。

续表

新加坡	0.5	5	5
美国	0.75	5	12
越南	0.5	5	5
欧盟	1	10	10

CPTPP 条文：

第 18.51 条：生物制剂[58]（CPTPP 冻结条款）

1. 对于保护新的生物制剂，缔约方应：

（a）对于属于或含有生物制剂的新药在缔约方境内的首次上市许可[59][60]，通过比照适用第 18.50.1 条（保护未披露试验或其他数据）和第 18.50.3 条，提供自该产品在该缔约方获得首次上市许可之日起至少 8 年的有效的市场保护；或作为替代，

（b）对于属于或含有生物制剂的新药在缔约方的首次上市许可通过下列方式提供有效的市场保护以在市场上达到可比的效果：

（i）通过比照适用第 18.50.1 条（保护未披露试验或其他数据）和第 18.50.3 条，提供自在该缔约方获得首次上市许可之日起提供至少 5 年的保护期；

（ii）通过其他措施，以及

（iii）认识到市场状况也有助于有效的市场保护。

2. 就本节而言，各缔约方应至少将本条款适用于属于或含有以生物方法生产的蛋白质的用于人类预防、治疗或治愈疾病或症状的产品。

3. 鉴于对属于或含有生物成分的新药的国际和国内规范尚处于形成阶段，且市场情况可能会不断变化，缔约方应在本协定生效之日起 10 年后进行协商，或由委员会决定，对第 1 款规定的专有权期限和第 2 款规定的适用范围进行审查，以有效激励属于或包含生物制剂的新药的开发，促进后续的生物仿制药的及时提供，确保其适用范围与属于或包含生物制剂的新增种类的新药的许可的国际发展保持一致。

脚注58：附件18－B、18－C、18－D适用于本条。

脚注59：缔约方无须将本款所规定的保护延及：

(a) 该药品的第二次或后续的上市许可；

(b) 属于或包含某一之前已获批的生物制剂的药品。

脚注60：缔约方可规定，申请人可在本协定对该缔约方生效后起5年内，根据第18.50.1 (a) 条（保护未披露的试验和其他数据）和第18.50.1 (b) 条所规定的程序，请求批准某一属于或含有生物制剂的药品，只要其他属于同一种类的药品在本协定生效之前根据第18.50条第1款 (a) 项和 (b) 项所规定的程序已被该缔约方批准。

十六、对新药品的定义

CPTPP第18.52条确认了TPP第18.50.1条中的新药品指的是不包含此前已在该缔约方获得许可的化学成分的药品，而非全球范围内首次发现或披露的化学成分，采相对新颖性标准。需要注意的是，此处的“新药品”定义适用范围仅限于第18.50条，由于TPP第18.50条已被冻结，本条款的定义不当然适用于其他条款。

我国2016年修订的《药品管理法实施条例》第十章附则第77条规定：新药，是指未曾在中国境内上市销售的药品。由此可见，我国同样以相对新颖性界定对新药品的认定。新药的产生往往需要巨额的研发资金、极长的研发周期以及丰富的智力支持，且很有可能研发失败，健康的药品研发产业需要已经投入市场的药品利润支撑新药品的研发。假设一项新药品在一国研发成功并获取专利，如果需要在世界范围内首次披露才能构成新药品，那么该项药品由于在其他缔约国不构成首次披露，则无法依据条款规定获取未披露试验和其他数据的保护，这将弱化对权利人的数据保护，不利于药品研发企业的生存和发展。同时，由于一些药品对不同人种的药效有所区别，药品研发企业在药品投入新的国家或地区前需要进行一定的改良，由于第18.50.2

的含有新适应证、新剂型或新给药途径的药品数据保护条款被冻结，此时的针对新人群的改良药剂难以获得数据保护，如果将新药品界定为在世界范围内首次披露，将减损药品企业研发改良药的动力，最终不利于需要改良药的人群的生命健康。值得注意的是，TPP 第 18.50 条（保护未披露试验或其他数据）已被冻结，由于本条基于第 18.50.1 条而做出新药品的范围界定，故本条定义并不能直接产生效力，但这却能反映出各缔约方的谈判结果和缔约目的，因此，本条对于新药品的相对新颖性界定虽不能直接适用，但在对 CPTPP 知识产权章节其他相关争议部分进行解读时，可以加以参考。

CPTPP 条文：

第 18.52 条：新药品的定义

就第 18.50.1 条（保护未披露试验或其他数据）而言，新药品指不包含[61]此前已在该缔约方获得许可的化学成分的药品。

脚注 61：就本条而言，缔约方可将“包含”理解为“使用”。

十七、药品专利链接

本条涉及“药品专利链接”制度，即将仿制药上市批准与创新药品专利期满相“链接”，仿制药申请注册应考虑已上市药品的专利状况，避免潜在的专利侵权。① 这一制度的价值在于：在仿制药上市之前，应当提供完整的药品专利数据，一方面可预防侵权，另一方面可鼓励仿制药申请人研究专利状况和相关技术。总体而言，药品专利链接立足于保障专利权人的利益，并通过各种程序设计加速仿制药上市，致力于提高药品可及性，维护公民的健康权。②

TRIPs 协定并未规定药品专利链接制度，CPTPP 则提供了两个可替代的保

① 参见丁锦希、韩蓓蓓：《中美药品专利链接制度比较研究》，载《中国医药工业杂志》2008 年第 12 期。

② 参见王骏飞：《药品专利链接制度研究》，南京大学 2016 年硕士学位论文，第 5 页。

护模式，供缔约方选择，即第 1 款的提供信息的通知义务和第 2 款的行政审批制度。其中，第 2 款对专利药品相关信息的保护与前述药品的数据保护类似，审查机构应当对提交的数据进行审查，不得对第三人利用先前数据持有人提交的相关数据申请销售许可的行为做出批准，相较第 1 款更为严格。第 1 款则给予缔约国授权机构对专利药品相关信息保护的相对灵活性，即授权机构如允许第三方寻求上市药品的许可时依赖已获批药品的安全性和有效性的证据或信息，则专利持有人具有知情权，且应拥有充足的时间和机会寻求解决专利纠纷的救济手段。在该机制的规定下，缔约方的药品注册机构没有义务主动监测申请上市销售的药品的专利状况，只需将在先数据的利用行为通知专利权人即可，相应的维权措施是否启动将由专利权人考虑，并不会给主管机构带来过重的执法负担。[①] CPTPP 提供的两个可选制度为缔约国的药品审查机构的工作提供了选择空间，也使得各缔约国有条件基于本国国情和知识产权保护政策进行权衡，增加了各国药品上市审批的灵活性和可操作性。

相似条款可见《美韩自由贸易协定》第 18. 9. 5 条：作为批准药品上市销售的条件，如允许药品安全性和有效性信息的提交人之外的人依赖相关信息进行上市申请，如在先上市许可的证据，则该缔约方应：（a）通知专利持有人或允许其获得通知，在保护期间内一申请人正寻求销售该药品；（b）在上市许可过程中采取措施，防止他人在未经专利权人的许可或默许的条件下，销售已获批药品或其已获批使用方法的专利。

在 K 节第 18. 83 条最终条款中，给予了文莱实施本条 2 年的过渡期，马来西亚 4. 5 年的过渡期，越南 3 年的过渡期。

CPTPP **条文：**

第 18. 53 条：与部分药品上市销售有关的措施

1. 作为批准药品上市销售的条件，如一缔约方允许最初提交涉及药品安

---

① 参见谢青轶：《〈跨太平洋伙伴关系协定〉（TPP）的专利条款研究》，载《知识产权》2016 年第 1 期。

全性和有效性信息的人之外的人依赖已获批药品的安全性和有效性的证据或信息，如在该缔约方或其他领土获得的在先上市许可的证据，则该缔约方应提供：

（a）一项制度，在该药品上市销售前通知专利持有人[62]或允许专利持有人获得通知，在其获批产品或方法专利的保护期间内，一申请人正寻求上市销售该药品的；

（b）充足的时间和机会，以便专利持有人在涉嫌侵权的产品上市销售[63]之前能够寻求（c）项所规定的救济；及

（c）司法或行政等程序以及临时禁令或等同有效的临时措施等快速救济，以便及时解决关于已获批药品或其已获批使用方法的专利的有效性或侵权的纠纷。

2. 作为第1款的替代，缔约方应采用或维持一司法程序之外的制度。在该制度下，除非经专利持有人的同意或默许，不得基于专利持有人或上市许可申请人向上市许可审批机关提交的与专利相关的信息，或基于上市许可审批机关与专利局之间的直接协调，向寻求上市销售该专利药品的任何第三方发放上市许可。

脚注62：为进一步明确，就本条而言，一缔约方可规定“专利持有人”包括专利被许可人或上市许可的授权持有人。

脚注63：就第1款（b）项而言，一缔约方可将“上市销售”理解为自被列入缔约方国家医疗项目药品报销清单和被写入附件26－A（关于药品和医疗设备的透明度和程序公平）的附录之日起。

十八、对专利以数据形式进行重复保护的禁止

CPTPP第18.54条是专利保护期的程序性规定，规定了某一产品在缔约国受专利保护，又同时可以受第18.47条（保护农业化学物质产品未披露的试验或其他数据）、第18.50条（保护未披露的试验或其他数据）、第18.51条（生物制剂）对于数据保护的规定时，如果专利保护期限先行届满，则缔

约方不得再按照第 18. 47、18. 50 条或第 18. 51 条的保护期限进行保护。农业化学物质产品、生物制剂等新产品的研发和生产需要进行大量的前期投入，无论其研发周期长短、研发是否成功，都会产生大量的数据，其他竞争者得到相关数据不仅可以得知数据持有人的研发现状，也可以从得到的试验数据中得到启发，进而调整自身的研发方向，缩短研发周期，减少研发成本，因此，未披露的试验和其他数据具有重要的经济价值和战略意义。为了保护数据持有人的利益，CPTPP 知识产权章节规定了对相关产品的未披露的试验和其他数据进行保护，鼓励技术创新。然而，农业化学物质产品和生物制剂产品由试验数据而来，产品符合专利申请条件的可以申请专利，如果相关产品受到了专利保护，在专利保护期届满后又对其未披露的试验和其他数据进行保护，那么至少在相关产品难以进行反向工程的情况下，竞争者想要生产这种产品，必须再进行投入和研发，否则无法根据保护期已满的专利的相关数据进行生产，这会导致社会资源的浪费或产品的长期垄断，容易产生重复保护或延长保护期的效果。同时，数据保护本身就扩张了对数据持有人的保护，但对数据的过度保护不利于公共利益的需要，不符合专利制度促进技术传播的目的，必须进行限制。

因此，本条规定防止了受专利保护的产品在届满时又以 CPTPP 的数据保护条款为由请求延长保护，避免了专利产品以数据的形式进行重复保护，防止了专利产品保护期的不正当延长。

CPTPP 条文：

第 18. 54 条：保护期限的变更

在遵守第 18. 50. 3 条（保护未披露试验或其他数据）的前提下，如一产品根据第 18. 47 条（对农业化学品的未披露试验或其他数据的保护）、第 18. 50 条或第 18. 51 条（生物制剂）在一缔约方领土内受到上市许可制度的规制，且同时受到该缔约方领土内的专利保护，则在该专利保护期限比第 18. 47、18. 50 条或第 18. 51 条所规定的保护期限先行届满的情况下，该缔约方不得变更其依根据第 18. 47、18. 50 条或第 18. 51 条规定的保护期。

第七章　工业品外观设计

一、工业品外观设计的保护范围

第 18.55 条第 1 款规定，“各缔约方确认对工业品外观设计……的保护延及：（a）被包含在某物件中一部分的设计”。这里所保护的是整体外观设计中的一部分，即部分外观设计。第 1 款（a）项要求各缔约国保护部分外观设计，加强对于工业品外观设计的保护力度。该款（b）项进一步扩大了对于工业品外观设计的保护范围，将保护边界延展至与物件一部分有特别关联的设计。

本条第 2 款规定，工业品外观设计的保护应符合 TRIPs 协定第 25 条和第 26 条的规定。第 25 条和第 26 条位于 TRIPs 协定第 4 节工业设计中，主要规定了对外观设计的保护要求及保护范围。该款说明，CPTPP 并非脱离 TRIPs 协定对外观设计进行保护。对于工业品外观设计的保护，CPTPP 的缔约方应当遵循 TRIPs 协定的相关规定。

（一）外观设计保护范围的相关制度

本条第 1 款（a）项要求各缔约国保护部分外观设计。保护部分外观设计并非 CPTPP 的首创。实际上美国、日本、韩国等国均经历了从仅保护整体外观设计，向同时保护整体和部分外观设计转变的过程。美国 Zahn 案[①]后，美国专利商标局（USPTO）修改了美国《专利审查指南》第 1502 条关于外观设计的定义：“一件外观设计专利申请中，要求保护的客体是体现或应用于该产

① In re Zahn，617 F. 2d 261，204 USPQ 988（CCPA1980）.

品（或其部分）上的设计，而不是产品本身。”① 该规定在外观设计保护客体中加入产品的部分，确定了部分外观设计的保护地位。②《日本意匠法》第2条将产品的部分设计也纳入外观设计的保护范围，③ 这意味着在对产品某一部分的形状等进行了独创性较高且具有特征的创作时，该部分将受到保护。④

然而，我国尚未承认部分外观设计的可专利性。国家知识产权局于2014年启动了专利法第四次全面修改研究工作，在前期调研的基础上形成的《中华人民共和国专利法修改草案（征求意见稿）》第2条第4款，将外观设计的保护范围延展至产品的局部设计。2018年12月5日，国务院常务会议通过了对《中华人民共和国专利法修正案（草案）》的审议，将草案提请全国人大常委会审议。公布的法律草案中并没有保留保护部分外观设计的条款。这无疑反映出我国对于部分外观设计保护态度的摇摆不定，是否应当保护部分外观设计，在我国仍然是一个有争议的问题。

支持保护部分外观设计的学者认为，我国部分外观设计保护制度的缺失，使得申请人保护部分设计特点的需求得不到满足，相关产业涉及的产品创新不能享有充分有效的知识产权保护。⑤ 反对的学者则提出，我国不同产业所处的发展阶段不同，对部分外观设计的需求可能不一致。⑥ 保护部分外观设计，不能忽视我国的产业发展现状，否则可能会对产品的创新与进步起反作用。

在我国，由于部分外观设计保护制度的缺位，有些专利申请人只抄袭他人整体外观设计中有特点的部分设计，避免对其产品整体外观设计的模仿，就有可能不被认定为侵权。这类专利申请的出现不仅拉低我国外观设计专利

① See Manual of Patent Examine Procedure (MPEP) 1502 Definition of a Design. In a design patent application, the subject matter which is claimed is the design embodied in or applied to an article of manufacture (or portion thereof) and not the article itself.

② 袁真富、朱华：《“部分外观设计”的制度设计及其影响——以美国部分外观设计审查实践为借鉴》，载《中国发明与专利》2016年第11期。

③ 参见《日本意匠法》(1998年修订) 第2条。

④ 白光清：《“一带一路”外观设计专利制度导航》，知识产权出版社2016年版，第13~14页。

⑤ 李媛媛：《我国引入部分外观设计保护制度初探》，载《中国发明与专利》2013年第11期。

⑥ 管育鹰：《局部外观设计保护中的几个问题》，载《知识产权》2018年第4期。

的质量，也可能引发大量的专利侵权纠纷。如果承认对于部分外观设计的保护，外观设计专利申请人可以通过消除设计中不必要的细节，使得他人难以规避外观设计专利权的保护范围。①因此，笔者认为，我国应该保护部分外观设计以提升我国外观设计专利的质量以及激励创新。

该款（b）项将保护边界扩展至与物件一部分有特别关联的设计。目前，有些国家将外观设计的保护范围局限于整体外观设计，如我国。有些国家既保护整体外观设计，也保护部分外观设计，如上述提到的美国《专利审查指南》第1502条关于外观设计的定义。本款则在后者的保护基础上，进一步扩张，不仅保护工业品整体、部分外观设计，还保护与工业品一部分有特别关联的设计，这无疑升级了外观设计专利的保护标准。

但是，条文并未对其内容进行解释。如何定义特别关联，物件一部分的范围如何确定，都尚不明晰。在这种情况下，笔者认为，第18.55条第1款（b）项应当理解为外观设计保护制度的一种补充性条款，在申请整体外观设计或部分外观设计无法实现，或者是保护整体外观设计或部分外观设计无法达到保护工业品外观设计目的的情形下，对与物品的一部分有特别关联的设计加以保护，从而保护外观设计专利人的智力成果，激发设计人员的创新意识与热情。

（二）承继 TRIPs 的相关规定

本条第2款规定，工业品外观设计的保护应符合TRIPs协定第25条和第26条的规定。TRIPs协定第25条第1款的主要内容是成员国应保护具有新颖性和独立创造的工业设计，可规定排除对于技术性或功能性工业设计的保护，第25条第2款规定了对于纺织品设计的保护。TRIPs协定第26条则规定了工业设计权利人的权利范围、工业设计保护的例外以及保护期限。CPTPP在工

① Perry J. Saidman: Design Patentees: Dont Get Unglued by Elmer or The Single Most Important Thing to Know about the Preparation of Design Patent Applications, 78 J. Pat. & Trademark Off. Soc'y 311 (1996): 319.

业品外观设计的保护问题上，不仅承继了 TRIPs 协定的相关规定，而且对外观设计的保护范围进行了扩展，延伸至部分外观设计，以及与工业品一部分有特别关联的设计。

我国在 2001 年加入世界贸易组织，并履行 TRIPs 协定。第 18.55 条第 2 款的规定对我国影响不大，因为我国关于工业品外观设计保护的相关规定，符合 TRIPs 协定的要求。值得注意的是，我国尚未承认部分外观设计的可专利性，也未保护与工业品一部分有特别关联的设计。我国应加强对于外观设计保护范围的研究，分析部分外观设计在我国予以保护的必要性和意义，从而应对未来可能出现的挑战。

CPTPP 条文：

第 18.55 条：保护

1. 各缔约方应确保对工业品外观设计提供充分和有效的保护，并确认对工业品外观设计的保护延及：

（a）被包含在某物件中一部分的设计；或

（b）如适用，在物件作为整体的情况下，与该物件一部分有特别关联的设计。

2. 本条应符合 TRIPS 协定第 25 条和第 26 条的规定。

二、工业品外观设计的国际注册

第 18.56 条要求缔约方适当考虑批准或加入《海牙协定》的日内瓦文本。《海牙协定》是 1925 年 11 月 6 日在荷兰海牙签订的旨在建立工业品外观设计国际注册制度、简化工业品外观设计专利申请手续的国际公约。[①] 目前，《海牙协定》只有日内瓦文本和海牙文本有效。CPTPP 要求其缔约方适当批准或

① 世界知识产权组织：《工业品外观设计国际注册海牙协定》，https：//www. wipo. int/treaties/zh/registration/hague/，2019 年 2 月 10 日访问。

加入日内瓦文本可能是基于以下考虑：第一，日内瓦文本至今已有 60 个签约方，远超海牙文本 34 个签约方。对于 CPTPP 各缔约方而言，加入日内瓦文本，能使其国内的工业设计在更多国家取得权利。第二，与日内瓦文本相比，海牙文本制定时间较早，内容上较为欠缺，不能满足各缔约方的需要。例如，针对延迟公布，海牙文本仅用第 6 条第（4）款予以说明，而日内瓦文本第 11 条共 6 款，都是关于延迟公布的规定。

《海牙协定》在提高外观设计国际注册的效率和质量上起着相当重要的作用。首先，《海牙协定》提升了工业品外观设计国际注册效率。《海牙协定》的主要内容为：具有任何一个海牙联盟成员国国籍或在该国有住所或经营所的个人或单位只需按照规定向世界知识产权组织国际局进行一次申请、提交一次“国际保存”、缴纳一次费用，就可以在要想得到保护的成员国内获得工业品设计专利保护。[①] 申请人无须再向多个国家分别提出工业品外观设计注册的申请。满足国际申请资格的个人或单位只需要世界知识产权组织国际局申请注册，而且在申请的语言上也只需要使用规定的语言或规定的语言之一。[②]《海牙协定》通过简化外观设计国际注册的步骤与程序，极大提升了国际注册的效率。

其次，外观设计国际注册的质量得以提高。日内瓦文本第 12 条给予了被指定缔约方驳回的权利。第 12 条第 1 款规定，如果被提交国际注册的任何或全部工业品外观设计未符合该缔约方的法律关于给予保护的条件时，缔约方均可部分或全部驳回国际注册在缔约方领土内的效力。注册人对于被指定缔约方的驳回，能够通过重新审查或提起上诉的形式进行补救。从上述规定中可以看出，《海牙协定》同样重视国际注册的质量，因为工业品外观设计通过日内瓦文本申请国际注册，同样需要符合被指定缔约方相关法律的规定。上述提交—驳回—补救的机制，不仅解决了外观设计国际注册在各国“水土不

① 刘运华：《新常态下我国加入〈海牙协定〉推动外观设计专利“走出去”可行性研究》，载《中国发明与专利》2015 年第 11 期。

② 《海牙协定》1999 年文本和 1960 年文本共同实施细则第 6 条第 1 款：任何国际申请均应使用英语、法语或西班牙语。

服”的问题，而且这种反馈方式也提高了国际注册的质量。

最后，《海牙协定》确保了工业品外观设计国际注册的效力。根据日内瓦文本第 14 条第 1 款规定：“自国际注册日起，国际注册应在每一个被指定缔约方至少具有与要求依该缔约方法律对工业品外观设计予以保护所正规提出的申请同等的效力。”该款确立了国际注册的效力，通过国际注册取得的外观设计，与向各国单独提出申请获得保护的外观设计，获得同等保护。除此之外，通过《海牙协定》进行外观设计国际注册，只需要提出一次申请，缴纳一次费用，也提高了跨境取得权利的便利性。

根据世界知识产权组织发布的《2018 年世界知识产权指标》，中国工业品外观设计的申请量在全球位列第一。[①] 外观设计巨大的申请量，反映了我国公民和企业对于工业品外观设计的重视。然而，我国目前仍不是《海牙协定》的签约方。不符合申请资格的公民或企业想要在其他国家取得外观设计专利权，只能向各国分别提出申请。

目前，我国正在为加入《海牙协定》做必要的准备。根据《海牙协定》第 17 条第（3）款（a）项的规定，除另有规定，只要国际注册已经续展，保护期为自国际注册日起十五年。此处的另有规定，[②] 仅指被指定缔约方的法律保护期超过十五年的情形。根据我国现行《专利法》第 42 条的规定，外观设计专利权的期限为十年。因此，如果我国想要加入《海牙协定》，就需要对现行立法进行修改。目前，专利法将迎来第四次修改，专利法修正草案中提出将外观设计专利权的保护期由现行专利法规定的十年延长至十五年。[③]

---

① 世界知识产权组织：《世界知识产权指标：专利、商标和工业品外观设计申请量再创新高，中国表现强劲》，https：//www. wipo. int/pressroom/zh/articles/2018/article_ 0012. html，2019 年 4 月 29 日访问。

② 《海牙协定》（日内瓦文本）第 17 条第（3）款（b）项：如果被指定的缔约方的法律对依其法律给予保护的工业品外观设计规定的保护期超过十五年，只要国际注册已经续展，保护期应与该缔约方的法律规定的相同。

③ 全国人民代表大会：《专利法迎来第四次修改外观设计专利保护延长至十五年》，http：//www. npc. gov. cn/zgrdw/npc/xinwen/lfgz/2018 -12/24/content_ 2067754. htm，2019 年 4 月 27 日访问。

CPTPP **条文**：

第 18.56 条：完善工业品外观设计制度

各缔约方认识到，完善其各自的工业品外观设计注册制度的质量和效率的重要性，也认识到在其各自的工业品外观设计制度中便利跨境取得权利的重要性，将适当考虑批准或加入 1999 年 7 月 2 日在日内瓦缔结的《工业品外观设计国际注册海牙协定》。

第八章　版权和相关权

一、与版权和相关权有关的术语定义

CPTPP 第 18. 57 条作为 CPTPP“版权和相关权”的第 1 条，明晰了本条约有关广播、向公众传播表演或录音制品、固定、表演者、录音制品以及表演或者录音制品的出版的内涵和外延，并且这些定义适用于第 18. 58 条（复制权）、第 18. 60 条（发行权）直到第 18. 70（集体管理）中的表演者和录音制品制作者。

对广播的定义在 CPTPP 的条文中主要是指三种情形：(1) 通过无线方式将作品或相关权客体传送到远端，使公众能接收到声音，或带有图像和声音的结合体，或其他包含图像和声音的表现物；(2) 通过卫星进行的此类播送；(3) 如广播组织本身或经广播组织的同意，向公众提供解码方式并将加密信号进行传输的，也是广播行为。向公众传播表演或录音制品，是指向公众传播表演的声音或者固定在录音制品上的声音或声音的表现物，并且传播以上内容的方式是通过广播以外的任何媒体。这是区别于广播的其他任何向公众传播表演或录音制品的传播行为，具有非常宽广的范围。固定，指对声音或者声音的表现物的体现，通过某种设备使它们可以被感知、复制或者传播，这意味着要想对声音或声音的表现物进行下一步的复制、传播行为之前，必须进行固定。表演者是指演员、歌唱家、音乐家、舞蹈家及表演、演唱、演说、朗诵、演奏、表现，或以其他方式表现文学、艺术作品或民间文学艺术作品的人。录音制品，指对表演声音或者其他声音或者声音表现物的固定，不包含电影或者其他视觉音频作品所含的固定。录音制品制作者，指首次将表演的声音、其他声音或者声音表现物进行录制并且对此负责的人。表演或者录音制品的发行，指经权利人许可向公众提供载有表演或者录音的制品的复制件，并且要以合理的复制件数量向公众提供。

（一）与国际条约保持相同水平的保护

CPTPP 对上述有关版权和相关权的术语定义基本沿袭了《世界知识产权组织表演和录音制品条约》（WPPT）第 2 条的规定[①]。然而，通过条文对比可以发现，本条款中的录音制品制作者仅指自然人（a person），而 WPPT 规定自然人或法人（the person，or the legal entity）都可以成为录音制品制作者的主体。由此，从字面解释的角度，似乎可以看出 CPTPP 条款将“法人”这一主体排除出了录音制品制作者的范围，从而得到录音制品制作者的定义仅指自然人的结论。但对比国际条约，《保护表演者、录音制品制作者和广播组织的国际公约》（《罗马公约》）第 3 条明确了“录音制品制作者是指首次将表演的声音或其他声音录制下来的自然人或法人”，以《罗马公约》规定为基础的 WPPT 对此定义进行了延续。另外，CPTPP 在第 18.7 条“国际协定”中已经明确了本条约的生效前提为各缔约方批准并加入六项协定，而这六项协定中正好包含了 WPPT，因此 CPTPP 应当与 WPPT 在录音制品制作者的定义保持统一，所以 CPTPP 中关于录音制品制作者的主体应当包括法人。

（二）我国著作权法与 CPTPP 的差异

我国著作权法与 CPTPP 的上述定义基本一致，但也存在细微差别。例如，我国著作权法规定的相关权主体包含录像制品制作者而 CPTPP 却不包括。CPTPP 之所以没有提及录像制品制作者，是由于当前没有国际条约专门对录像制品制作者的保护进行统一的规定（《视听表演北京条约》生效之后除

① 《世界知识产权组织表演和录音制品条约（WPPT）（1996）》第 2 条。

外）。CPTPP 主要沿用 WPPT 的规定，WPPT 只涉及对表演和录音制品的保护，并没有涵盖对录像制品制作者的保护。随着技术的发展，为了适应当下复制和传播更加便捷的现实，1989 年世界知识产权组织在日内瓦缔结了《视听作品国际登记条约》，其立法目的在于禁止行为人传播非法复制的录像带，以及未经许可播放电影作品及电视作品。目前，大多数国家的版权立法都规定了录像制品制作者的权利。我国虽然不是罗马公约的参加国，但我国 1990 年《著作权法》明确规定，录音录像制作者对其制作的录音录像制品享有两项权利，一是授权或禁止他人进行复制发行的权利，二是对此获得报酬的权利。[①] 因此，我国著作权法对录像制品制作者进行保护是国内立法的选择，CPTPP 作为区域性条约尚未就保护录像制品制作者规定缔约国共同的保护义务，这给 CPTPP 的缔约国选择是否对此进行保护留下了立法的空间。

CPTPP 条文：

第 18.57 条：定义

就第 18.58 条（复制权）和第 18.60 条（发行权）直到第 18.70（集体管理）而言，下列定义适用于表演者和录音制品制作者：

广播，指以无线方式播送，使公众能接收声音，或图像和声音，或图像和声音的表现物；通过卫星进行的此类播送也是“广播”；如广播组织或经其同意将解码方式提供给公众，则传输加密信号也是“广播”；

向公众传播表演或录音制品，指通过除了广播以外的任何的媒体向公众传播表演的声音或者固定在录音制品上的声音或声音的表现物；

固定，指声音或者声音的代表物，通过某种设备它们可以被感知、复制或者传播；

表演者，指演员、歌唱家、音乐家、舞蹈家及表演、歌唱、演说、朗诵、演奏、表现，或以其他方式表演文学或艺术作品或民间文学艺术作品的其

---

① 参见胡康生主编：《中华人民共和国著作权法释义》，http：//www. npc. gov. cn/npc/flsyywd/minshang/node_ 2200. htm，2019 年 4 月 23 日访问。

他人；

录音制品，指对表演声音或者其他声音或者声音表现物的固定，除了电影或者其他视觉音频作品所含的固定形式；

录音制品制作者，指首次录制表演的声音或者其他声音或者声音表现物并且负责的人。

表演或者录音制品的发行，指经过权利人的允许，向公众提供表演或者录音制品的复制件，并且提供给公众的复制件要以合理的数量。

二、复制权及其相关问题

CPTPP 第 18.58 条规定各缔约方应当赋予作者、表演者和录音制品制作者复制权的专有权利，来授权或禁止他人对他们的作品、表演或录音制品以任何方式或形式的所有复制，其中包括电子形式的复制。脚注进一步表明，允许缔约方通过国内立法进行如下规定——权利人可以受到法律对作品、表演或录音制品的版权和相关权保护，但必须满足一项前提，即作品、表演或录音制品已经以某种物质形式固定。另外，脚注也指出作者、表演者或录音制品制作者是指他们的任何利益继承者。

（一）电子复制是否包含临时复制

本条为作者、表演者和录音制品制作者提供了范围极广的复制权，[①] 这种复制涵盖任何方式或形式，还包括电子形式的复制。现行国际公约将电子复制行为纳入了复制权的范围之中。在版权保护方面，复制权最早被规定在了《伯尔尼保护文学和艺术作品公约》（《伯尔尼公约》）第 9 条第 1 款之中，即文学、艺术作品的作者有权允许或者禁止他人以任何形式复制其作品。然而

---

① 参见郭雨洒：《TPP 最终文本之 TRIPS 协定 – PLUS 条款探究》，载《电子知识产权》2016 年第 1 期。

随着技术的不断更新，电子复制逐渐成为一种常见的复制行为，为了规制这种容易实现并且会给权利人造成利益损害的行为，《世界知识产权组织版权公约》（WCT）关于第1条第（4）款的议定声明规定，《伯尔尼公约》中所称的“复制”包含在电子媒体中以数字形式存储受保护的作品的这种情形。[①] 将数字形式的复制囊括进了复制权的保护范围和例外之中。同样在相关权方面，《世界知识产权组织表演和录音制品条约》（WPPT）的相关议定声明也将在电子媒体中以数字形式存储受保护的表演或录音制品的行为规定为复制。[②]

有观点认为，WCT中“在电子媒体中以数字形式存储受保护的作品”的用语模糊，不能确定是否包含了临时复制。[③] 临时复制，也可以称为暂时复制，是指一项作品从外部首先进入某计算机随机储存器（RAM，Random Access Memory），并短暂停留于此，最终又消失于计算机随机存储器的过程，而导致该作品消失的原因可能为计算机关机、重启、后续信息挤兑等。[④] 在国际条约缺乏对临时复制的统一保护规定的背景下，TPP作出了折中立法——一方面删除了美国提案中的“永久或临时的复制”，另一方面又保留了“以电子方式复制”。CPTPP也对TPP的该条内容进行了一致性的表述。[⑤] 该种观点从条约先后变动的角度解释了电子复制和临时复制两者并行，而不是前者包含后者的关系，最终从条约文本的呈现来看，TPP（也包括后来的CPTPP）没有将临时复制纳入复制权的范围之中，这是由于不同国家版权立法之间存在差异并且没有就此妥协。例如，以加拿大为代表的CPTPP成员国，对权利人决定是否禁止他人进行临时复制持肯定态度。加拿大《版权和信息高速公路》

---

① 《世界知识产权组织版权条约（WCT）（1996）》关于1条第（4）款的议定声明。

② 《世界知识产权组织表演和录音制品条约（WPPT）（1996）》关于第7、11、16条的议定声明。

③ 参见何华：《〈跨太平洋伙伴关系协定（TPP）〉知识产权议题及中国对策研究》，世界图书出版公司2016版，第164～165页。

④ 参见https：//wiki. mbalib. com/wiki/% E4% B8% B4% E6% 97% B6% E5% A4% 8D% E5% 88% B6，2019年4月23日访问。

⑤ 参见何华：《〈跨太平洋伙伴关系协定（TPP）〉知识产权议题及中国对策研究》，世界图书出版公司2016版，第164～165页。

的报告中记载："版权人可以实现对作品在电子环境中的复制作出授权，并与被授权者商谈有关费用。版权人应有权决定是否允许用户浏览、何时浏览，以及用户是否应付费。"① 与之相反，日本作为 CPTPP 的主导国之一，并没有在立法上承认临时复制属于复制，现行日本著作权法第 2 条（15）明确了"复制"的定义，从条文上看并不包含临时复制这种形式。②

我国虽然在国内立法中并没有对临时复制进行定性，但是在学理和实务操作中就临时复制不属于复制基本达成了共识。在学理上有观点认为：临时复制之所以不构成复制，一方面是因为临时复制并非行为人意志的结果，只是一种技术现象；另一方面是因为临时复制件并没有独立的经济价值。③ 在"北京三面向诉人民搜索网络等案"中，法院认为系统缓存是指根据用户的指令系统通过中转服务器将信息从目标网站向用户传输的过程，这是将信息数据临时存储于中转服务器系统缓存中的临时性复制行为，系统缓存中的内容为用户访问目标网站时即时形成的，用户在浏览器中浏览的仍然是目标网站的内容；④ 在"刘某胜诉搜狐爱特信信息技术案"中，法院认为访问者浏览信息的方式是通过被告网站上网，被告网站仅仅提供了搜索服务的工具，从而引导用户利用这个搜索工具到其他网站浏览相关的信息。此时这些信息只是存储在用户自己的计算机内，而并非存储在被告的服务器上，只是暂时形成了链接站点中包含的信息的临时副本。因此，被告提供链接服务的行为并非将原告作品直接上载到网络……⑤这些判决都体现了司法实务中认定临时复制并非复制的裁判观点。因此结合目前我国学理和司法实践达成的共识，在临时复制的问题上我国的规定与 CPTPP 的折中规定不存在冲突。

---

① 参见王迁：《网络版权法》，中国人民大学出版社 2008 年版，第 15 页。

② 《日本著作权法》第 2 条（15），https：//wipolex. wipo. int/en/text/504411，2019 年 4 月 23 日访问。

③ 参见王迁、［荷］Lucie Guibault：《中欧网络版权保护比较研究》，法律出版社 2008 年版，第 123 页。

④ 参见北京市第二中级人民法院（2013）二中民终字 15446 号民事判决书。

⑤ 参见北京市第二中级人民法院（2000）二中初字 128 号民事判决书。

（二）“固定”是否为作品受保护的条件之选择

CPTPP 第 18.58 条的脚注明确，允许缔约方通过国内立法进行如下规定——权利人可以受到法律对作品、表演或录音制品的版权和相关权保护，但必须满足一项前提，即作品、表演或录音制品已经以某种物质形式固定。换句话说，缔约国可以在国内法中规定，如果作品、表演或录音制品没有以某种物质形式固定，就不能获得该国的版权或相关权保护。

国际条约并未将“固定”作为认定作品的构成要件，《伯尔尼公约》第 2 条第 1 款规定：“‘文学和艺术作品’一词包括文学、科学和艺术领域内的一切成果，不论其表现形式或方式如何。”同时第 2 款的规定允许了成员国通过国内立法将“固定”作为作品受到保护的前提，在这一点 CPTPP 与《伯尔尼公约》保持了一致。以美国和日本为代表的英美法系国家和大陆法系国家对“固定”是否应为作品的构成要件在立法上大相径庭，《美国版权法》在 102 条第（1）款中明确——作品固定在任何有形的表达媒介上为受版权保护的前提。日本著作权法并未将“固定”作为作品的认定前提，《日本著作权法》在第 2 条第（1）款第 1 项规定：“作品是指在文学、科学、艺术的或音乐领域有独创性的思想或感情的智力成果。”

我国著作权法没有对作品进行定义，而是在《著作权法实施条例》中进行规定，即著作权法所称的作品是指文学、艺术和科学领域内具有独创性并能以某种有形形式复制的智力成果。① 条例明确了“以某种有形形式复制”为作品的构成要件，换句话说，如果文学、艺术和科学领域内的一项有独创性的智力成果不能够被复制，就不能称之为作品。在学术界和司法实践中，有将可复制性表述为固定性的情况，但这样的认识存在弊端：首先，它混淆了认定作品的构成要件和作品受保护的条件两个概念——前者是指如果没有某一要件就不能认定为作品，后者则是在认定作为作品的基础之上如果不符

① 《著作权法实施条例》第 2 条。

合某条件就不能受到著作权法保护。① 其次，没有必要将“固定”作为作品受保护的前提，以免发生法律体系混乱。《著作权法》明确了口述作品应当受到保护，但口述作品并没有发生固定，如果将固定作为作品受到保护的前提条件，就会使得口述作品被排除出保护的范围。最后，即使是美国这样将“固定”作为作品受保护的前提的立法体例的国家，实质上仍然是将诸如口述作品这类没有固定的作品用各州的普通法进行保护，联邦法并不进行统一的规定。②

CPTPP **条文：**

第 18.58 条：复制权

各缔约方应[64]为作者、表演者和录音制品制作者[65]规定专有权来授权或者禁止任何对他们的作品、表演或录音制品以任何方式或形式包括电子形式的所有复制。

脚注 64：为了进一步明确，各缔约方的法律有权规定除非作品、表演或者录音制品已经以某种物质形式固定，否则一般或特殊种类的作品、表演或者录音制品不受版权或相关权的保护。

脚注 65：“作者、表演者或录音制品制作者”也指他们的任何利益继承者。

三、向公众传播权

CPTPP 第 18.59 条赋予了作者向公众传播权，使其可以控制他人以有线或无线的方式向公众传播其作品的行为，这种行为方式还包括向公众提供其作品，使公众可以在其个人选定的时间和地点获得作品。同时，享受这项专有权利的前提为不损害《伯尔尼公约》的有关规定。

① 参见戴哲：《论著作权法上作品的概念》，载《编辑之友》2016 年第 5 期。
② 参见李明德：《论作品的定义》，载《甘肃社会科学》2012 年第 4 期。

（一）本条向公众传播权的客体仅指作品

本条的“向公众传播权”完全采纳了和《世界知识产权组织版权公约》（WCT）第 8 条以及“关于第 8 条的议定声明”[①][②] 完全相同的规定，可见 CPTPP 的缔约方对 WCT 的“向公众传播权”的一致认可。值得注意的是，本条中所指的“向公众传播权”指向的客体是作品，而非表演以及录音制品。《世界知识产权组织表演和录音制品条约》（WPPT）第 15 条只为广播和类似的向公众传播行为规定了一次性获得报酬的权利，而非像 WCT 第 8 条那样的向公众传播的专有权。这是因为很多国家不愿为表演和录音制品提供上述的这种专有权的保护。《世界知识产权组织（WIPO）管理的版权及相关权条约指南及版权及相关权术语汇编》（世界知识产权组织出版）明确指出：“向公众传播权只有在作为专有权的授权而非第 15 条规定的单纯的获得报酬权才适用第 10 条（提供已录制表演的权利）。”另外，WPPT 关于第 15 条的议定声明也明确规定，WPPT 的第 15 条对于缔约各国在数字时代环境下是否应该提供较高对表演者和录音制品制作者就广播和向公众传播有关权利的保护水平，并没有在条文中提供解决方案。

（二）我国现行著作权法相关规定存在的问题

我国作为 WCT 的缔约国，虽然现行立法中并无“向公众传播权”这一提法，但是为了达到国际条约的最低保护要求，规定了广播权和信息网络传播权。[③]

---

① 《世界知识产权组织版权条约（WCT)》第 8 条在不损害《伯尔尼公约》第 11 条第（1）款第（ii）目、第 11 条之二第（1）款第（i）和（ii）目、第 11 条之三第（1）款第（ii）目、第 14 条第（1）款第（ii）目和第 14 条之二第（1）款规定的情况下，文学和艺术作品的作者应享有专有权，以授权将其作品以有线或无线方式向公众传播，包括将其作品向公众提供，使公众中的成员在其个人选定的地点和时间可获得这些作品。

② 《世界知识产权组织版权条约（WCT)》关于第 8 条的议定声明：不言而喻，仅仅为促成或进行传播提供实物设施不致构成本条约或《伯尔尼公约》意义下的传播。并且，第 8 条中的任何内容均不得理解为阻止缔约方适用第 11 条之二第（2）款。

③ 参见胡康生主编：《中华人民共和国著作权法释义》，http：//www. npc. gov. cn/npc/flsyywd/minshang/node_ 2200. htm，2019 年 1 月 13 日访问。

然而现行著作权法仅以广播权和信息网络传播权来涵盖在数字环境下的传播行为是不够完善的。第一，缺乏向公众传播权性质的规定，无法涵盖日益发展的各种传播行为。例如，我国著作权法中的广播权无法控制发出端为有线传播的传播行为，通说认为将其归入“兜底权利”中进行规制。实务中出现了非按需式的网络技术现象（如网络定时直播）超越了信息网络传播权的规制范围，这是由于立法者在设置信息网络传播权这一权利项时，只借鉴了 WCT 第 8 条的后半部分而忽视了前半部分，即只注重了对交互式、按需式的网络传播行为的规制，而忽略了包含用各种手段公开播送对作品的表演和演奏、无线广播、有线传播或无线转播、用各种手段公开播送作品的朗诵等情形的立法协调。完整的 WCT 规制的是范围很广的向公众传播权，所以可以涵盖此种非按需式的新型网络传播。第二，权利规定过于琐细，容易导致误认。例如，广播权第 3 项：“通过扩音器或者其他类似的方式向公众传播广播的作品，包括但不限于传送符号、声音、图像的类似工具的方式。”其在本质上是一种公开表演，不涉及远距离传输，而国际条约中的“向公众传播权”指的是将受版权或相关权保护的客体向不在现场的公众进行传播，[①] 违背国际条约的立法原理，在司法裁判中也容易造成误解。如果能有一项类似于“向公众传播权”这样的权利，就能避免上述情形的出现。

因此笔者赞同我国《著作权法》第三次修订专家建议稿中与之相关的修改建议——建议重新整合原法律条文中的表演权、广播权、放映权和信息网络传播权，用一项传播权加以规制，即“传播权是指权利人有权许可或禁止他人通过现场表演或非现场转播的方式向公众传送作品，这种方式包括现场表演、有线和无线广播，以及交互式和非交互式传播作品。”这样既能协调现行法中过于琐细的权利，又能适应将来可能出现的新型传播技术。

---

① 参见万勇：《〈著作权法〉传播权修改建议》，载《上海交通大学学报（哲学社会科学版）》2012 年第 2 期。

CPTPP **条文**：

第 18.59 条：向公众传播权

在不损害伯尔尼公约第 11 条第（1）款（ii）目、第 11 条之二第（1）款（i）目和第（1）款（ii）目、第 11 条之三第（1）款（ii）目、第 14（1）款（ii）目和第 14 条之二第（1）款规定的情况下，每一缔约方应授予作者专有权以授权或禁止以有线或无线的方式向公众传播其作品，包括向公众提供其作品，使公众可在其个人选定的时间和地点获得其作品。[66]

脚注 66：缔约方理解，仅仅提供实施物用于传播本身并不构成本章或《伯尔尼公约》意义内的传播。各方进一步理解，本条并不阻止缔约方适用伯尔尼公约第 11 条之二的第（2）款。

四、发行权及其在数字环境下的适用

本条中的发行权，是指作者、表演者和录音制品制作者有权许可或禁止他人通过销售或者其他转移所有权的方式向公众提供其作品、表演和录音制品的原件或复制件的行为。并且本条中发行权所涉及的“复制件”以及“原件和复制件”，专门指可作为有形物体流通的已固定的复制件。

（一）发行权的内涵

CPTPP 所指的发行权本质上以 WCT 为基础，再结合了 WPPT 的相关内容，将客体范围从作品的原件或复制件延展到了表演和录音制品的原件或复制件。因此 CPTPP 中的发行权的性质指的是对作品和已经固定的表演、录音制品有形载体在物理上的转移。

虽然本条在行文上与此国际条约相比缺少了发行权用尽的规定，WCT 第 6 条第（2）款规定，本条给予各缔约方自由确定此条件——在取得作者授权的前提下，作品的原件或复制件被首次销售或其他所有权转让之后适用权利用尽规定所要服从的条件；[①] WPPT也在第8条和第12条对表演和录音制品作出了类似的规定，但是在CPTPP第18.11“知识产权用尽”规定，本协议不妨碍任何缔约方依据其法律制度决定是否适用、在何种条件下适用知识产权用尽；其脚注规定，CPTPP不损害缔约方已经加入的国际协定就知识产权用尽问题所作的任何规定。换句话说，在版权和相关权这一章节，CPTPP和WCT、WPPT一样留给了各缔约方国内法立法的自由来决定是否适用版权和相关权的发行权用尽以及所依据的条件。[②]

（二）数字发行是否适用发行权用尽原则

关于数字发行是否适用发行权用尽原则，国内外存在争议。发行权用尽是指传统的出版物作品在经过作者同意或者其他合法方式向市场提供，购买者支付了相应的对价之后可以进行自由处分，而无须经过著作权人许可，这主要是基于著作权和物权相区分的原理。[③]

支持数字发行适用发行权用尽的学者认为：首先，在法理上发行权已经为权利人的智慧成果第一次投入市场获得回报提供了相应的保护，如果他能重复就该权利享有收益，将会违背知识产权法的立法初衷。[④] 其次，在效果上如果网络环境中缺乏发行权用尽的规则，容易导致价格垄断，不利于版权法达到使优秀文学、艺术成果得到传播的立法目的。[⑤]

否定说认为，首先，复制行为伴随着数字发行行为而生，纵然有发行权

---

① 《世界知识产权组织版权条约（WCT）》第6条：(1) 文学和艺术作品的作者应享有授权通过销售或其他所有权转让形式向公众提供其作品原件或复制品的专有权。(2) 对于在作品的原件或复制品经作者授权被首次销售或其他所有权转让之后适用本条第（1）款中权利的用尽所依据的条件（如有此种条件），本条约的任何内容均不得影响缔约各方确定该条件的自由。

② 参见何华：《〈跨太平洋伙伴关系协定（TPP）〉知识产权议题及中国对策研究》，世界图书出版公司2016版，第171页。

③ 参见吴汉东主编：《知识产权法学（第六版）》，北京大学出版社2014年版，第60页。

④ 参见何怀文：《二手数字出版物与发行权用尽——兼评美国“ReDigi案”与欧盟“UsedSoft案”》，载《出版与发行研究》2013年第6期。

⑤ 参见何炼红、邓欣欣：《数字作品转售行为的著作权法规制——兼论数字发行权用尽原则的确立》，载《法商研究》2014年第5期（总第163期）。

用尽原则，但没有复制权用尽的原则，在信息网络为复制提供了极大便捷的情况下，如果采用数字发行用尽则会损害著作权人的复制权。[①] 在 Capitol 诉 ReDigi 案中，法官认为用户通过 ReDigi 平台上传和转售的实质是 MP3 文件的复制件，而这一复制行为侵犯了权利人的复制权，法官依据《美国版权法》第 109 条第（1）款指出，经销商的“分发”不等于对作品进行“复制”，因此首次销售原则不适用于数字环境。[②] 其次，发行权针对的是有形载体，复制件在 WCT 的议定声明里明确是指有形物质件，而通过网络传输的受版权或相关权保护的无形客体不符合发行权的本质定义。既然数字发行不符合发行权的定义，那么也就不存在数字发行权用尽的问题。[③]

折中说认为应当区别情形，由于数字格式作品可以凭借技术特征理论上进行无数次且质量上无损耗的转售，因此原则上不适用数字发行权用尽原则，但例外地，如果技术水平达到文件上传后原始文件自动销毁的时机时，则允许该次的转售。[④]

笔者认为，对于否定说，首先在 ReDigi 案中法官的观点与其法律依据存在矛盾。美国在学术界和实务界已经达成了共识——电子发行属于《美国版权法》中的发行，[⑤] 但是在该判决中法官认为经销商的“分发”行为不属于对所有权的转让（发行），而仅仅是复制，这与美国的通行惯例并不相符。为了保持法律体系的一致性，同一用语应当保持相同的意思，这样才能保证法律的内在逻辑贯通。所以 ReDigi 公司的行为按照美国版权法通行的做法符合发行的定义。另外，虽然网络环境下对同一作品进行多次转让可能会对一手交易市场产生一定影响，但版权人不应对其无形财产权享有绝对的垄断权，因为这会使得天平过于偏袒权利人从而剥夺了公众的使用自由。因此，在技

---

① 参见李晓秋、李家胜：《二手数字音乐作品转卖中的首次销售原则适用例外分析——以美国国会唱片公司诉 ReDigi 公司为例》，载《重庆理工大学学报》（社会科学版）2014 年第 4 期。

② Capitol Records, LLC v. ReDigi Inc. , No. 12 Civ. 95 (RJS) (S. D. N. Y. Mar. 30, 2013) .

③ 参见王迁：《论网络环境中的“首次销售原则”》，载《法学杂志》2006 年第 3 期。

④ 参见管育鹰：《版权领域发行权用尽原则探讨》，载《法学杂志》2014 年第 10 期。

⑤ 参见王迁：《网络版权法》，中国人民大学出版社 2008 年版，第 54 页。

术达到这样的水平时，如可以使在转让电子作品时删除出卖人所拥有的作品，即能够很好地控制出卖人多次复制作品并进行传播时，就应当允许发行权用尽，使得公众能够合法享受应有的资源。

（三）对我国立法的启示

我国著作权法规定，"发行权是指向公众提供作品的原件或者复制件的权利，并且只能以出售或者赠与方式向公众提供。"一方面，本条与《世界知识产权组织版权公约》（WCT）相比，以封闭式的措辞将转让作品所有权的方式局限于出售或赠与两种方式。为了顺应技术的不断革新，与国际条约更好地衔接，建议在今后的立法完善中修改为"发行权是指以出售或其他所有权转让形式向公众提供其作品原件或复制件的权利"。[①] 另一方面，鉴于数字发行目前在理论和实践上存在较大的争论，立法上并未明确发行权在数字环境下的性质，文件上传后原始文件自动销毁的技术目前在国内尚未成熟，因此笔者建议审慎承认数字发行用尽原则，可以参考上述折中说的观点根据实际情况适用例外情形较为稳妥。

CPTPP 条文：

第 18.60 条：发行权

每一缔约方应授予作者、表演者和录音制品制作者专有权以授权或禁止通过销售或其他转移所有权的方式向公众提供其作品、表演和录音制品的原件或复制件。[67]

脚注 67：本条中发行权所涉的"复制件"以及"原件和复制件"专门指可作为有形物体流通的已固定的复制件。

---

① 参见何炼红、邓欣欣：《数字作品转售行为的著作权法规制——兼论数字发行权用尽原则的确立》，载《法商研究》2014 年第 5 期。

五、版权与相关权的无层级关系

CPTPP 第 18.61 条明确了版权和相关权之间的无层级关系。无层级（No Hierarchy），可以被理解为多重授权的无差别保护，这种授权是同时并且平等的——对作者授权的需要不会因为表演者或录音制品制作者的授权而终止；同理，对表演者或录制者授权的需要也不会因为需要作者授权而终止。如果根据音乐作品制作而成的录音制品的保护期届满，那么他人想要使用这件音乐作品时仍然需要向处于保护期之内的音乐作者取得授权；同理，如果音乐作品已过保护期但是最后一次制作的录音制品仍然在保护期之内，他人想要使用该录音制品仍然需要向录音制品制作者取得授权。本条的意义在于强调作者与表演者、录音制品制作者之间针对同一录音制品所享有的权利并非处于矛盾的地位，相反，应当同时且平等受到保护。

（一）CPTPP 对无层级保护的强调说明

《罗马公约》第 1 条开宗明义地宣示了版权与相关权之间的无层级关系——“本公约所给予的保护，将不改变并且也绝不影响《伯尔尼公约》对文学和艺术作品所给予的版权保护。因此，对本公约条款的解释不得妨碍此种保护。”在遵循《罗马公约》的基础之上，在后制定的 WPPT 及“关于 WPPT 第 1 条第（2）款的议定声明”将录音制品的版权和相关权权利之间这种无差别保护的立法精神进行了延续，即行为人在使用录音制品之前，必须取得作者基于其享有版权的作品以及表演者或制作者基于录音制品享有相关权权利的许可。需要特别注意的是，获得作者许可的需要并非因同时还需获表演者或制作者的许可而不复存在，反之亦然。

相关权与版权相辅相成，经常一起发挥对版权人和相关权人保护的作用。《世界知识产权组织（WIPO）管理的版权及相关权条约指南及版权及相关权术语汇编》提到，表演者、录音制品制作者和广播组织的相关权独立于文学和艺术作品的作者权利。表演者权的客体包括作品和对作品的表演，录音制品制作者权可能同时包括作品、对作品的表演以及固定了作品表演的物质载体。①

相关权的诞生来自对作品传播行为的保护。对于表演者而言，新技术的发展和应用使得人们可以足不出户就能在家欣赏到被录制在某种载体上的表演，这使得依靠观众到现场欣赏表演支付演出门票为收入来源的表演者难以获得回报。录音制作者投入了大量的人力、财力、物力以及技术力量所完成的录音制品，由于翻录技术的日渐成熟使得制作录音制品的复制件变得轻松便捷，这样大量盗版复制品就会涌向市场，使得成本低、利润高的原始录音制品受到冷落，大大影响了录音制作人对其具有一定创造性的劳动以及投入资金所应获取的收益。② 因此国际条约以及许多国家的国内法都对相关权进行了规定，保护相关权的权利人，促进对作品的合法传播。CPTPP 在版权和相关权的部分特地规定了一条单独的条文——无层级，本条应当作为注意规定来理解，③ 即现行法为表演者和录音制品制作者设置的专有权已经能够规制对录音制品的使用行为，本条重申了对作品进行保护的同时应当也要兼顾对表演者权和录音制品制作者权的保护。

（二）我国的相关立法

我国著作权法也体现了著作权和相关权的这种无层级关系。《著作权法》第 38 条关于表演者权的第 2 款规定，被许可人以从现场直播和公开传送其现场表演、录音录像、复制发行录有其表演的录音录像制品、通过信息网络向公众传播其表演的方式使用作品，还应当取得著作权人许可，并支付报酬。

① 参见世界知识产权组织：《世界知识产权组织（WIPO）管理的版权及相关权条约指南及版权及相关权术语汇编》，第 133 页。

② 参见乔玉君：《论著作邻接权的法律保护》，载《科技与法律》1997 年第 1～3 期合刊（总第 25～27 期）。

③ 张明楷教授认为：注意规定是在刑法已作基本规定的前提下，提示司法人员注意、以免司法人员忽略的规定。

该条明确了他人对作品的表演进行现场直播、公开传送、录音录像、复制、发行和信息网络传播，需要同时取得作者和表演者的许可并支付费用。同理，《著作权法》第42条第2款规定——被许可人复制、发行、通过信息网络向公众传播录音录像制品，还应当取得著作权人、表演者许可，并支付报酬——也体现了双重许可（无层级）的规定。

值得注意的是，修改前的《著作权法》第42条如是规定："被许可复制发行的录音录像制作者还应当按照规定向著作权人和表演者支付报酬。"修改后的著作权法如是规定——录音录像制作者许可他人对自己的录音录像制品实施了相关行为，包括复制、发行、通过信息网络传播，被许可人除了同修法前的规定一样要向权利人支付报酬，更为重要的是还要取得作者以及表演者的授权。换句话说，修改之前的42条只对复制发行录音录像赋予了著作权人和表演者获酬权，修改之后在原来享有获得报酬权的基础上增加了一项许可权。立法之所以为权利人增加许可权，是因为录音录像制品的生产离不开著作权人的作品和表演者的表演。著作权人和表演者的权利应当得到充分保护，不得因为在后的人对作品采取了其他的使用方式或增加了对作品的使用环节而降低对作者和表演者的保护水平，这应该形成一条完整的许可链条来共同保护作者和相关权人，因为他们各自在相应的位置发挥了重要的作用。[①]由此可见，我国现行著作权法明确了与录音制品相关的表演者、录音制品制作者和作者应当同时受到保护，各自享有许可权和获得报酬的权利，与CPTPP、相关的国际条约保持了一致。

CPTPP条文：

第18.61条：无层级

每一缔约方应规定，在同时需要录音制品所含作品的作者及对录音制品享有权利的表演者和录制者的授权的情况下：

---

① 参见胡康生主编：《中华人民共和国著作权法释义》，http：//www.npc.gov.cn/npc/flsyywd/minshang/node_ 2200.htm，2019年1月9日访问。

（1）对作者授权的需要并不因需要表演者或录制者的授权而终止；

（2）对表演者或录制者授权的需要不因需要作者授权而终止。

六、相关权

CPTPP 第 18.62 条围绕表演者和录音制品制作者的相关权，从授予相关权的条件、表演者的专有权、录音制品制作者的专有权几个方面进行了规定。

（一）表演者受保护的两种判断标准

就表演者是否能够受到 CPTPP 缔约国的保护，CPTPP 第 18.62 条明确规定了一种判断标准，同时允许缔约国参考适用 WPPT 第 3 条的判断标准。

CPTPP 第 18.62 条第 1 款规定，只要符合下列三个条件之一的，就可以享受 CPTPP 缔约国的国民待遇保护：（1）国民标准。表演者和录音制品制作者属于缔约方的国民。（2）首次出版或首次固定标准。在缔约方领土内首次出版或首次固定的表演、录音制品。对于在一缔约方领土内首次出版或首次固定的表演、录音制品，缔约方可适用发行的标准，或固定的标准，或同时适用。（3）同时出版标准。如果表演或录音制品在其首次出版后 30 天内在一缔约方领土内出版，则该表演或录音制品应被视为在该缔约方领土内首次出版。

脚注中指出判断表演者是否属于“国民”，缔约国可以参考另一种标准，即《世界知识产权组织表演和录音制品条约》（WPPT）第 3 条所规定的资格标准。WPPT 第 3 条规定的“国民”需要符合《罗马公约》的有关条文规定——《罗马公约》第 2 条中提到，《罗马公约》所指的国民待遇是指权利人请求本公约的缔约国提供保护的，缔约国根据其国内法律给予保护，其中包括……权利人的节目在被请求提供保护的国家的国境内进行了表演、广播或首次录制的，该国应当为其给予身为该国国民的表演者的待遇……第 4 条和

第5条从行为角度出发规定了只要满足条文中的一项要求就可以享受国民待遇。[①][②] 由此可见，根据《罗马公约》表演者想要成为本国国民不仅要具有本国的国籍，并且其表演也要发生在该国。[③]

结合《罗马公约》第4条和第5条，可以发现CPTPP为缔约国提供了更加宽泛的国民判断标准进行选择。按照《罗马公约》，假设一名表演者在《罗马公约》的缔约国境内进行了表演，或者表演者不在缔约国境内表演但他的表演被录制在录音制品上（该录音制品受该公约保护），也或者在广播节目中播出（该广播节目受该公约保护），但他不属于缔约国的国民，那么最终他就不能享有国民待遇保护。根据CPTPP规定，如果缔约国决定不参考WPPT第3条的判断标准，而采用本条第1款的判断标准，就可以让表演者在满足本文上述所提到的国民标准、首次出版或首次固定标准以及同时出版标准三者其一的情况下，受到国民待遇保护。

（二）相关权的权利范围

本条规定了表演者享有对其尚未固定的表演以广播权和首次固定权，同时也将向公众传播权赋予了表演者和录音制品制作者。本条还明确指出，表演者和录音制品制作者所享有的向公众传播权不包括以有线或无线的方式广播或向公众传播电影和其他视听作品中包含的录音制品所固定的声音或声音表现物，因为CPTPP要求缔约国必须遵守WPPT的规定，而WPPT是有关表演和录音制品的条约，并不涉及录像制品或其他带有画面的制品的保护。

本条沿袭了WPPT第15条的规定——对于以商业为目的发行的录音制品，行为人直接或间接将其用于广播或用于除了广播以外的任何向公众传播，表演者和录音制品制作者应享有获得一次性合理报酬的权利——为表演者和录音制品制作者规定了针对行为人广播和向公众传播其表演或录音制品所享

① 《保护表演者、录音制品制作者和广播组织的国际公约》第4条。

② 《保护表演者、录音制品制作者和广播组织的国际公约》第5条。

③ 参见李明德、许超：《著作权法》（第2版），法律出版社2009年版，第284页。

有的获得报酬权。

本条最后一款规定，授予表演者和录音制品制作者的向公众传播权是一项范围广泛的传播权，也涵盖模拟传播、非交互式的免费无线电广播，因此缔约国可以自由决定对这些活动以及所涉及的权利限制和例外进行国内立法规定。本条进一步说明，缔约方可以将提供非交互式、免费无线电广播的转播规定为权利的限制和例外情形，但是这种转播不包括互联网的传送和取得，并且要遵守缔约方政府传播机关合法准许以及从事转播的实体应该遵守机关的相关规定。

（三）对我国的立法启示

CPTPP 对相关权利细致的规定可以为我国著作权法的立法完善提供借鉴。首先，对表演者、录音制品制作者在我国受到保护的条件规定在《著作权法实施条例》中，第 33 条规定："外国人、无国籍人在中国境内的表演，受著作权法保护。外国人、无国籍人根据中国参加的国际条约对其表演享有的权利，受著作权法保护。"条例紧接着在第 34 条中规定："外国人、无国籍人在中国境内制作、发行的录音制品，受著作权法保护。外国人、无国籍人根据中国参加的国际条约对其制作、发行的录音制品享有的权利，受著作权法保护。"CPTPP 还为缔约国提供了同时出版标准以供参考，即如果表演或录音制品在其首次出版后 30 天内在一缔约方领土内出版，则该表演或录音制品应被视为在该缔约方领土内首次出版。笔者认为我国可以借鉴 CPTPP 的同时出版标准，完善现行立法中对表演者和录音制品制作者获得保护资格的规定，与国际条约保持相同的保护水平，在国际版权和相关权领域更好地保护相关权人，促进优秀文化的传播和交流。

目前我国著作权法没有给予表演者和录音制品制作者广播和向公众传播载有其表演的录音制品获得报酬的权利，这是由于我国对 WPPT 第 15 条声明了保留。对比国外立法，许多国家都在国内法中肯定了该获得报酬权，如《德国著作权法》第 78 条规定："行为人利用音像载体或电台公开播送艺术表演人的表演的，应向其支付适当报酬。”《日本著作权法》第95条规定，表演者可以向二次使用其录音制品的人或单位要求支付报酬，即如果广播组织或有线电视台将载有表演的录音制品进行广播或有线传播，必须向表演者支付对该表演的二次使用费。[①]《意大利版权法》第73条规定，录音制品制作者对如下利用其唱片或类似录音制品的行为享有获得报酬权，包括行为人以营利为目的在广播、电影、电视中或剧场以及其他公开场合内使用唱片或类似录音制品，有要求报酬的权利。[②]

目前我国缺乏表演者集体管理组织，如果对因为广播和向公众传播表演和录音制品赋予了表演者获得报酬的权利，那么电台想要在节目中播放某歌星的CD，不仅要向词曲作者获得授权并支付报酬，还要向表演者支付报酬。这种情形发生的频率非常高，如果缺乏集体管理组织统一收取费用将会使得权利人的获酬权无法得到保障。有观点指出付费频率频道产业的迅速发展凸显了表演者广播权缺失的不合理性，因为一方面广播电台通过付费频道赚取巨大的利润，而另一方面表演者无法从其表演的二次使用中获得合理报酬，有失公平。[③] 尽管我国目前尚未建立表演者集体管理组织，但这是实施环节的问题和障碍，和是否有必要引入表演者或录音制品制作者的获酬权是两个层面的问题。从制度和规则层面看，我国可以考虑在取消对WPPT第15条的保留之前增加对相关权人的获酬权保护，一方面是为了提高对相关权人的权利保护，另一方面是避免出现由于取消了保留声明而欠缺国内法的获酬权保护，从而造成超国民待遇的现象。

CPTPP 条文：

第18.62条：相关权利

---

① 转引自胡康生主编：《中华人民共和国著作权法释义》，http://www.npc.gov.cn/npc/flsyywd/minshang/node_2200.htm，2019年5月3日访问。

② 转引自乔玉君：《论著作邻接权的法律保护》，载《科技与法律》1997年第1~3期合刊（总第25~27期）。

③ 参见刘迎霜、龙立志：《表演者广播获酬权研究》，载《知识产权》2015年第7期。

1. 每一缔约方应将本章规定的表演者和录音制品制作者的权利授予：属于另一缔约方国民[68]的表演者和录音制品制作者；在另一缔约方领土内首次出版或首次固定[69]的表演或录音制品。[70]如表演或录音制品在其首次出版后 30 天内在一缔约方领土内出版，则该表演或录音制品应被视为在该缔约方领土内首次出版。

2. 每一缔约方应授予表演者专有权以授权或禁止：

（1）广播或向公众传播其未固定的表演，该表演已属广播表演的除外；及

（2）固定其尚未固定的表演。

3.（1）每一缔约方应授予表演者和录音制品制作者专有权以授权或禁止以有线或无线的方式广播或向公众传播其表演和录音制品，[71][72]以及向公众提供其表演和录音制品，使公众可在其个人选定的地点和时间获得此类表演和录音制品。

（2）尽管有（1）项和第 18.65 条（限制和例外）的规定，（1）项所述权利适用于模拟传播、非交互式的免费无线电广播，以及对此类活动所涉权利的限制和例外，应属每一缔约方的国内法律事务[73]。

脚注 68：为了确定本条规定的资格标准，对于表演者，缔约方可将“国民”理解为满足 WPPT 第 3 条所规定资格标准的人。

脚注 69：就本条而言，固定指母带或其同等物的完成。

脚注 70：为进一步明确，在本款中，对于在一缔约方领土内首次出版或首次固定的表演或录音制品，缔约方可适用发行的标准，或固定的标准，或同时适用。为进一步明确，与第 18.8 条（国民待遇）相一致，每一缔约方应授予在另一缔约方领土内的首次出版或首次固定的表演或录音制品不低于其授予在其本国领土内首次出版或首次固定的表演或录音制品的待遇。

脚注 71：关于广播和向公众传播，缔约方可通过适用 WPPT 第 15 条第（1）款、第 15 条第（4）款履行义务，也可适用 WPPT 第 15 条第（2）款，只要履行此类义务的方式与该缔约方在第 18.8 条（国民待遇）下的义务相一致。

脚注 72：为进一步明确，本款下的义务并不包括以有线或无线的方式广播或向公众传播电影和其他视听作品中包含的录音制品所固定的声音或声音表现物。

脚注 73：就本项而言，缔约方理解，只要转播经缔约方政府传播机关合法准许，一缔约方可提供非交互式、免费无线电广播的转播；任何从事该转播的实体应遵守该机关的相关规则、命令或条例；且该转播不包括通过互联网的传送和取得。为进一步明确，本脚注并不限制缔约方利用本项的自由。

七、版权和相关权的保护期

CPTPP 在序言第 2 条规定了对记载于附件中的某些条文包括正文和脚注的暂停适用（冻结），其中明确指出了暂停适用（冻结）第 18.63 条款（版权和相关权利的保护期）。自从美国退出 TPP 后，紧接着订立的 CPTPP 冻结了将版权和相关权利保护期予以延长的条款，可以看出缔约国的一致愿望是维持现有国际条约关于版权保护期规定的保护水平。

（一）国际条约要求各成员国提供的最低保护

国际条约要求各成员国对作者提供的最低保护期限，从《伯尔尼公约》给予作者有生之年加 50 年的保护，对摄影作品和实用艺术作品提供 25 年的保护期，到 TRIPs 使得不以自然人生命基础计算的所有作品的保护期都延长至 50 年。国际条约对相关权权利人的保护期从《罗马公约》为相关权人（表演者、录音制品制作者和广播组织）就其享有权利的表演、录音制品和广播节目提供了 20 年的保护期，再到 WPPT 将表演者和录音制品制作者的保护期延长到了 50 年。至此，加入了以上国际条约的国家至少要对其他缔约国的版权和相关权的保护期维持到至少 50 年的保护水平。

（二）版权和相关权保护期限延长的制定与冻结

版权条约的传导效应导致了版权保护期的变化。从欧洲签订并生效的《协调著作权和某些相关权保护期的指令》将保护期延长至作者有生之年加上 70 年，再到美国将国内版权法保护期加以延长，再到由美国为首的十二国签订的 TPP 同样将保护期进行了延长，再到美国退出后并生效的 CPTPP 冻结了 TPP 的保护期延长条款……从中可以发现版权条约的传导式效应——这种传导式效应基于经济全球化和信息化的发展而影响到地区的协定或者国内立法。有观点指出美国最初延长本国的版权保护期是为了实现与欧盟的贸易对等保护。① 为了使既有的文学艺术智力成果交换来自欧盟贸易对方的金钱，延长美国自己的保护期成为其核心利益的诉求。虽然根据《伯尔尼公约》第 7 条第 8 款的规定，对超出了公约最低保护水平的缔约国给予其他缔约国（其他缔约国的保护期低于该缔约国的保护期水平）的保护期不适用国民待遇，但是以美国为代表的给予较长保护期限的国家，对其本国作品在其他国家难以同样获得较长期限的保护始终留有遗憾。因此 TPP 的正式文本里有了能够实现其更大版权经济利益的依据。假设该条文生效，也会继续发生上述的传导效应影响到许多国家的保护期立法和执法，从而达到美国的目的。

尽管美国之后退出了 TPP，但是它已经成功将美国规则渗透到了其他国家的立法之中，甚至可能对中国产生影响。② 实际上区域合作并非美国的最终目标，将美国规则推广到全球才是其核心战略意图。美国从其延长其版权作品保护期开始，先后同智利、新加坡、澳大利亚等国签订双边贸易协定，要求这些国家修订各国版权法以达到共同延长保护期的目的。③ 无独有偶，2018

---

① See H. R. Rep. No. 105—452，1998，p. 4.

② 参见杨立强、余稳策：《从 TPP 到 CPTPP：参与各方谈判动机与贸易利得变化分析》，载《亚太经济》2018 年第 5 期。

③ 参见张怡丹：《加拿大版权保护期制度的合理性研究——基于录音制品及其所固定的表演的版权保护期》，载《出版广角》2018 年 1 月上。

年 11 月，加拿大宣布即将延长本国版权保护期限。[1] 美国正是通过与墨西哥、加拿大签订《美墨加协定》（USMCA）这样的方式从而达到影响加拿大的版权保护期限的目的。早在 2014 年 2 月，澳大利亚政府公布了《韩国——澳大利亚自由贸易协定》（KAFTA）的最终商定条款。为了遵循协定条款规定的要求，韩国将要对现行国内法当前规定的版权保护期限再往后延长 20 年。这样一来，韩国对起源国为本国的澳大利亚作者提供的保护期就变为与澳大利亚版权法相同的保护期，这将大大有利于澳大利亚版权和相关权人的利益。协议规定韩国有两年的过渡期来落实这一版权变更。[2] 韩国进行版权保护期延长的修法举措更加证明了美国将其规则通过双边条约传递到澳大利亚再到韩国这一亚洲国家的目的正在一步步达成。

（三）我国目前不应延长版权和相关权的保护期

从目前的现实情况看，我国不应延长版权与相关权的保护期。究竟是否该延长版权和相关权的保护期限，这与私权和公共利益之间的博弈紧密相关。我国目前著作权法对版权和相关权提供的保护期限与国际条约的一般标准保持一致。在著作权方面对作者的发表权和其他著作财产权提供作者有生之年加上 50 年的保护，对法人作品或其他组织享有的职务作品提供 50 年保护期，为电影作品、摄影作品和实用艺术品提供 50 年保护。在相关权方面为表演者和录音制品制作者就财产权规定了 50 年的保护期限。结合目前我国的国情，一方面我国目前的公共支持机制以及公众的文学艺术智力产品的消费能力比较弱、公共文化知识基础较为薄弱，此时强行延长版权保护期限可能会阻碍公共教育和文化传播；另外我国的著作权产业在国际上不具有优势地位，不必过早延长保护期。[3] 我国应加强对作品创作的鼓励，加大对现有文学作品的

---

① http：//www. ipr. gov. cn/article/gjxw/gbhj/bmz/jnd/201811/1929411. html，2019 年 1 月 15 日访问。

② http：//www. ce. cn/culture/gd/201403/06/t20140306_ 2430907. shtml，2019 年 1 月 15 日访问。

③ 参见程松亮：《著作权保护期延长的合理性探究》，载《湖北社会科学》2012 年第 7 期。

合法利用，丰富现有的作品表现形式，提高对作品价值的挖掘和开发。

CPTPP **条文**：

第 18.63 条：版权和相关权的保护期（CPTPP 的冻结条款）

每一缔约方应规定，作品、表演或录音制品的保护期限计算如下：[74]

（1）以自然人生命为计算基础，保护期不得少于作者有生之年加 70 年；[75]及

（2）不以自然人生命为计算基础，保护期应：

①自作品、表演及录音制品首次授权出版[76]日历年年底计算，不少于 70 年；

②如作品、表演及录音制品自创作之日起 25 年内未授权出版的，自其创作的日历年年底计算，不少于 70 年。[77]

脚注 74：为进一步明确，在实施本条时，本协定任何条款均不排除缔约方遵守本协定第 18.65 条（限制和例外）及缔约方承担的国际义务时，提高在保护期内的作品、表演和录音制品的合法使用和利用的明确性。

脚注 75：缔约方理解，如一缔约方授予其国民的版权保护期限超过作者有生之年加死后 70 年，本条以及第 18.8 条（国民待遇）均不排除该缔约方对超过本项规定期限的保护其他缔约方作品的期限适用《伯尔尼公约》第 7.8 条。

脚注 76：为进一步明确，就第（2）项而言，如一缔约方规定期限自作品固定而非首次授权发行起算，则该缔约方可继续自作品固定起算期限。

脚注 77：为进一步明确，只要缔约方实施了本条要求的相应的计数保护期，缔约方可根据《伯尔尼公约》第 7 条第（3）款或第 7 条之二计算匿名作品、笔名作品和合作作品的保护期。

八、版权和相关权的追溯保护

CPTPP 第 18.64 条将《伯尔尼公约》第 18 条和 TRIPs 第 14.6 条进行了融合，针对作品和相关权的客体一同明确了“追溯力原则”。

（一）与追溯保护有关的国际条约

《伯尔尼公约》第 18 条的内容可以归纳为以下三点：第一，适用“追溯力原则”的条件。在公约生效时作品不得在其起源国因为保护期届满而进入公有领域，同时作品不得在被请求保护国原定的保护期已经届满而进入公有领域。第二，允许本同盟缔约国在国内法中规定适用该原则的条件。第三，刚刚加入本同盟时，或者因为实行《伯尔尼公约》的第 7 条或声明放弃保留从而延伸了保护边界时，适用上述规定。同时《伯尔尼公约》还明确了关于允许本同盟缔约国规定适用上述原则的条件，本同盟缔约国之间签订的“过渡性条款”必须服务于上述原则，该条文中不允许存在拒绝或限制适用第 18 条第 1 款和第 2 款的原则的内容，相反只能服务于该原则的适用。[①] 换句话说，《伯尔尼公约》第 18 条属于强制性条款，缔约国不能制定阻碍本条正常适用的条件。日本原先并不承认对作品的追溯保护，但是和美国进行双边磋商后，自 1946 年开始引入了对作品的追溯保护。[②]

TRIPs 第 14 条第 6 款是关于相关权领域的“追溯力原则”——《伯尔尼公约》第 18 条的规定在细节上作必要修改后也适用于表演者和录音制品制作者对录音制品享有的权利。这样，缔约国不能因为起源国为本国的录音制品规定了低于 50 年的保护期，而拒绝对请求保护的其他缔约国的尚未超过 50 年保护期的录音制品提供追溯力保护。加入了《伯尔尼公约》和 TRIPs 的缔约国必须遵守上述规定，因此 CPTPP 在本条中的规定属于注意规定仅仅是将相关权与版权进行了并列性的强调。

关于适用“追溯力原则”的条件。由于想要受到版权和相关权的保护，首先必须有值得版权保护的客体，一般情况下，如果因为某种原因进入了公

---

① 参见世界知识产权局：《执行伯尔尼公约第 18 条关于追溯适用公约的说明》，许超译，载《知识产权》2017 年 11 期。

② 参见［德］西尔克·冯·莱温斯基：《国际版权法律与政策》，万勇译，知识产权出版社 2017 年版，第 270 页。

有领域则得再受到保护。值得注意的是，《伯尔尼公约》第 18 条第 1 款和第 2 款对于作品进入公有领域的原因进行了唯一的限制——保护期届满，而非因为诸如在起源国要求办理版权登记手续而未办理从而进入公有领域。[①] 假如回到当时《伯尔尼公约》进行该条的规定之前，A 国对于作品提供的保护期为 20 年，B 国对于作品提供的保护期为 50 年，A、B 两国共同加入了载有“追溯力原则”的《伯尔尼公约》，那么对于起源国为 A 国的作品的保护期已经届满，但是请求 B 国对其提供保护时，根据公约 A 国不能受到保护。

（二）延长版权保护期的利益驱动力量

虽然 CPTPP 将延长版权和相关权保护期条款进行了冻结，暂时阻止了上述情况的发生，但实际上，美国等发达国家延长版权保护期的利益驱动力量仍然不可小觑。TPP 的版权和相关权保护期延长规定是从区域性协定的角度出发从整体上制定一条统一的标准，要求参加本协定的缔约国统一对国内法进行修改，以促进区域合作的目的。制定区域性条约来共同达成一种保护水平，这样的方式存在的优势在于高效、强制，该协定一旦生效，所有缔约国必须在合理的期间内完成相应的配套立法，并且不允许缔约国拒绝修改国内法除非其自愿退出该组织。虽然 CPTPP 冻结了关于延长版权和相关权的保护期的规定，但实际上由于上文分析的那样——美国通过双边条约将其美国知识产权规则在各国之间进行传导，间接影响多国的国内立法，从而变相提高了区域甚至是国际的保护水平要求，有利于其本国版权和相关权权利人的巨大收益，需要引起我国和相关国家的警惕。

CPTPP 条文：

第 18.64 条：《伯尔尼公约》第 18 条和 TRIPs 第 14.6 条的适用

每一缔约方应将《伯尔尼公约》第 18 条和 TRIPs 第 14 条第 6 款在细节

---

① 参见世界知识产权局：《执行伯尔尼公约第 18 条关于追溯适用公约的说明》，许超译，载《知识产权》2017 年第 11 期。

上作必要修改后，适用于作品、表演和录音制品，以及本节规定的客体被赋予的权利保护。

九、权利的限制和例外

CPTPP 第 18.65 条是关于版权和相关权的限制和例外的规定，融合了 TRIPs、《伯尔尼公约》、WCT 和 WPPT 的规定，针对作品、表演和录音制品的使用规定了一般性的限制条款，同时遵循上述国际条约既不减少也不扩大它们所允许的限制与例外的适用范围。

（一）CPTPP 对权利的限制和例外规定与国际条约保持一致

《伯尔尼公约》第 9 条第 2 款以及 TRIPs 第 13 条对作品的使用规定了限制和例外：首先，只能发生在某些特殊情形之下；其次，这种使用不得与作品的正常使用发生冲突；最后，这种使用也不得无理损害权利持有人的合法权益。[①] 之后 WCT 在延续了 TRIPs 第 13 条的基础上，还将限制与例外延伸到了数字环境中——“关于 WCT 第 10 条的议定声明”中规定：“WCT 第 10 条的规定允许缔约国将其国内法中按照《伯尔尼公约》的要求所规定的对专有权的限制与例外的规定，继续适用并适当地延伸到数字环境中。同理，本条约允许缔约方制定在数字网络环境下新的专有权的限制和例外的规定。”相应地，WPPT 明确了将对权利的限制和例外也同样延伸到数字环境下的相关权领域。WPPT 在其条文的第 16 条明确规定了：“缔约方可以在其国内立法中，按照其原本对文学和艺术作品的版权保护所规定，对表演者和录音制品制作者的专有权规定相同种类的限制或例外。”

因此可以概括 CPTPP 有关权利的限制和例外的规定针对的是作品专有权和相关权利，包括适用于数字环境之中，并且这种限制和例外必须规定同时

---

① 参见王迁：《知识产权法教程》，中国人民大学出版社 2019 年版，第 209 页。

满足三个条件：首先，只能发生在某种特殊情况之时；其次，使用行为不得与作品、表演或录音制品的正常利用发生冲突；最后，这种使用不得不合理地损害权利持有人的合法权益。中国作为《伯尔尼公约》、TRIPs、WCT 和 WPPT 的缔约国履行公约义务，将上述条约的立法精神融入进了国内立法中，CPTPP 在本条中对上述关于权利的限制和例外的规定与我国的立法精神相一致。

（二）各国不同的立法模式

根据上述国际条约的规定，各国在国内立法中制定了关于权利的限制和例外的规定，但呈现出了不同的立法模式。例如，美国的“开放式”立法，《美国版权法》第 107 条对使用作品的目的进行了非穷尽式列举，并且还规定了一般判定因素（判定合理使用四要素）：（1）使用作品的目的与使用行为的性质；（2）被使用作品所具有的性质；（3）所使用部分的量与质与被使用的作品的整体相比较产生的评估结果；（4）使用行为是否会影响作者在作品潜在市场或价值的收益。英国的“半开放式”立法对使用目的进行了封闭式列举，但除此之外的其他要素完全留给法官在个案中判断。德国采用的是完全封闭式规定，法律穷尽式列举构成例外的具体行为。[①]

（三）我国对权利的限制和例外的立法实践与发展

我国《著作权法》对权利限制的立法规定在了第二章“著作权”的第四节，明确列举了 12 项行为可以不经作者的许可并且也不需支付费用。我国对权利的限制和例外的立法体例仍然采用的是封闭式列举体例，《著作权法实施条例》只是对以上的使用行为性质进行了进一步的限制，并不能起到兜底条款的作用来适应今后不断发展的技术和现实需求。例如，公益广告的拍摄可能需要对音乐作品、文字作品、摄影作品等进行使用，但这些使用行为并非

---

① 转引自李琛：《论我国著作权法修订中“合理使用”的立法技术》，载《知识产权》2013 年第 1 期。

出于商业目的而且也不会对所使用的作品产生替代作用，应该属于权利限制和例外的范畴，但在我国现行法中却不能够被囊括，值得反思。

最高人民法院在2011年颁布的一部文件中明确提到：“满足下列条件的，可以被认定为合理使用：首先，在促进技术创新和商业发展确有必要的特殊情形下；其次是应该考虑的因素，包括但不限于作品使用行为的性质和目的、被使用作品的性质、被使用部分的数量和质量、使用对作品潜在市场或价值的影响；最后，该使用行为既不与作品的正常使用相冲突，也不至于不合理地损害作者的正当利益。”① 可以看出我国在司法裁判为面对不断发展的技术和现实需要，呼吁立法能够规定更具灵活性的条款以提供司法裁判的依据。

2014年《著作权法》修订草案送审稿第43条在最后增加了一项兜底条款：“其他情形。以前款所述的方式使用作品，不得影响作品的正常使用，也不得无故损害权利人的合法利益。”值得注意的是，增加了兜底条款后法院在适用法律时应当首先判断行为人的行为是否属于《著作权法》列举的12种情形，如果不能满足再判断是否符合兜底条款的要求，不能将满足了列举中的情形之后再次判断是否符合兜底条款的要求，以免出现具体列举的情形不能被最终适用的情况。这样的规定不仅能够克服封闭式立法的僵硬、滞后性，还为司法实践提供法律依据，指导法院对作品使用行为性质的正确裁判。

CPTPP **条文：**

第18.65条：限制和例外

1. 关于本节，每一缔约方应将专有权的限制和例外限于某些特殊情况，且不得与作品、表演或录音制品的正常利用相冲突，也不得无理地损害权利持有人的合法权益。

2. 本条既不减少也不扩大TRIPs、《伯尔尼公约》、WCT和WPPT中允许的限制与例外的适用范围。

---

① 参见最高人民法院：《最高人民法院关于充分发挥知识产权审判职能作用推动社会主义文化大发展大繁荣和促进经济自主协调发展若干问题的意见》，http://www.cnki.com.cn/Article/CJFDTotal-YWWX201210006.htm，2019年5月21日访问。

十、版权和相关权制度中的合理平衡

CPTPP 第 18.66 条衔接第 18.65 条（限制和例外），将符合“三步检验法”的一般条件，并且以批评、评论、新闻报道、教学、学术、研究以及其他相似目的；为盲人、视障者和其他印刷品阅读障碍者获得已出版作品提供便利为合法目的的情形，可以通过国内法进行相应的权利限制。

出于为盲人、视障者和其他印刷品阅读障碍者提供便利的公共利益的目的，CPTPP 的缔约国在其国内立法时可以对第 18.65 条的内容进行适当的扩大。正如《伯尔尼公约》一样，国际条约为缔约方规定了对版权和相关权的最低保护水平，即缔约国对公约中规定的权利、必须履行义务在国内法中进行相应的法律规制以提供保护，但并不强制缔约国对起源国为本国的作品或相关权客体设置一定的限制和例外，因为这是一国自己的立法主权和自由。所以，CPTPP 延续了《伯尔尼公约》中允许各国就版权和相关权制度中的平衡进行自由规制的精神。

本条在脚注里明确了商业方面的利用要符合第 18.65 条的规定必须满足在“适当情况”的条件。这来源于《关于为盲人、视障者和其他印刷品阅读障碍者获得已出版作品提供便利的马拉喀什条约》（以下简称《马拉喀什条约》）中的“商业可获得性原则”。《马拉喀什条约》第 4 条规定，缔约国应在国内法中明确商业可获得性原则并明确侵权救济措施。因为版权允许为印刷品阅读障碍者制作无障碍版本，一般仅限于个人的学习和研究等。如果被授权的主体进行大量复制来进行商业性利用，可能会在市场上与权利人的作品或相关权客体产生替代作用从而大大破坏权利人的收益，这与《马拉喀什条约》的立法初衷相违背，也背离了“三步检验法”中不允许造成不合理的影响的要件。目前英国、澳大利亚、德国和加拿大等国家已经在国内版权立法上规定了前提——市场上不存在或无法以合理价格获取可适用的无障碍版本。①

目前我国《著作权法》第 22 条第 12 项“将已经发表的作品改成盲文出版”允许行为人或有关实体不用经过许可和支付费用出版已经发表的作品的盲文版本。同样的，《信息网络传播保护条例》在其第 6 条第 6 项也已经明确：“行为人不具有营利目的，以一种盲人能够感知的独特方式向盲人提供已经发表的文字作品……”我国目前已经签署《马拉喀什条约》，为了尽快批准加入，使盲人、视障者和其他印刷品阅读障碍者能够更好地获取优秀的文化成果，将会在今后的著作权法修订中进行相关的修改。

CPTPP 条文：

第 18.66 条：版权和相关权制度中的平衡

每一缔约方应努力实现其版权和相关权制度中的合理平衡，特别是通过与第 18.65 条（限制和例外）相一致的限制与例外的方式，包括那些适用于数字环境的限制和例外，对合法目的给予适当考虑，例如但不限于：批评；评论；新闻报道；教学、学术、研究以及其他相似目的；为盲人、视障者和其他印刷品阅读障碍者获得已出版作品提供便利。[78,79]

脚注 78：正如 2013 年 6 月 27 日在马拉喀什签署的《关于为盲人、视障者和其他印刷品阅读障碍者获得已出版作品提供便利的马拉喀什条约》认识到的那样，缔约方认识到，一些缔约方在为此类受益者提供的获得无障碍版本阅读格式的便利已经超越了《马拉喀什条约》的要求。

脚注 79：为进一步明确，商业方面的利用可在适当情况下被认为具有第 18.65 条（限制和例外）下的合理目的。

---

① 参见黄梦萦：《国内外印刷品阅读障碍者著作权例外制度比较》，载《图书馆论坛》2016 年第 8 期。

十一、版权和相关权的协议转让

CPTPP 第 18.67 条的内容为关于版权和相关权的协议转让。缔约方应规定对作品、表演或录音制品的经济权利持有人（以下简称经济权利持有人）享有以下的权利：第一，可以通过合同的方式自由和单独转让经济权利。首先，本条允许经济权利持有人对该经济权利进行转让，因为财产权的重要意义就在于可转让性从而让权利人实现财富变现的自由。其次，版权经济权利持有人可以单独或者全部转让上述权利。第二，本条约赋予了各缔约国国内立法的自由——对缺乏书面合同时用何种专门合同指导以作品、表演和录音制品创作基础的经济权利的转移，以及对原权利人利益进行合理限制的规定。

从总体上看，大多数国家承认版权的可转让性，即使是不承认作品可以进行转让的德国——作为大陆法系的代表——也已经通过设置经济权利的许可来允许他人获得使用权。因此版权和相关权的可转让性已经成为一项国际通行的规则。[①] CPTPP 在本条中对版权和相关权的经济权利进行确认和保护，也是对大陆法系和英美法系不同的作品保护理念进行了调和。

脚注部分明确了版权和相关权利的经济权利的转让不影响版权精神权利的行使，这来源于国际条约的规定。在版权方面《伯尔尼公约》第 6 条之二第 1 款规定了版权经济权利和精神权利的分离："作者永远保有要求其作品作者身份的权利，即使他将版权的经济权利许可给他人使用或者进行了转让，这种精神权利体现为作者有权反对行为人对其作品进行任何有损其声誉的歪曲篡改，或其他损害作品完整性的行为。"例如，一本小说的作者在将其小说就改编权单独转让给了一家电影公司进行电影摄制，那么在将小说改编为适合电影拍摄的剧本时必须尊重作者的保护作品完整权。在相关权方面 WPPT 在第 5 条第 1 项同样明确："表演者所享有的精神权利不依赖于其经济权利，

① 参见常守风：《论著作权转让的特点及界限》，载《出版发行研究》2002 年第 5 期。

及时转让了他的经济权利，表演者仍应对于其表演享有权利要求表明其表演者身份，除非使用表演的方式不适合表明或者可以省略不提他系表演者；表演者还有权反对任何有损其名声的对表演的歪曲、篡改或其他修改。”比如某电影制片人在将电影的版权整体转让给另一电影公司时，该电影的演员无法就电影作品整体行使经济权利，但是仍然有权行使要求后者在宣传该电影时以适当的方式公开演员的署名等著作人身权利。

我国著作权法允许著作权人转让著作财产权但不得转让著作人身权。著作权法在其第 10 条第 3 款明确：“著作权人可以全部转让或者只转让部分权利，但只能是本条第一款第（五）项至第（十七）项规定的权利，并依照约定或者本法有关规定获得报酬。”另外，法律要求著作权人转让著作财产权之前必须订立书面合同：“转让著作财产权的，应当订立书面合同。”订立著作权权利转让合同是著作权人转让著作权权利，权利人可以要求对方订立合同否则不转让权著作权。法律明确了他人想要获得著作权的唯一方式必须通过订立著作权转让合同。订立著作权转让合同也是著作权权利转让应当遵循的原则。①

CPTPP **条文：**

第 18.67 条：协议转让

每一缔约方应规定，对于版权和相关权利，对作品、表演或录音制品取得或持有任何经济权利[80]的任何人：

（1）可通过合同自由和单独转让该权利；

（2）借助合同，包括作为作品、表演和录音制品创作基础的雇佣合同，能够以其自身名义行使这种权利，并且完全享受该种权利带来的利益。[81]

脚注 80：为进一步明确，本条不影响版权精神权利的行使。

脚注 81：本条概不影响缔约方规定如下事项的能力：

---

① 参见胡康生主编：《中华人民共和国著作权法释义》，http：//www. npc. gov. cn/npc/flsyywd/minshang/node_ 2200. htm，2019 年 2 月 11 日访问。

①在缺乏书面合同时，作为作品、表演和录音制品创作基础的何种专门合同将依法导致经济权利的转移；② 考虑到受让人的合法利益而对保护原权利人利益的合理限制。

十二、技术保护措施

CPTPP在附件中将第18.68条关于技术保护措施的正文和脚注内容全部予以了冻结。关于技术保护措施，TPP作为多国参加的协定在条文中对其予以了明确：技术保护措施是指在其正常运行过程中的任何有效的技术手段，它控制一种接触行为——接触受保护的作品、表演或录音制品；或提供保护手段——保护作品、表演或录音制品有关的版权或相关权利。如果一项技术措施可以被偶尔规避，则其不符合本条中所指的"有效的"技术措施。技术措施按照其不同的功能可以被分为许多种类，但最主要的分为控制访问措施和控制使用措施。控制访问措施的作用在于让用户无法访问某个网站或者网站中的某个作品。控制使用措施用于防止用户对作品进行复制和传播。[①] 本条指出了技术措施的保护范围为版权和相关权。传统的版权和相关权国际条约作为版权和相关权的第一层保护，技术措施本身在数字环境下为其提供了第二层保护，提供法律救济以制止规避用来保护版权和相关权的技术措施为其提供了第三层保护。[②]

（一）技术保护措施的权利范围

TPP对两类行为予以了明文的禁止——第一，直接规避技术措施；第二，提供规避技术措施的手段。TPP在第1款的（1）规定："明知或有合理理由知道，未经权利人授权就规避被设置来控制接触受保护作品、表演和录音制

① 参见丛立先：《网络版权问题研究》，武汉大学出版社2007年版，第103页。

② 参见［德］西尔克·冯·莱温斯基：《国际版权法律与政策》，万勇译，知识产权出版社2017年版，第145页。

品的任何有效技术措施的行为。”值得思考的问题是，是否需要在立法上对直接规避技术措施的行为予以禁止？

首先，WCT 和 WPPT 并没有明确指出缔约国有义务对直接规避技术措施的行为予以规制。其次，技术保护措施的行为在性质上属于权利人为了维护自身利益而设置的保护手段，并不属于版权或相关权所规定的专有权的范围，① 换句话说，当这种利益尚未在版权法中予以明示时，它还不能构成一项专有权利，而是一种利益。因此直接规避技术措施的行为并不应当受到版权法的规制，所以 CPTPP 将其进行冻结具有合理性。

（二）高标准保护的责任设置

TPP 在责任追究模块对违反本协定第 18.68 条的行为规制了民事、行政和刑事责任。其中最有特色的为 TPP 对违反技术保护措施的行为规制了刑事责任。这主要来源于以美国为主导的高标准保护、严厉打击模式。美国《千禧年数字版权法》对以获得商业利益或个人经济收益为目的，故意规避技术措施或提供规避手段的，追究刑事责任，处以罚金、单处或并处监禁；《澳大利亚版权法》对规避接触控制措施、提供规避手段的行为也规定了刑事责任。值得注意的是，日本并没有对直接规避行为规定刑事责任，而是以《反不正当竞争法》对其予以规制，权利人可以依据日本的《反不正当竞争法》主张损害赔偿请求。②

CPTPP 将本条予以整体冻结的重要原因之一在于，TPP 对违反技术保护措施规定的行为规制了过于严格的刑事责任。美国退出 TPP 组织之后推行该高标准的主要动力缺失，日本作为先行 CPTPP 组织的主导力量之一在其本国的保护水平之下无须坚持如此严格的刑事责任条款，而澳大利亚、新加坡等

---

① 参见王迁：《版权法对技术措施的保护与规制研究》，中国人民大学出版社 2018 年版，第 172 页。

② 参见王迁：《版权法对技术措施的保护与规制研究》，中国人民大学出版社 2018 年版，第 223 ~225 页。

在本国已经有刑事责任规定的国家在和日本等国进行谈判博弈中并没有压倒性的强势地位。而以马来西亚和越南为代表的国家在 TPP 谈判中曾经主张“可以”负刑事责任，而非“应当”负刑事责任。[①] 因此 CPTPP 将本条进行了冻结属于缔约国博弈中的妥协性产物。

（三）我国应适当调整现行的高水平保护模式

我国对规避技术保护措施的违法行为和责任规定在《著作权法》第 48 条第 6 项：“未经著作权人或者与著作权有关的权利人许可，故意避开或者破坏权利人为其作品、录音录像制品等采取的保护著作权或者与著作权有关的权利的技术措施的，法律、行政法规另有规定的除外。”然而该规定过于笼统，给司法实践带来很大困难。

《著作权法》第 48 条和《信息网络传播条例》第 18 条同样对故意避开或者破坏技术措施的行为规定了刑事责任。按照上文的分析，我国至少目前在国际公约没有就是否对规避技术措施的行为达成共识的背景之下不应贸然将保护水平提升得如此之高。

另外，在技术保护措施的权利限制和例外部分，TPP 明确了能够豁免刑事责任和民事责任、行政责任的主体和适用的条件，反观我国立法，虽然《信息网络传播条例》第 12 条规定了规避技术措施的例外，但由于其封闭式具体列举权利限制或例外情形的立法模式不能够适应技术的发展和现实的需求，可能会中伤无辜者。中国作为发展中国家，对技术措施的保护水平超过了上述的主要发达国家，然而在例外方面规定远远不足，这与对技术水平措施的高水平保护是完全不匹配的。[②] CPTPP 的该冻结条文（TPP）值得我国借鉴的地方在于为违反技术保护措施的行为规定了较为细致并且开放的权利限

---

① 参见何华：《〈跨太平洋伙伴关系协定（TPP）〉知识产权议题及中国对策研究》，世界图书出版公司 2016 年版，第 190 页。

② 参见王迁：《版权法对技术措施的保护与规制研究》，中国人民大学出版社 2018 年版，第 401 页。

制和例外条款。① 因此建议我国尽快删除对直接规避技术措施行为的禁止性条款以及相应的刑事责任，并且完善权利的限制和例外条款。

CPTPP **条文**：

第 18.68 条：技术保护措施（TPMs）[82]（CPTPP 的冻结条款）

1. 为提供充足的法律保护和有效的法律救济，制止对作者、表演者和录音制品制作者为行使其权利及限制对其作品、表演和录音制品的未经授权行为而采取的有效技术措施的规避，每一缔约方应规定，以下行为人应承担责任并适用第 18.74 条（民事和行政程序及救济）规定的救济措施：

（1）明知或有合理理由知道，[83]未经授权规避用于控制获取受保护作品、表演和录音制品的任何有效技术措施；[84]

（2）生产、进口、发行、[85]向公众许诺销售或出租，或以其他方式向公众提供设备、产品、组件，或向公众许诺提供或提供服务：

①行为人[86]宣传、广告或营销是为规避任何有效技术措施；

②除了规避任何有效技术措施之外，只有有限的商业上重要的目的和用途；[87]

③是主要为规避任何有效技术措施的目的而设计、生产或实施的。

各缔约方应规定，如任何人故意[88]并且为商业利益或财务收益[89]的目的从事上述活动，则适用刑事程序和刑罚。[90]

各缔约方可规定，该刑事程序和刑罚不适用于非营利的图书馆、博物馆、档案馆、教育机构或公共的非商业性的广播实体。一缔约方也可规定，第 18.74 条（民事和行政程序及救济）规定的救济措施不适用于任一前述实体，只要其是善意地从事上述行为且不知该行为属于禁止之列。

2. 在实施第 1 款时，缔约方并无义务要求消费性电子产品、通信产品或计算机产品的设计或零部件的设计与选择对任何特定技术措施作出响应，只

① 参见汤韬：《TPP 规则下的技术保护措施》，载《重庆理工大学学报（社会科学）》2017 年第 31 卷第 5 期。

要该产品未违反实施第 1 款的措施。

3. 各缔约方应规定，违反实施本条措施，与该缔约方版权和相关权利法律下可能发生的侵权行为相互独立。[91]

4. 关于实施第 1 款的措施：

（1）如根据缔约方的法律，通过立法、监管或行政程序，适当考虑了该程序中提交的证据，包括权利所有人是否采取适当和有效的措施使受益人能够享受该缔约方法律对版权和相关权利的限制和例外，确定实施第 1 款第 1 项或第 2 项的措施对非侵权使用产生实际的或可能的不利影响，该缔约方可规定该实施措施的某些限制或例外，以便能够进行非侵权使用；[92]

（2）对第 1 款第 2 项实施措施的任何限制和例外，应仅被允许用来使该限制和例外的预期受益人[93]合理使用本条允许的限制或例外，且不得授权向该预期受益人[94]之外的人提供设备、产品、组件或服务；

（3）缔约方不得根据第 4 款第 1 项和第 2 项规定的例外和限制，破坏其为保护有效技术措施的法律制度的有效性，或损害制止破坏规避如下技术措施的法律救济的有效性，此类措施即本章规定的作者、表演者或录音制品制作者行使权利时所使用的措施，或限制与其作品、表演或录音制品相关的未经授权的行为所使用的措施。

5. 有效技术措施，是指在其正常运行过程中，控制对受保护作品、表演或录音制品的接触或保护与作品、表演或录音制品有关的版权或相关权利的任何有效的[95]技术、设备或部件。

脚注 82：本协定中的任何条款均不要求一缔约方限制那些不会使得一项技术措施起效的装置的进口和国内销售，该技术措施的唯一目的是控制电影的合法物理复制的市场分割并且不违反法律。

脚注 83：就本项而言，缔约方可规定，应有合理理由知道可通过合理的证据加以说明，考虑到指控的非法行为的事实和情况。

脚注 84：为进一步明确，对于规避保护受保护作品、表演或录音制品的任何版权或相关权利的专有权但并不控制对此类作品、表演或录音制品的获取的任何有效措施的人，缔约方无须在本项中对其施加民事或刑事责任。

脚注 85：缔约方可规定，本项对生产、进口或发行规定的义务仅适用于该活动是为销售或出租或损害了版权或相关权利持有人的利益的情况。

脚注 86：缔约方理解，本款仍适用于通过第三方的服务进行的宣传、广告和营销。

脚注 87：如本项所提及的行为除规避任何有效的技术措施外没有商业上的重要目的和用途，缔约方可遵守本款的规定。

脚注 88：为进一步明确，就本条和第 18.69 条（权利管理信息）而言，故意包含知情这一要素。

脚注 89：为进一步明确，就本条、第 18.69 条（权利管理信息）和第 18.77 条第 1 款（刑事程序和刑罚）而言，缔约方理解，一缔约方可将“财务收益”视为“商业目的”。

脚注 90：为进一步明确，缔约方无须对其或其授权或同意的第三人采取的行为施以本条和第 18.69 条（权利管理信息）下的责任。

脚注 91：为进一步明确，如一缔约方通过其他手段对（a）项（i）目规定的刑事规避行为进行刑事处罚，则该缔约方无须将该行为视为单独的犯罪行为。

脚注 92：为进一步明确，本规定并不要求缔约方通过立法、监管或行政程序，就有效技术措施法律保护的以下限制和例外作出新的认定：（i）此前已经根据两个或以上缔约方之间签订的已经生效的贸易协定确立的限制和例外；或（ii）缔约方已经先前实施的限制和例外，只要该等限制和例外与本款相一致。

脚注 93：为进一步明确，缔约方可对第 1 款（b）项规定例外，而无须规定与第 1 款（a）项相应的例外，只要对第 1 款（b）项的例外限于根据本项规定属于对第 1 款（a）项的例外和限制的范围之内的合理使用。

脚注 94：仅就解释第 4 款（b）项而言，第 1 款（a）项应理解为作必要修改后适用于第 5 款定义的所有有效技术措施。

脚注95：为进一步明确，一般情况下，如果一项技术措施可以被偶尔规避，则其不是“有效的”技术措施。

十三、权利管理信息

CPTPP 第 18.69 条是对 TPP 关于权利管理信息条款的全部冻结。

TPP 所指的权利管理信息是包含以下情形的信息：该信息能够帮助他人识别作品、表演或录音制品的具体信息，识别某作品的作者、表演的表演者、录音制品的制作者；识别对上述客体拥有任何权利的所有人的信息；识别使用有关作品、表演或录音制品信息应该遵循的条款和条件的信息；代表前述信息的数字和代码，如该各项信息均附着于上述制品之上，或在向公众传播或提供该制品时出现。

（一）权利管理信息的权利范围

TPP 对以下三种行为予以禁止：第一，对权利管理信息进行任何的故意去除或改变；第二，明知权利管理信息是没有经过权利人授权并改变的，而故意发行或以发行为目进口；第三，在第二种情况的基础上故意发行、以发行为目的进口、广播、传播或向公众提供作品、表演或录音制品的复制件。以上三种情形可以归结为两类：一是对管理信息的直接破坏，二是对直接破坏行为的帮助行为。

另外，本条对过错的脚注规定使其具有了有别于国际条约的特点。在侵权的构成要件上，TPP 原则上要求行为人具有主观上的故意或明知，但是其明确指出：“为进一步明确，各缔约方可将本款给予的保护延伸至一个人在不知情的情况下从事了本条第 1 款第 1 项的（1）目、（2）目、（3）目中的行为的情况，并可延伸至其他相关权利持有人。”这意味着 TPP 允许缔约国自由决定是否将不知情者从事了上述行为纳入禁止的范畴之中，可以说 TPP 的这一规定将国际通行的过错责任拔高到了推定过错责任，显示了其非常高的保护要求，这也可能是 CPTPP 对此予以冻结的原因之一。对比各缔约国的立法情况，少有进行如此规定的国家。《日本著作权法》第 113 条第 3 款规定，禁止故意增加虚假管理信息的行为；禁止行为人明知在此作品或表演上已经发行改变或删除权利管理信息的情况下还发行、进口、持有或向公众传输作品或表演的复制件等。《澳大利亚版权法》《新西兰版权法》都对行为人的主观要求有故意或者有合理理由明知的主观过错。[①]

（二）违反权利管理信息规定的法律责任

在责任的配置方面，国际条约为缔约方自由选择民事责任、行政责任或刑事责任留下立法的自主空间，但这些责任带来的救济必须是“适当的”，因此这些责任的配置必须在救济的强度和救济的后果与受到制裁的行为之间寻找适当的平衡。[②] TPP 在该条中为缔约国明确了必须对故意和为商业利益或财务收益从事上述第 1 条第 1 款中的行为的行为人或实体追究刑事责任。[③] 本条与上一条“技术保护措施”中的规定一样，极大提高了对侵犯权利人享有的关于权利管理信息的行为予以制裁的力度。目前大多数国家对违反权利管理信息规定的行为规定了民事救济，如赔偿和禁令方式，少数国家如美国、新西兰和日本明文规定了刑事责任。[④] TPP 对上述违反权利管理信息的行为规定了刑事责任使保护力度达到了非常高的水平，这也有可能是导致本条在 CPT-PP 文本中被整条冻结的主要原因之一。

---

① 转引自湛茜：《因特网条约权利管理信息条款研究——兼论我国〈著作权法〉第三次修改》，载《暨南学报（哲学社会科学版）》2015 年第 2 期。

② 参见［德］西尔克·冯·莱温斯基：《国际版权法律与政策》，万勇译，知识产权出版社 2017 年版，第 410 页。

③ 参见何华：《〈跨太平洋伙伴关系协定（TPP）〉知识产权议题及中国对策研究》，世界图书出版公司 2016 年版，第 190 页。

④ 参见湛茜：《因特网条约权利管理信息条款研究——兼论我国〈著作权法〉第三次修改》，载《暨南学报（哲学社会科学版）》2015 年第 2 期。

（三）我国应适当调整现行的高水平保护模式

我国目前对权利管理信息的权利范围规定在《著作权法》第48条和《信息网络传播条例》第18条。前者禁止他人未经许可故意删除或者改变权利管理电子信息，后者禁止他人故意删除或者改变权利管理电子信息，而这种电子管理信息是通过信息网络向公众提供的作品、表演、录音录像制品所体现的，或者行为人明知或者应知权利管理电子信息未经权利人许可而被删除或者改变，却仍然通过信息网络向公众提供作品、表演、录音录像制品。与TPP相比，我国现行立法没有“明知权利管理信息已被擅自更改，仍为权利管理信息销售或进口”的禁止规定，在我国目前包括版权在内的整个知识产权的质量水平和实施利用程度都远低于知识产权强国的背景下，不宜贸然追求TPP的超高标准,[①] CPTPP对该条款的冻结对我国具有启发意义。

另外，在目前国际条约对违反权利管理信息的责任规制要求仅仅维持在民事责任的水平时，我国是否还要坚持对其追究刑事责任。即使我国确定对该违法行为施加刑事责任，也需要配备完善的权利限制和例外的立法，正如前述在“技术保护措施”部分所分析的，建议我国建立开放式的权利限制和例外的规定。

CPTPP 条文：

第18.69条：权利管理信息（RMI）[96]（CPTPP的冻结条款）

1. 为提供充足和有效的法律救济以保护权利管理信息。

2.（1）各缔约方应规定，任何人未经授权并且明知或有合理理由知道下列行为会诱使、促成、便利或包庇侵犯作者、表演者或录音制品制作者的版权或相关权利，应承担责任并受制于第18.74条（民事和行政程序及救济）规定的救济措施：

---

① 参见徐浪蜜：《TPP版权刑事保护条款分析及我国的应对策略研究》，载《河南司法警官职业学院学报》2016年6月。

①故意[97]去除或改变任何权利管理信息；

②明知权利管理信息未经授权已被改变，而故意发行或以发行为目的的进口权利管理信息[98]；

③明知权利管理信息未经许可已被去除或改变，而故意发行、以发行为目的的进口、广播、传播或向公众提供作品、表演或录音制品的复制件。

（2）各缔约方应规定，如任何人被发现故意和为商业利益或财务收益从事第（1）项所述行为，则对其应适用刑事程序和处罚。

（3）各缔约方可规定，第1款第（2）项所述的刑事程序和处罚不适用于非营利的图书馆、博物馆、档案馆、教育机构或公共的非商业性的广播实体。[99]

3. 为进一步明确，本协定任何条款均不阻止缔约方将为法律实施、根本安全利益或其他相关政府目的（如履行法定职能）而从事的有合法授权的活动排除在实施第1款的措施之外。

4. 为进一步明确，本条任何规定不得为一缔约方设定如下义务，即要求作品、表演或录音制品的权利人将权利管理信息附于作品、表演或录音制品之上，或使权利管理信息在向公众传播作品、表演或录音制品时出现。

5. 权利管理信息指：

（1）识别作品、表演或录音制品，作品的作者、表演的表演者、录音制品制作者的信息；或识别对作品、表演或录音制品拥有任何权利的所有人的信息；

（2）有关作品、表演或录音制品使用条款和条件的信息；

（3）代表第（1）项或第（2）项所述信息的数字和代码，如该各项信息均附于作品、表演或录音制品的复制件上，或在向公众传播或提供作品、表演或录音制品时出现。

脚注96：各缔约方可通过仅对电子化的权利管理信息提供法律保护以遵守本条义务。

脚注97：为进一步明确，各缔约方可将本款给予的保护延伸至一个人在不知情的情况下从事了①目、②目和③目中的行为的情况，并可延伸至其他相关权利持有人。

脚注98：各缔约方可通过在其版权法律下对于精神权利的实施提供民事司法程序以遵守本目的义务。缔约方也可通过对原创汇编作品提供有效保护来符合本目下的义务，只要本目中所述的行为被视为侵犯该原创汇编作品的版权。

十四、版权和相关权的集体管理

CPTPP 第 18.70 条对缔约国进行版权及相关权利的集体管理宣示了其工作所应遵守的原则——公平、有效、透明原则。

（一）版权及相关权集体管理的内涵

版权及相关权集体管理组织代表的是就某一类作品或相关权客体的众多权利人，帮助权利人与市场上庞大的群体进行交易，因此它能够帮助权利人克服信息差，及时维护权利，同时也能降低使用者的交易费用、法律风险和许可费用的负担，有利于促进版权和相关权的交易。[①] 我国的著作权集体管理组织是代表著作权人及与著作权有关的权利人行使著作权或者与著作权有关的权利的非营利性组织，具有全国性和唯一性。在我国著作权集体管理组织的设立必须符合《著作权集体管理条例》的有关规定。我国目前已经成立了中国音乐著作权协会、中国文字著作权协会、中国音像集体管理协会和中国摄影著作权协会。

（二）CPTPP 对公平、有效、透明原则的宣示意义

版权及相关权集体管理组织必须遵循公平、有效、透明原则。CPTPP 的

---

① 参见向波：《著作权集体管理组织：市场功能、角色安排与定价问题》，载《知识产权》2018年第7期。

该项原则对我国的著作权集体管理具有十分重要的意义。

版权及相关权集体管理组织根据与授权管理的权利人之间的约定和法律规定，在约定和法律规定的范围内行使权利和义务，应当遵守公平的原则对待授权其管理的权利人以及在行使权利时面对的对象。2018 年 11 月中国音像著作权集体管理协会（之后简称音集协）在其官网中发布了《关于停止使用部分涉诉歌曲的公告》（音集协字〔2018〕第 064 号），要求删除 6000 余首歌，这一公告的发布立即引起了法律理论界和实务界的热烈关注。由于音集协属于著作权集体管理组织，其只能依据版权或相关权权利人的授权行使许可或禁止他人行使该权利。换句话说，权利人可以不与音集协签订管理协议而是由自己行使权利，当发生对该权利人的侵权行为时音集协不得进行干预。然而音集协在《关于停止使用部分涉诉歌曲的公告》中明确指出："音集协一年内协助缴费卡拉 OK 经营场所处理了千余起侵权案件，案件所涉侵权音乐电视作品都不属于我会管理的作品……所有 VOD 设备生产厂商……将本公告附件所列该版本音乐电视作品在各自运营的曲库、服务器及云端尽数删除，未经我会书面通知请勿重新上传……"既然某些侵权作品并不属于音集协的管理范围，那么被要求删除未加入协会的歌曲没有法律依据，① 违背了管理版权时应当遵守的公平原则。

此案例的意义在于，著作权集体管理组织必须厘清其自身的性质和地位，虽然其作为版权和相关权人的代表人，理应保护被代表人的权益不受侵害、追求利益的最大化，但是这必须以遵守公平原则、按照法律规定为基本出发点——这也是 CPTPP 对公平原则的要求。著作权集体管理组织不能单方面为了追求利益的最大化从而破坏私权和公共利益之间的平衡关系。版权局在

① 参见邓宏光：《音集协"删歌〈公告〉"的法律分析》，http：//news. zhichanli. cn/article/7385. html，2019 年 5 月 5 日访问。

2012年发布《著作权法（修改草案第二稿）》，其中第70条[①]的内容为将著作权集体管理延伸到非会员中，该条在之后的修改中被立法者删除，由此可见延伸性集体管理制度在我国还尚未确立。

著作权集体管理面对海量的权利人和使用者，权利的集中度越高就越有效率，成本也就越低，发挥的作用也就越大。在定位上，著作权集体管理组织同时扮演着权利保护人和作品传播者的双重角色，其广泛的代表性对行业容易产生影响力和控制力，应当受到严格监管和限制，这也是CPTPP对集体管理组织行为的公开透明的要求。[②] 目前我国在《著作权集体管理条例》中对著作权集体管理有关遵循公开、公正的原则进行了系列规定，要求其自身应当规范财务会计制度，并应当受国务院著作权管理部门监督管理。如果违反了公开透明原则的，则应当承担相应的民事责任和行政责任。

CPTPP条文：

第18.70条：集体管理

缔约方认识到版权及相关权利集体管理协会在基于公平、有效、透明和负责任的实践而收取和分配许可使用费[100]方面的重要性，该实践可包含适当的记录保存或报告机制。

脚注100：为进一步明确，许可使用费可包括合理报酬。

① 《著作权法（修改草案第二稿）》第70条："使用者使用权利人难以行使和难以控制的权利，依照与著作权集体管理组织签订的合同向其支付报酬后，非会员权利人就同一权利和同一使用方式提起诉讼的，使用者应当停止使用，并按照相应的著作权集体管理使用费标准赔偿损失。"

② 参见中国音像著作权集体管理协会代理总干事周亚平：《从视觉中国的商业模式浅谈非法著作权集体管理》，http://www.cavca.org/news_show.php?un=xhxw&id=1152&tn，2019年5月21日访问。

第九章　执　　行

一、执行的一般义务

CPTPP 在第 18.71 条中对知识产权执行的缔约国应当承担的一般义务进行了规定。其中，第 1 款对执法程序进行了原则性规定，对缔约国对侵权行为的执法程序的有效性提出了要求，并且注重保障知识产权保护和贸易发展的平衡。第 2 款规定了临时措施、民事、行政和刑事程序及救济应等同适用于网络数字环境下侵权行为，表现了 CPTPP 强调对网络环境下知识产权侵权行为的规制。第 3 款强调了知识产权执法公平与效率的平衡。第 4 款强调了知识产权执法与一般执法程序的关系，CPTPP 并不要求知识产权执法程序特殊于一般执法程序，也不要求知识产权执法程序较一般执法程序占用更多资源。第 5 款规定了执法程序应当注意救济和处罚措施与侵权行为的严重程度之间的比例性。

（一）第 I 节“执行”的制定背景

目前，由于大部分国家加入了 WTO，其成员国的知识产权立法水平已达到 TRIPs 协议规定的最低标准，然而，许多发达国家不满足于 TRIPs 协议规定的最低标准，认为该知识产权执法标准并不足够，对发展中国家的知识产权保护水平并不满意。[1] 以美国为代表的发达国家开始寻求 WTO 框架之外的途

---

① SeeRuth L. Okediji, Legal Innovation in International Intellectual Property Relations: Revisiting Twenty - One Years of the TRIPs Agreement, 36 U. Pa. J. Int'l L. 191, 244 (2014).

径来强化国际知识产权执法，其中一条重要的途径是将执法规则规定在双边或多边自由贸易协定中。①

2011 年，欧盟、美国、墨西哥、加拿大、澳大利亚、日本、韩国、新加坡等国家（地区）缔结了 ACTA，共六章，分别是初始条款和定义、知识产权执法的执法框架、执法实践、国际合作、机构安排和最终条款。其中，第二章知识产权执法的执法框架具有实质性的意义，其条款多达协议的所有条款的一半。第二章分为五节，分别为一般义务、民事执法、边境措施、刑事执法、数字环境下的知识产权执法。由于 CPTPP 许多条款都沿袭了 ACTA，因此，ACTA 对于 CPTPP 条款的研究十分重要。

CPTPP 第九节执行共有十个条款，其中第 18.79 条加密卫星和有线信号的保护暂缓执行，其余九条条文与 TPP 保持一致，没有进行修改。美国在 TPP 谈判过程中，一直十分强硬地要求提高知识产权的保护，在美国退出 TPP 后的 CPTPP 由日本和加拿大主导，在执行这一节却几乎没有修改，依旧保持着比 TRIPs 高不少的保护程度。

首先，分析美国，在 TPP 的 12 个成员中，除美国外的 11 个成员要么是美国的政治军事盟友（如日本、澳大利亚、新加坡、新西兰），要么是与美国保持紧密政治联系的伙伴国（越南、马来西亚），要么是已与美国签有贸易协定的经济体（加拿大、墨西哥、智利、秘鲁），要么是没有什么政治影响力的小经济体（文莱）。从这个角度来说，与欧盟不同，区域合作对美国而言并非最终目标，它不过是美国在其相对实力下降的背景下，在全球层面推广美国贸易标准、影响国际经济规则的政策工具而已。② 所以，TPP 高程度的执法保护是在美国主导下促成的，是美国意志的体现。

在美国退出 TPP，转而成为 11 国的 CPTPP 之后，为何执行条款几乎不

① 参见何华：《〈跨太平洋伙伴关系协定（TPP）〉知识产权议题及中国对策研究》，世界图书出版公司 2016 年版，第 198 页。

② 参见沈铭辉：《美国的区域合作战略：区域还是全球？——美国推动 TPP 的行为逻辑》，载《当代亚太》2013 年第 6 期。

变？在美国退出了TPP后，日本提出并主导了“无美国版”TPP谈判，推动11个国家在智利圣地亚哥签署了《全面且先进的跨太平洋伙伴关系协定》。[①]在美国退出的情况下，日本参与谈判的动机随即发生了相应的改变，其通过领导和推动CPTPP谈判，增强国际政治影响力，从最初希望深化与美国的结盟，转变为以引领亚太政治经济为目标。[②] 日本是全球知识产权进出口第二大国家，2016年，日本的知识产权进出口收支总额586.85亿美元，其中出口收入390.13亿美元，进口支出196.72亿美元，收支顺差193.41亿美元。[③] 而且，日本近五年的知识产权贸易依存度超过了10%。[④] 由此可见，知识产权交易占据着日本的对外贸易重要的地位，日本势必会寻求更完善的知识产权保护。另外，鉴于包括日本在内的发达国家认为TRIPs只是知识产权执法的最低标准[⑤]，其一直在寻求更高程度的执法保护。提高知识产权的执法保护，不仅是美国一国的主张，同样符合日本的利益诉求。所以，日本推动下签订的CPTPP对知识产权执法进行高程度的保护，也是不足为奇的。而另外两个对CPTPP有着重大影响力的国家（加拿大和澳大利亚）的目的一直未改变，即进一步参与亚太事务。

（二）第Ⅰ节“执行”的综合评价

1. 注重公平与效率的平衡

CPTPP第18.71条第1、3款和第4款整款借鉴TRIPs第41条第1、2款及第5款，基本与TRIPs一致，均要求缔约国兼顾公平与效率。条文中，使

① 参见梅岩：《日本主导的CPTPP能走多远?》，http：//www.livejapan.cn/review/review_ sound/review_ sound_ editorial/20180327/10990.html，2019年1月19日访问。

② 参见杨立强：《从TPP到CPTPP：参与各方谈判动机与贸易利得变化分析》，载《亚太经济》2018年第5期。

③ 参见曹清：《知识产权贸易的调查分析》，载《金融纵横》2018年第7期。

④ 参见高佳：《中国知识产权贸易发展状况及国际比较分析》，载《经济统计学（季刊）》2017年第2期。

⑤ SeeRuth L. Okediji, Legal Innovation in International Intellectual Property Relations: Revisiting Twenty - One Years of the TRIPs Agreement, 36 U. Pa. J. Intl L. 191, 244 (2014).

用了“迅速”“不应包含不合理的时限”等用语，凸显了 CPTPP 对效率的强调，认为迟到的公平不是公平，要求缔约国的知识产权主管机关及时制止侵权行为，对权利人进行救济。

另外，第 18.71 条同样还借鉴了 TRIPs 对维权成本和程序的要求，要求不能有过高的维权成本，以及过于复杂的维权程序，鼓励权利持有人积极维权，保护自己的合法知识产权，同时结合上述对于执法效率的要求，进一步保障了知识产权权利人的权利。

2. 注重知识产权执法与贸易发展的平衡

第 18.71 条第 1 款也要求程序的实施不能妨碍合法的正常贸易，避免权利的滥用，以确保成本的经济性和效率。此条的其他部分均强调保护权利持有人，仅这一句阻止权利人滥用权力，促进贸易的同时也维持贸易的稳定性。以推动贸易发展为总目标，平衡权利持有人和侵权人之间的利益关系。加强知识产权保护的同时，势必会抑制一部分贸易，从这一角度来说，该款也平衡了知识产权保护和自由贸易发展的关系。例如，权利持有人认定产品侵权，请求主管机关采取临时措施或者边境管理措施，无论被控侵权人是否真正侵权，势必会消耗大量的时间成本，对于被控侵权人的贸易势必是一个打击，有时这个打击甚至会是毁灭性的。

另外，第 18.71 条第 1 款中规定，缔约国应采取的有效行动包括防止侵权的迅速救济措施和对未来的侵权构成威慑的救济措施，其中“对未来的侵权构成威慑的救济措施”尤其值得关注，这一规定代表 CPTPP 不仅要求缔约国对于已经发生的侵权行为作出迅速及时的救济措施，还要求缔约国对未来可能构成侵权的行为作出事前的威慑，与 TRIPs 第 41 条第 1 款[①]中的规定保持一致。

---

① TRIPs 第 41 条第 1 款规定，各成员必须保证其法律中包括本部分规定的实施程序，从而被允许对任何侵犯本协定所涵盖知识产权的行为采取有效的行动，包括迅速地阻止侵权的救济措施和遏制更多侵权的救济措施。这些救济程序应避免对合法贸易造成障碍，并应为防止这些程序被滥用提供保障措施。

本条第 5 款要求缔约国注意知识产权侵权行为的严重程度与适用救济和处罚措施之间的比例性，同样是出于维持知识产权保护和发展贸易的平衡的考虑。另外，由于知识产权的主管机关一大部分为行政机关，此款也是《行政法》比例原则在 CPTPP 条款中的具体体现。

发展中国家一般比较排斥对知识产权采取严保护，而是采取比较放松的政策，我国在改革开放初期，颁布的《商标法》《专利法》和《著作权法》中对于知识产权均采取比较弱的保护，一方面，是由于知识产权发展落后；另一方面，也是出于经济发展的考量。直到进入二十一世纪，我国加入了 WTO 后，才逐渐修改法律，加强对知识产权的保护。一旦，对知识产权执行采取强保护，势必会很大程度上抑制商品贸易的发展，另外，还对贸易方的资金流产生很大的考验。第 18.71 条缔约方的一般义务在要求缔约国对知识产权执行进行强保护的同时，也注意知识产权保护和贸易发展的平衡。

3. 注重数字环境下知识产权侵权行为执法

ACTA 中第二章第五节，整节对数字环境下的知识产权执法进行了规定，而 WTO 框架下的 TRIPs 并没有提及数字环境下的知识产权。随着科技技术的发展，尤其是因为知识产权权利持有人无法有效地控制网络这一传播途径，数字环境下的知识产权保护无论对中国或是其他国家都变得越发重要，网络也成为侵权高发地。以著作权为例，2015 年到 2017 年，北京、上海两地的著作权案件中，涉及信息网络传播权的案例超过 50%。[①] 因此，第 18.71 条第 2 款强调民事和行政程序及救济、临时措施及刑事程序和处罚这三条的执法程序应同等适用于数字环境下的商标侵权行为、版权和相关权侵权行为。

第 18.71 条作为一般性条款，原则性地指出了网络环境下知识产权保护的重要性，尤其注意对于数字知识产权侵权采取严厉的执法保护，不能因其为新型侵权模式，就将其与传统侵权模式的执行区别对待。同时，数字环境

---

① 参见王少冗：《网络侵权案占半数，个案判赔额仍偏低》，载《中国知识产权报》2019 年 1 月 11 日。

下的知识产权执行难度更大，此条款也是提醒缔约国重视这一侵权模式，克服网络环境带来的挑战，严格执行其他条款规定的保护规定。

（三）对我国的可能影响

1. 强保护趋势

CPTPP 为继 ACTA 后，又一个多国参与缔结的“超 TRIPs”规则。并且，除了第 18.71 条第 2 款外，其余条款均与 ACTA 极其相似。ACTA 的缔约方主要为欧美发达国家，而 CPTPP 除了日、加、澳，还有大量的发展中国家，如越南、马来西亚、文莱等，这些发展中国家参加谈判的主要目的是，推动对美出口，加强与美国的政治联系。[①] 美、日等国家则借此机会将 TPP 体系下知识产权强保护规则推向这些发展中国家。

CPTPP 的“超 TRIPs”保护标准，与我国目前的知识产权立法不兼容。[②] 在民事和行政赔偿、边境保护以及刑事执法方面，中国法律均与 CPTPP 规则有着差别，将在下文详细论述。

2011 年，东盟 + 中日韩 + 澳新印（澳大利亚、新西兰、印度）十六国组成的《区域全面经济伙伴关系》（RCEP）正式启动，其中近一半国家加入了 CPTPP，即日本、越南、马来西亚、新加坡、文莱、新西兰、澳大利亚 7 个国家。这些国家之间实现了统一的高标准知识产权执法保护，则势必会影响 RCEP 的谈判和签订，中国也因此接纳这一标准，提高本国知识产权保护的可能性。

2. 负面冲击

TPP 预期会使中国名义 GDP 和实际 GDP 分别下降 0.25 和 0.05 个百分点，而 CPTPP 带来的负面冲击更小一些，CPTPP 预期会使中国名义 GDP 和实

---

① 参见杨立强：《从 TPP 到 CPTPP：参与各方谈判动机与贸易利得变化分析》，载《亚太经济》2018 年第 5 期。

② 参见刘雪凤、高兴、刘鹏：《〈跨太平洋伙伴关系协定〉（TPP）知识产权条款对中国的影响及其对策研究》，载《中国科技论坛》2014 年第 2 期。

际GDP分别降低0.13个百分点和0.02个百分点，其他宏观指标结果基本上都表明CPTPP的负面影响相对要小。其中一个重要原因是，美国退出后，CPTPP占世界实际GDP的比重由37.49%锐减到15.51%，贸易额也由25.7%下降到14.9%，影响力大不如前。① 但是依然，CPTPP体系下严厉的知识产权执法给中国带来的冲击是不容小觑的。

对于这一负面冲击，也不必过于悲观。在签署贸易协定的过程中，中国可以充分发挥国内巨大市场的战略优势。中国巨大的国内市场规模和消费能力在谈判自由贸易协定方面具有巨大的讨价还价的筹码，并且对其他经济体具有强大的吸引力。所以，中国利用自身市场规模的优势，主动在区域贸易协定中占据较为主导的地位，及时提出中国版本的区域经济构想，即以《亚太自由贸易协定》（FTAAP）为最终目标，以“一带一路”倡议为纽带，推动区域经济的发展。

尤其在知识产权领域，我国政府机关始终高度重视知识产权的保护，在立法、司法、执法等各个环节不断加大工作力度，并且会继续加大打击侵犯知识产权的力度，加大侵犯知识产权的违法成本。正如下文中详细列举，在许多领域，我国目前的执法水平已经高于TRIPs所要求的最低保护标准，在某些层面甚至高于CPTPP中的规定。根据《国家知识产权战略纲要》第45至48条，我国注意合理配置执法资源，提高执法效率，并且，在海关边境执法中，提出加大海关执法力度，加强知识产权边境保护。综上所述，CPTPP所倡导的高执法保护标准，无可避免地会给我国国际贸易带来不小的冲击，但考虑到我国国力的发展以及对知识产权保护模式的转变，这一冲击不至于成为灭顶之灾。

CPTPP条文：

第18.71条：一般义务

1. 各缔约方应保证其国内法律[101]包括本节规定的执法程序，以便对任何

---

① 参见孙玥：《TPP到CPTPP：背景、影响及中国的对策》，载《商业文化》2017年第11期。

侵犯本章所涵盖知识产权的行为采取有效行动，包括防止侵权的迅速救济措施和对未来的侵权构成威慑的救济措施。[102]这些程序的实施应避免对合法贸易造成障碍并为防止这些程序被滥用提供保障。

2. 各缔约方确认，第 18.74 条（民事和行政程序及救济）、第 18.75 条（临时措施）和第 18.77 条（刑事程序和处罚）规定的执法程序应同等适用于数字环境下的商标侵权行为、版权和相关权侵权行为。

3. 各缔约方应保证其知识产权执法程序公平和公正。这些程序不应过分复杂或费用高昂，或包含不合理的时限或无保障的迟延。

4. 本节：

（a）不创设义务建立与一般执法制度不同的知识产权执法制度，也不影响各成员一般性执法的能力；以及

（b）在知识产权执法与一般执法的资源分配方面不创设义务。

5. 各缔约方在其知识产权制度中实施本节规定时，应考虑知识产权侵权行为的严重程度与适用救济和处罚措施之间的比例性需要以及第三方的利益。

脚注 101：为进一步明确，“法律”一词并不限于立法。

脚注 102：为进一步明确，各缔约方确认，在遵守 TRIPs 第 44 条和本协定相关条款的前提下，其对所有企业提供此类救济措施，无论其是私有企业还是国有企业。

二、合法权利来源的推定

CPTPP 第 18.72 条规定了三种情况下对权利持有人合法权利来源的推定，即经过署名的作品或者邻接权客体推定署名人为作者，获得注册的商标和专利推定其为合法有效的，拥有权利外观。其中，著作权是权利人和权利有效的双重推定，商标和专利均为经过注册授权后的权利有效性推定。

（一）条款分析

这一规定减轻了权利持有人的举证责任，在纠纷解决中，一般采取“谁主张，谁举证”的原则，当事人对自己提出的主张，有责任提供证据。[1] 侵权行为认定的要件为，存在侵权行为、存在损害、侵权行为和损害之间存在因果关系以及主观故意或过失。[2] 原则上，原告需要证明所有侵权要件，其中第一步就是证明存在合法的权利。以物权为例，对物的占有是物权的权利外观，而由于知识产权是无形财产权，对知识产权载体的占有并不能证明其为知识产权权利人。另外，由于知识产权为国家授权，专利和商标需要注册取得权利，实行申请在先原则，提供商标或专利的注册证即可证明自己是合法权利人。专利权和商标权采取登记公示原则，其证明路径类似于不动产物权证明。这一条的规定，明确了权利持有人对于其拥有合法权利的举证责任，体现了CPTPP倾向于保护知识产权权利人，鼓励其积极维护自己合法权益。同时，这一条也落实了上述TPP第18.71条第3款，推动了执法过程的快捷性。

第18.72条第3款的注释明确，在行政程序确定权利有效性之前，知识产权主管机关可中止执法程序。这一注释也是出于兼顾公平与效率的考量，呼应第18.71条的规定。行政管理机关针对知识产权的有效性进行判断，就说明这一知识产权是否有效存在争议，若主管机关直接推定其有效，判定侵权，随即直接执行。若行政管理机关在后判定该知识产权无效，则自始不存在侵权行为，另外，主管机关却已经执行，这对于被控侵权人是极为不利的，也极不公平，知识产权权利人容易利用这条规定滥用权利，阻碍自由贸易。并且，依据注释，仅有行政机关有权利判定知识产权的有效性，若被控侵权人提出知识产权自始无效的抗辩后，自然会移转到行政机关对知识产权有效性进行判断，这一情况下，主管机关不中止执行，则被控侵权人提出这一抗

① 参见《民事诉讼法》第64条。
② 参见《侵权责任法》第9条。

辩是没有意义的，即使权利人的知识产权确实无效，被控侵权人永远只能获得迟到的正义，这是极为不合理的。所以，这一注释是出于公平正义的考量，在前面主条款强调效率的同时，注释规定效率不能牺牲正义，要协调公平与正义的平衡。

（二）与我国法律规定及其他国际条约对比分析

我国著作权法以及其他国际条约均存在将署名人推定为著作权人的规定，但并未有将表演者或者录音录像制品推定为邻接权人的规定。《伯尔尼公约》第 15 条第 1 款和第 2 款规定了将署名人推定为作者。[①] 我国《著作权法》第 11 条第 3 款规定，“如无相反证明，在作品上署名的公民、法人或者其他组织为作者”。即推定作品上署名的人即为权利人。由于，著作权自动取得，在完成作品的瞬间自动取得著作权，无须注册。只有满足了独创性要求才是作品，而由于作品的独创性主要通过作者创作的过程体现出来，创作过程通常是不公开的，也难以用客观的证据加以证明。在实务中，作品的独创性都是推定的：只要不能证明是复制他人的作品，就认定有独创性，即只要被告不提出独创性抗辩并提供初步的证据，作者无须证明其作品有独创性，这一点也与 CPTPP 第 18.72 条第 1 款 b 项相符。

CPTPP 第 18.72 条第 1 款增加了对邻接权署名人的推定，即对于邻接权来说，作为表演者和制作者出现相当于在邻接权客体上署名，也可推定其为邻接权人。较于《伯尔尼公约》来说，CPTPP 对于权利来源的规定更为细致完善了，将原本作品署名人推定为作者的规定，进一步扩展到了邻接权人，加大了对邻接权人的保护，也表现出了 CPTPP 注重保护权利人的倾向。

《美国专利法》中存在对专利权推定有效的规定，仅当事人提供令人信服

---

① 《伯尔尼公约》第 15 条规定，受本公约保护的文学艺术作品的作者，只要其名字以通常方式出现在该作品上，在没有相反证据的情况下，即视为该作品的作者并有权在本同盟成员国中对侵犯其权利的人提起诉讼。以通常方式在电影作品上署名的自然人或法人，除非有相反的证据，即推定为该作品的制片人。

的证据才能证明专利权无效，不承担侵权责任。[①] 中国没有明确的规定，但也遵循着相同的法理。[②] 且依据《专利法》第 45 条规定，任何人认为专利的授予不符合专利法有关规定的，可以请求宣告该专利权无效。如果专利权的每一项无效要件均不符合，实际上则是满足了专利授权的必要条件。向国务院专利行政部门申请专利，获得授权后，只需提供在专利有效期内的专利证书，即可证明其为专利权人且推定专利有效。同样，在我国申请商标，获得注册后，在保护期限内推定有效。被控侵权人如以商标无效为理由进行抗辩，则需要先将商标无效或撤销。

（三）对我国的可能影响

由于第 18.72 条规定与中国的现行法律并无太大的不一致，中国国内早在立法或司法实践中如此操作了，因此，即使 CPTPP 框架被世界大多数国家接受，成为主流，在我国接受 CPTPP 执法保护规定的时候，第 18.72 条在立法上不会给中国带来很大的影响。

以目前中国并没有加入 CPTPP，与中国有贸易关系的国家采纳了 CPTPP 的知识产权执法保护规定，依据第 18.72 条，对著作权人和权利的有效性进行推定，是否会对我国产生影响？答案是否定的。首先是，著作权人的推定，在《伯尔尼公约》中已有规定，世界上已有 176 个国家加入伯尔尼公约，CPTPP 的成员国也均加入了伯尔尼公约，对著作权人的推定应符合其国内立法。而对知识产权有效性的推定，也基本是世界主流做法，大概率上，第 18.72 条是符合缔约国国内法的，缔约国无须因这一条对国内法进行修改，加大知识产权的执法力度。

即便万一缔约国国内法律与本条不一致，我国企业若被控侵权时，权利

① 《美国专利法》第 282 条规定，一项专利权应当推定有效；在专利侵权诉讼中主张无效抗辩的，当事人必须提供清楚并且令人信服的证据（defense by clear and convincing evidence）以证明专利权无效。

② 参见夏淑萍：《专利权效力推定制度的法理基础初探》，载《科学促进发展》2018 年第 Z1 期。

持有人的举证责任变轻，被控侵权人举证责任加重，可能对我国企业不利。同时，在我国企业为知识产权权利人时，举证责任同样变轻。考虑到，一般情况下，发达国家对知识产权的保护力度更大，发展中国家的保护力度较弱，若是原缔约国法律保护力度较 CPTPP 第 18.72 条弱，依据近几年我国每年申请 PCT 专利和马德里商标的总数居世界第二，则我国企业极可能是知识产权权利人，而非被控侵权人，故从这一角度分析第 18.72 条对我国利大于弊。虽然，我国目前专利和商标申请存在专利量大、专利质量较低的特点，但是，即使我国专利最终在缔约国被认定为无效，在被专利或商标被无效之前，CPTPP 依旧呈现为倾向保护专利权人或者商标权人的特点，所以，较十年前我国知识产权发展水平较为落后的状态，现在我国企业已经逐渐成为 CPTPP 保护的对象，更可能处于得利者的位置。

CPTPP **条文**：

第 18.72 条：推定

1. 对于涉及版权或相关权的民事、刑事、行政（如适用）程序而言，各缔约方应规定，如无相反证据，应推定[103]：

(a) 其姓名以通常方式[104]在作品、表演或录音制品上作为作者、表演者、制作者或出版者（如适用）出现的，视为该作品、表演或录音制品的权利持有人；

(b) 此类客体上存在版权与相关权。

2. 对于经有关主管机关进行实质性审查后获准注册的商标而言在开始民事、行政或刑事执法程序时，各缔约方应规定该商标被视为初步有效。

3. 对于经有关主管机关进行实质性审查后授权[105]的专利而言，在开始民事、行政或刑事程序时，各缔约方应规定该专利的各项权利要求均被认为初步满足在该缔约方领域内适用的专利性标准。[106][107]

脚注 103：为进一步明确，缔约方可采用誓词或有证据价值的文件，如法定声明的方式，来实施本条款。缔约方还可规定，推定是可被相反证据推翻的推定。

脚注 104：为进一步明确，缔约方可规定采取何种方式来确定什么构成特殊物理支持的“通常方式”。

脚注 105：为进一步明确，不得依据本章任何规定阻止缔约方在履行第 2 款和第 3 款项下的义务时，向第三方提供相关程序。

脚注 106：为进一步明确，如一缔约方将确定注册商标或授权专利的有效性的权限，只授予给了其行政机关，则不得依据第 2 款和第 3 款的规定阻止该缔约方的主管机关在注册商标或授权专利的有效性被其行政机关确定之前，中止执法程序。在有效性确认程序中，应由对注册商标或授权专利的有效性提出异议的当事方，承担证明该注册商标或授权专利无效的责任，尽管有此要求，缔约方可要求商标持有人对于首先使用进行举证。

脚注 107：缔约方可规定本条款仅适用于在本协定对该缔约方生效之后已经提出申请、已被审查或已被授权的专利。

三、执法信息的公开

CPTPP 第 18. 73 条规定了对知识产权判决和裁定、对知识产权侵权行为的统计收集数据以及有效的知识产权执法信息的收集和公开，是出于执法信息透明的考量。其中，第 1 款要求对知识产权判决和裁定需要说明事实和理由且向公众提供，第 2 款强调了缔约国应当重视收集知识产权侵权的统计数据和相关信息收集打击与预防知识产权侵权行为的最佳实践，第 3 款规定了缔约国应当向公众提供在民事、行政和刑事制度内有效的知识产权执法信息。

（一）条款分析

本条第 1 款 a 项是出于公开透明的要求，也是出于对当事人公平正义的考量，要求司法机关和行政机关在作出判决和裁定时，依据认定的事实和法律，经过论证推定，得出判决结果并说明事实和理由，使得判决符合法律规定，有理有据，也增加了缔约国知识产权权利持有人对司法、行政机关作出判决和裁定的预见性。

本条第 1 款 b 项是对 TPP 第 18. 9 条（透明度）在知识产权执法领域的体现，第 18. 9 条要求缔约方将与知识产权保护和实施有关的一般申请的法律、法规、程序和行政裁决在互联网上予以提供，也将知识产权的申请信息和注册信息在互联网上予以提供。第 18. 73 条第 1 款在第 18. 9 条的基础上，要求缔约国不仅需要公开法律法规和知识产权注册授权的信息文件，在执行层面的司法、行政文件也需要公开。

本条第 2 款对缔约方在知识产权侵权和执法信息收集与分析的重要性达成的共识进行了宣誓，但对缔约方国内法并无太大的具体指导意义，只是一个原则性的宣誓。通过这一款使各缔约方认识到“收集和分析有关知识产权侵权的统计数据的重要性”，要求缔约国主管机关主动监测和打击知识产权侵权，至少为打击知识产权侵权行为作出努力。要求缔约国收集打击和预防知识产权侵权行为的最佳实践，是因为在主管机关验证了预防和打击侵权行为的最佳实践后，将这一最佳实践作为执法人员的学习资料，才能更好地进一步完善执法，体现了 CPTPP 重视主管机关的知识产权执法积极性和强度。第 3 款则是对于第 2 款的具体实施，要求缔约国将收集到的信息公开，这 1 款同时又是对第 1 款的扩展，第 1 款中仅要求对司法和行政机关的判决、裁定进行公开，而本款中则要求主管机关将其为了知识产权有效执法而收集到的数据公开。这一款一方面监督缔约国对知识产权执法信息的统计收集，落实知识产权侵权和打击侵权行为的数据收集。另一方面进一步增加知识产权执法的公开透明性，使司法行政机关受到公众监督，更促进了权利持有人积极维权，从源头驱动知识产权保护。

（二）与我国法律规定及其他国际条约对比分析

第 18. 73 条第 1 款与 TRIPs 相比，对司法、行政机关的要求更高，执行保护更严格。TRIPs 中仅要求裁决最好以书面形式说理[①]，CPTPP 相较于 TRIPs，规定更细致，增加了一些强制性义务。首先，TRIPs 采取的语言为“最好采取书面形式”，而 CPTPP 中则要求“采取书面形式”，并且对内容也增加了要求，从“理由”变为“争议事实，推理和使用法律”，对司法机关和行政机关的判决、裁定文书写作的要求更高，使得判决和裁定更加有理有据，更好地保障了当事人的利益。其次，TRIPs 要求当事人至少应获得判决书或裁定书，而 CPTPP 则要求将判决书和裁定书以出版的方式进行公开，在出版方式不可行时，也应向公众提供。在 CPTPP 中对知识产权执法的公开要求提高了不少，将涉及知识产权的所有裁判和裁定文书通过出版或者在网络上进行公开对于一些国家是比较高的保护要求。

ACTA 第 30 条也对透明度做出了规定，要求使得公众获得，知识产权维权法律和程序，有关法律法规终局的司法决定和有关知识产权执法普遍适用的行政裁定，以及为确保知识产权执法与保护的有效体系所作的努力。CPTPP 基本沿袭了 ACTA，与其保持一致，但是 CPTPP 对于公开透明的要求甚至比 ACTA 更高，ACTA 中只要求对知识产权执法普遍适用的行政裁定予以公开，而 CPTPP 则要求对所有的行政裁定不设条件，均予以公开。这是一个对行政机关十分高的要求，其所做出的每一项决定都受到公众的监督，且行政裁定比司法判决要多得多，对所有行政裁定均进行出版公开将会是花费不少的金钱和时间成本。

第 18.73 条第 1 款与我国《民事诉讼法》规定基本相同。[②] 我国《民事诉讼法》第 152 条中规定的争议事实、使用法律和理由即 CPTPP 第 1 款 a 项规定的相关事实、推理和法律基础。而 b 项中的规定，我国的立法与司法实践

---

① TRIPs 第 41 条规定，对一案件是非曲直的裁决，最好采取书面形式并说明理由。至少应使诉讼当事方可获得，而不造成不正当的迟延。对一案件是非曲直的裁决只能根据已向各方提供听证机会的证据作出。

② 《民事诉讼法》第 152 条规定，判决书应当写明判决结果和作出该判决的理由。判决书内容包括：（一）案由、诉讼请求、争议的事实和理由；（二）判决认定的事实和理由、适用的法律和理由；（三）判决结果和诉讼费用的负担；（四）上诉期间和上诉的法院。

中也已落实，主要体现在《民事诉讼法》第 156 条。① 最高人民法院发布新规，法院生效的判决书除涉及国家秘密、未成年犯罪、调解结案、离婚诉讼或者涉及未成年子女抚养、监护的，从 2014 年 1 月 1 日起在互联网全面公布。② 已经生效的法院判决可以在“中国裁判文书网”中找到。而涉及知识产权的行政机关作出的裁定，如若涉及知识产权权利的行政裁定，可在国家知识产权局官方网站对专利审查信息进行查询。专利管理机关和工商管理局做出的行政裁定书会寄给当事人，但并未在网络上公布，无法被公众查询，在这一点上，CPTPP 中规定的知识产权执法保护程度比我国现行制度要高一些。

对于第 3 项，以出版方式向公众提供有效的知识产权执法信息，我国没有法律或行政法规规定，但是在实务中，行政管理机关和司法机关都会积极发布知识产权执法案例。例如，在国家知识产权局商标局的“中国商标网”上，发布了《2018 年北京市工商局“打击侵犯商标专用权和制售假冒伪劣商品”十大案例》③ 《2017 年工商和市场监管部门查处商标侵权典型案例》④ 等。在国家知识产权局网站上也可浏览到最新的专利执法维权动态。

（三）对我国的可能影响

鉴于 CPTPP 对于知识产权执法的司法和行政公开度要求很高，这意味着 CPTPP 的 11 个缔约国均承担着对所有司法和行政判决或裁定以及提供有效的执法信息的责任。对于在这 11 国进行贸易的中国企业来说，这一行为增加了缔约国法律的可预见性，对现行正进行贸易的中国企业是有利的。中国企业

---

① 《民事诉讼法》第 156 条规定，公众可以查阅发生法律效力的判决书、裁定书，但涉及国家秘密、商业秘密和个人隐私的内容除外。

② 《最高人民法院关于人民法院在互联网公布裁判文书的规定》第 3、4 条。

③ 参见国家知识产权局商标局中国商标网，http：//sbj. saic. gov. cn/sbjg/201901/t20190114_280271. html，2019 年 1 月 30 日访问。

④ 参见国家知识产权局商标局中国商标网，http：//sbj. saic. gov. cn/sbjg/201804/t20180426_273944. html，2019 年 1 月 30 日访问。

也可以方便地获取查询到相关案例，提前进行知识产权侵权规避，完成风险控制，这将大大增加在该国进行商品贸易的安全感。

此 11 个缔约国均认识到了收集知识产权侵权的统计数据和相关信息的重要性，这是为了依职权打击假冒行为和知识产权侵权所做的前期准备。中国企业在对外贸易时，要更加注意知识产权问题，防范知识产权侵权。在 CPTPP 缔约国进行贸易时，可能会因涉嫌侵犯知识产权而被行政机关查封、扣押。

如果 CPTPP 标准被全球接受，这一条给中国的行政公开带来了不小的压力。因为，第 18. 73 条规定的司法判决书和有效执法信息公开，中国已经公开。实际上，对于这两点，中国司法和行政机关的公开水平完全满足 CPTPP 的要求。但是，我国的行政机关裁定并没有完全进行公开，由于涉及知识产权执法的行政管理机关有多个，行政裁定书的数量也远超司法判决书。鉴于我国目前司法裁判文书的公开情况，不可避免地会有一些延迟和司法机关不愿意将某一部分判决书公开的考量。将所有行政裁定书均公开，对当前的中国来说是个不小的挑战。

CPTPP 条文：

第 18. 73 条：知识产权执法实践

1. 各缔约方规定，与知识产权执法有关的普遍适用的最终司法判决和行政裁定：

(a) 先采取书面形式并载明作出该判决和裁定所依据的相关事实、推理及法律基础；

(b) 将这些判决和裁定于以出版[108]，或者当出版不可行时，采用一种能使利害关系人和当事方了解这些判决或裁定的方式，以本国语言向公众提供。

2. 各缔约方认识到收集和分析有关知识产权侵权的统计数据和相关信息的重要性，也认识到收集有关预防和打击侵权行为最佳实践的信息的重要性。

3. 各缔约方应出版或以其他方式向公众提供其致力于在民事、行政、刑事制度内提供有效的知识产权执法的信息，如其为这些目的所收集的统计信息。

脚注 108：缔约方将判决或裁定通过互联网向公众提供，即符合出版的要求。

四、民事和行政程序及救济

CPTPP 第 18.74 条对民事和行政程序及救济进行了规定，主要针对侵犯著作权和邻接权的行为以及假冒商标的侵权行为损害赔偿计算进行了突破。第 2 款对禁令救济进行了规定，第 3 款规定了损害赔偿的填平原则，第 4 款规定了赔偿数额的计算方法，第 5 款至第 9 款规定了在著作权侵权及假冒情形下的损害赔偿计算方法，第 10 款和第 11 款规定了诉讼费、律师费和技术专家费用的承担，第 12 款规定了盗版和冒牌商品的救济手段，第 13 款规定了司法机关可依申请责令侵权人提供其控制的相关信息，第 14 款对民事司法程序中任何人违反保护秘密程序的情况进行规制，第 15 款对权利人的权利滥用进行了规制，要求滥用权利的权利人对当事方造成的损害进行赔偿，第 16 款规定了对案件作出是非曲直裁决的行政程序也应当符合本条的规定，第 17 款将规避技术措施视作一个独立的侵权行为，司法机关有权进行临时措施、禁令救济、损害赔偿救济以及销毁有关设施。

（一）条款分析

第 18.74 条第 1 款为本条原则性规定，要求缔约方应向知识产权权利持有人提供本条规定的所有司法程序的执行保护，但没有规定必须涵盖所有的行政救济程序。在第 1 款的注释中，明确了权利持有人的定义，包括了被许可人和拥有权利的联盟和协会，表现了 CPTPP 倾向于保护权利持有人，防止因权利持有人定义不明确，而主体不适格无法维权。

第 2 款要求缔约国规定与 TRIPs 协议第 44 条相符的禁令救济。TRIPs 第 44 条第 1 款为禁令救济，尤其强调进口禁令，在被控侵权人没有主观过错的情况，可以不适用禁令救济。[①] 第 2 款后半段还增加了 CPTPP 的禁令范围，禁令应阻止依据其法律构成侵犯知识产权的商品进入商业渠道。即如果缔约国知识产权侵权为无过错责任，则被控侵权人无论主观有无过错，都应当给予禁令救济，禁止侵权商品流通。

第 3 款规定了，司法机关有权责令知道从事侵权行为的侵权人向权利持有人支付足以弥补其受到损害的赔偿。其实司法机关责令侵权人支付足够的赔偿，是为了确保在双方当事人协商调解结案时，权利持有人可以获得足够的赔偿，保障知识产权执行保护的结果，也促进了权利持有人维权的积极性。但是，值得注意的是，这 1 款中同样只涉及司法机关，并不涉及行政机关，即通过行政管理机关调解结案的案件，行政机关无义务确保侵权人向权利持有人支付了足够的赔偿。

第 4 款至第 10 款均是对第 3 款中的侵权人支付的损害赔偿数额的具体规定。第 4 款为权利持有人的所受损害可由评估决定，评估结果包括利润损失、根据市场价格或者建议零售价格所估算出的商品或服务的价值。第 5 款为在版权侵权和商标假冒案件中，司法机关可要求侵权人赔付因侵权行为所获得的利润，根据注释，所获利润即损害赔偿。第 6 款和第 7 款规定了，在涉及侵犯著作权、相关权或假冒商标的案件中，可依权利人选择提供法定赔偿或者附加赔偿，依据注释，附加赔偿包括惩罚性赔偿。第 8 款规定了第 6、7 款中法定赔偿的计算方式，不仅包括了补偿权利持有人因侵权行为所遭受到的全部损害，并可遏制未来侵权的数额，超越了填平原则，在判断计算法定赔偿金额的过程中，不仅需要考虑权利持有人受到的损害，还需要考虑这一赔偿金额是否可以遏制未来的侵权，所以，法定赔偿金额势必会比只考虑权利持有人受到的损害要大。第 9 款规定了第 6、7 款中的附加赔偿，附加赔偿包

---

① TRIPs 第 44 条规定，司法机关有权责令一当事方停止侵权，特别是有权在结关后立即阻止涉及知识产权侵权行为的进口商品进入其管辖范围内的商业渠道。如受保护的客体是在一人知道或有合理的根据知道从事该客体的交易会构成知识产权侵权之前取得或订购的，则各成员无义务给予此种授权。

括了惩罚性赔偿，考虑内容包括侵权行为的性质和遏制将来发生类似侵权行为的需要，并没有对惩罚性赔偿的具体倍数进行限定，而是法官可以自由裁定。第 10 款规定，在版权、邻接权和商标侵权案件中，由败诉方向胜诉方支付诉讼费和律师费。需要注意的是，在第 5 款到第 9 款中，规定赔偿金额的涉及商标侵权的案子均为假冒商标，而在本款中则为所有商标侵权案件，司法机关均可责令败诉方向胜诉方支付律师费和诉讼费。且由败诉方向胜诉方支付律师费和诉讼费，若是权利持有人胜诉，则侵权人支付了为了制止侵权行为所支出的合理费用，更全面地保护了权利持有人的权利，增加了权利持有人的维权积极性。如果被控侵权人胜诉，则权利持有人支付诉讼费和律师费，可防止权利人滥用权利，进一步防止知识产权权利人因利用其权利任意提起诉讼而对自由贸易造成阻碍。

第 11 款要求技术专家或其他专家的费用合理适当，不能因高昂的专家费用妨碍了司法或行政机关的救济程序。这一款从专家的费用上保障了主管机关的知识产权执法程序的进行。

第 12 款对盗版商品和冒牌商品的侵权行为的救济进行了规定，规定了强制性救济措施，对于著作权盗版和假冒商标的侵权行为，对侵权商品进行销毁，并销毁生产或制造侵权商品的材料。这一款 c 项还强调了，仅除去非法加贴的商标并不足以允许放行该商品进入商业渠道，体现了对盗版和冒牌这一恶劣的知识产权侵权行为执法的严厉性。依据本款规定，司法机关可依据权利持有人的请求，销毁侵权商品，而销毁制造侵权商品的材料则可依职权进行。

第 13 款规定了司法机关有权依申请责令被控侵权人提供由其控制的相关信息，包括侵权行为参与者信息和侵权商品生产方式或销售渠道信息。权利持有人获得了这类信息之后，可以进行更大范围、更全面的维权活动，而司法机关可以收集这些信息，更好地进行打假活动，进行有效的知识产权执法。这一款也呼应了上述第 18. 73 条第 2 款，缔约国认识到收集和分析有关知识产权侵权的统计数据和相关信息的重要性。

第 14 款规定了对司法程序中产生或交换的秘密信息的保护，如果当事人、律师、专家或者受法院管辖的人员没有保护该秘密信息，将秘密信息泄露或者公开，将受到司法机关的制裁。

第 15 款规定了权利持有人滥用权利的救济，包括向受到错误禁止或限制的当事方进行充分的赔偿，以及律师费等相关费用。这一款是出于维持知识产权执法保护和自由贸易发展平衡的考量，要求对滥用权利产生的损害进行救济，防止知识产权权利人滥用诉权，对疑似侵权人的自由贸易产生极大的影响。滥用权利导致的错误的司法程序有时对于疑似侵权人是致命的，他们可能被申请了临时禁令，以至于不能抢占市场，而为了某一产品所付出的成本也是巨大的，这一诉讼可能会导致疑似侵权人资金链断裂，最终破产。因此，CPTPP 中对滥用诉权的行为进行控制即防止了权利持有人滥用自己的权利，最后对合法的贸易行为造成巨大的阻碍。

第 16 款规定将本条中关于民事程序和救济措施的规则拓展适用于对案件是非曲直做出裁决的行政程序。因为在有些国家，行政执法程序具有特别重要的意义。不过，这些规则的适用无须与本条所列原则完全相同，只需要“符合与这些原则实质相当的原则”即可。本款中要求缔约国行政执法程序符合的为“原则”而非规定，表明各缔约国在对于民事程序和救济措施的规定作出变动以适应行政程序的特征上具有更大的空间，在确定这些原则到底是哪些原则也势必会有一些争议。

第 17 款将规避技术措施视作一个独立的侵权行为。因此，适用于版权领域的民事程序和救济措施也应适用于技术保护措施领域，并将这一规定推广至第 17.69 条（技术管理信息）。如果版权法中已经存在某些救济措施，缔约方可以但并非必须设立与第 18.68 条（技术保护措施）和第 18.69 条（技术管理信息）相关的单独救济措施。如果缔约方的著作权法同时规定了法定赔偿和额外赔偿，则只需提供其中一种赔偿形式，即可满足此项要求。对于非盈利的图书馆、档案馆、教育机构、博物馆或非商业性公共广播实体，如果其已经举证证明自己在主观上“不知道或无理由相信其行为构成禁止的活动”，则不得对其要求损害赔偿，其中本条规定缔约方“可规定”，而非应规定，不是一种强制性的规定，缔约方国内法无义务做出相关规定。类似于法定许可的规定，各缔约国可选择在国内法中给予非盈利的图书馆、档案馆、教育机构、博物馆或非商业性公共广播实体在不知情的情况下，即无主观故意的情况下，予以豁免。但各缔约国可根据其国情和国内的立法情况，选择不进行该规定，在此情况下，即使非盈利的图书馆、档案馆、教育机构、博物馆或非商业性公共广播实体在不知道或者无理由相信其行为构成侵权，也依旧需要承担赔偿责任。这一项也可从另一角度理解，CPTPP 再次强调了涉及规避技术管理信息的侵权行为的赔偿责任承担的主观责任为无过错责任，因为仅无过错的非盈利的图书馆、档案馆、教育机构、博物馆或非商业性公共广播实体才有可能依据缔约国国内法免除赔偿责任，在非盈利的图书馆、档案馆、教育机构、博物馆或非商业性公共广播实体存在过错的情况下一定会承担赔偿责任，若无过错无须承担赔偿责任，则所有主体的无过错侵权行为都不承担赔偿责任，就无须专门规定非盈利的图书馆、档案馆、教育机构、博物馆或非商业性公共广播实体了。

（二）与我国法律规定及其他国际条约对比分析

第 18.74 条第 1 款与 TRIPs 第 42 条保持一致，均规定缔约国应使权利持有人获得本条涵盖的任何知识产权民事司法程序。TRIPs 规定权利持有人包括具有在法律上主张这种权利和资格的联盟和协会，这一规定使得著作权集体管理组织和其他在国内法上承认具有法律地位的实体能够提起诉讼。[①] 而 CPTPP 扩大了保护范围，将权利持有人定义为除拥有法律地位和权限主张权利的联盟和协会外增加了获授权的被许可人，使得主张知识产权保护的主体又多了一大类。获授权的被许可人应包括享有包含在某项智力成果中的一项

① 参见联合国贸易与发展会议、国际贸易和可持续发展中心编：《〈TRIPs 协定〉协定与发展：资料读本》，中国商务出版社 2013 年版，第 676 页。

或多项排他性知识产权的独占被许可人。[①] 我国的现行法规定与这一款规定一致，我国联盟和协会，如著作权集体管理组织，为民事诉讼法的适格主体。依据我国司法解释，独占被许可人可以单独向法院申请诉前禁令，排他被许可人可以在权利人不申请的情况下单独申请，普通被许可人经授权可以单独申请。[②] 根据司法实践，排他被许可人直接起诉时，需要提供许可人不起诉的证据，包括许可人出具的放弃诉讼的声明，被许可人要求许可人在合理期限内答复就共同起诉第三人侵权但许可人未答复的函。[③]

第2款要求缔约国司法机关实施与TRIPs第44条相符的禁令救济。然而，与TRIPs第44条第1款相比，CPTPP适用了更为严格的禁令救济。TRIPs第44条的禁令救济对知道或者有合理理由知道侵权行为之前的行为不适用，如果行为人对于侵权物品是无过错取得的，则成员国司法机关有权拒绝颁发禁令。而第18.74条第2款的后半句规定，禁令救济包括阻止侵犯知识产权的货物进入商业渠道。而知识产权为无过错侵权，这一款后半句没有对行为人的主观状态进行规定，无论行为人的主观上是否有过错，均应当实施禁令。依据我国的知识产权法，因为知识产权是由一系列专有权利构成的，在未取得知识产权权利人许可或缺乏法律依据的情况下擅自进行受专有权利控制的行为，即构成对知识产权的直接侵权，此时无论侵权者的主观状态如何，都应承担立即停止侵权的民事责任。侵权人具有过错并非构成侵权行为的要件，但具有过错确实是承担赔偿损失这一民事责任的前提。[④] 所以，TPIPs并没有要求成员国对没有主观过错的侵权行为进行禁令救济，但我国和CPTPP对知识产权侵权的禁令救济均是无过错责任的。

---

① 参见何华：《〈跨太平洋伙伴关系协定（TPP）〉知识产权议题及中国对策研究》，世界图书出版公司2016年版，第203页。

② 《最高人民法院关于审查知识产权纠纷行为保全案件适用法律若干问题的规定》第2条规定，知识产权许可合同的被许可人申请诉前责令停止侵害知识产权行为的，独占许可合同的被许可人可以单独向人民法院提出申请；排他许可合同的被许可人在权利人不申请的情况下，可以单独提出申请；普通许可合同的被许可人经权利人明确授权以自己的名义起诉的，可以单独提出申请。

③ 参见董美根：《论专利被许可人的诉权》，载《科技与法律》2008年第4期。

④ 参见王迁：《知识产权法教程》，中国人民大学出版社2014年版，第256~257页。

第 3 款与 TRIPs 第 45 条第 1 款规定基本一致。[①] TRIPs 第 45 条第 1 款仅要求“足以补偿”，但并未具体规定计算方法或标准，各成员国可自行在国内法中决定在什么样的情况下可以被认定为“足以补偿”。而第 18.74 条第 4 款则对认定“足以补偿”中应当考虑的标准和方法进行了规定。“以市场价或建议零售价估算的被侵权的货物或服务的价值和利润损失”这一方法计算出的赔偿金额通常会远高于权利人实际的利润损失，因为并非有多少侵权货物就代表权利人实际减少了多少以市场价售出的货物。例如，假冒奢侈品商标的包售出了几万件，然而实际上极少购买假冒商品的消费者，愿意以高价购买该正品奢侈品包。第 5 款将版权或者邻接权和假冒商标侵权案件中侵权人获得的利润推定为权利持有人所遭受的损害，结合第 4 款，往往会导致夸大损失的问题。因为权利人的知识产权可能只是嫌疑侵权人获得利润的一个条件，侵权人出售其产品还需要考虑别的因素，如侵权人本身品牌影响力、侵权产品的质量等，或者以专利权为例，涉案专利权可能只是制造侵权商品使用的其中一项专利，还需使用很多其他专利才能制造出侵权产品，不能一概而论地认为被控侵权人获得利益均为原告的损害。CPTPP 的这两款规定明显有利于权利人，使权利人能主动选择更有利于自己的赔偿方式，可使权利人避免本应承担的其所遭受实际损失的举证责任。[②]

本条第 6 款至第 9 款大大超越了 TRIPs 对于民事赔偿的规定，不仅法定赔偿更为宽松，更是增加了对附加赔偿的规定，从整体上来看，都更加偏向于权利人的利益。TRIPs 第 45 条第 2 款规定，即使在侵权人不是故意或有充分理由知道自己从事侵权活动时，司法机关也有权责令其退还利润和/或支付法定赔偿。而在 CPTPP 中，法定赔偿方式依权利人的选择适用，权利持有人可选择法定赔偿或者额外赔偿。CPTPP 中增加了额外赔偿，而在注释中又解释，额外赔偿包括惩罚性或惩戒性赔偿，但是在条文中并没有对额外赔偿的主观

---

① TRIPs 第 45 条第 1 款规定，对于故意或有充分理由应知道自己从事侵权活动的侵权人，司法机关有权责令侵权人向权利持有人支付足以补偿其因知识产权侵权所受损害的赔偿。

② 参见杨鸿：《反假冒贸易协定的知识产权执法规则研究》，载《法商研究》2011 年第 6 期。

要件进行规定，而是由司法机关考虑到侵权行为的性质及震慑未来类似侵权的需要等相关事项来判断。依据第6款至第9款的规定，可见CPTPP规定的赔偿标准极高，并不一定以填平规则为基础。

本条第10款和第11款对民事司法程序中的相关费用问题进行了规定。TRIPs第45条第2款规定，司法机关有权责令侵权人向权利持有人支付有关费用，包括有关律师费用。而CPTPP中将有关费用具体为了诉讼费、律师费和专家证人费用，可操作性更强了。

我国的知识产权侵权赔偿制度与CPTPP规定的不甚相同，首先，我国对于侵权赔偿原则主要以填平原则为主，仅《商标法》规定了惩罚性赔偿，对于情节严重的，可判决1倍至3倍的惩罚性赔偿①，而目前《著作权法》和《专利法》均未规定惩罚性赔偿。其次，我国的知识产权法的损害赔偿金额计算方式是依据法律按照实际损失、获得利益、许可使用费的合理倍数和法定赔偿，依次进行的，仅在法院判断，实际损失无法计算的情况下，才能够计算获得利益。② 而非CPTPP中可以依据权利人的选择决定。可见，按照CPTPP规定的赔偿金额计算方式得出的赔偿金额会比按照我国法律计算的结果会高许多。

本条第12款对强制性救济措施进行了规定。与TRIPs协定第46条基本一致，除去TRIPs协定的规定中较CPTPP多一句，"在考虑此类请求时，应考虑侵权的严重程度与给予的救济以及第三方利益之间的均衡性"。意味着，司法机关需要平衡相关各方利益，并按照其自由裁量权，可以拒绝采取上述销毁关于盗版货物和假冒商标的货物以及生产侵权商品的材料的措施。司法机关考虑的因素之一是强制性救济对于第三方的影响。例如，作为第三方的经销

① 参见《商标法》第63条。

② 2013年修正的《商标法》第63条规定，赔偿数额的计算方法，按照权利人因被侵权所受到的实际损失确定；实际损失难以确定的，可以按照侵权人因侵权所获得的利益确定；权利人的损失或者侵权人获得的利益难以确定的，参照该商标许可使用费的倍数合理确定。以上均难以确定的，由人民法院根据侵权行为的情节判决给予三百万元以下的赔偿。

商可能是在不知道侵权人商品为假冒货物的情况下订购及付款的。[①] 而 CPTPP 中则无相关规定，排除了缔约方司法机关的自由裁量权，也体现了其倾向保护权利持有人。

第 13 款规定了司法机关和当事人信息获取的权利，对比 TRIPs 第 47 条[②] 存在以下不同，从效力分析，TRIPs 第 47 条是一项授权性规定，成员国可选择在国内法中对此问题规定或不规定，而 CPTPP 第 18.74 条第 13 款是一个强制性规定，缔约国必须将其规定在国内法中。TRIPs 规定依职权启动程序，而 CPTPP 为依权力人申请而启动程序。TRIPs 中规定的例外为“除非这一点与侵权的严重程度不相称”，而 CPTPP 中规定的例外为“损害其本国法律有关特权、信息来源保密或个人数据处理的规定”，即在 CPTPP 中，只要不违反缔约国法律法规，司法机关就可依申请要求侵权人进行信息披露，而无须考虑侵权行为本身的严重程度。这一差别，体现了 CPTPP 整体而言减少了司法机关的自由裁量权，增加了知识产权执法程序的确定性，同时又倾向于对知识产权权利人的保护。

第 14 款为对商业秘密或者机密信息的保护，TRIPs 并未对其规定，体现了 CPTPP 较 TRIPs 而言，强调了对权利人的商业秘密进行保护。

第 15 款对权利滥用进行了规制，对应 TRIPs 第 48 条第 1 款，CPTPP 规定与 TRIPs 一致。而 TRIPs 第 48 条第 2 款规定，在知识产权管理机关管理该法过程中采取的行动是出于善意的情况下，各成员方可免除公共机构和官员采取适当救济措施的责任。即如果管理机关和官员非善意的情况下，其也需要对权利滥用采取救济措施。而 CPTPP 没有这项规定，可见 CPTPP 主要偏向保护权利人。

第 16 款沿袭了 TRIPs，与 TRIPs 第 49 条的规定一致，将前述条款对于民

---

① 联合国贸易与发展会议、国际贸易和可持续发展中心编：《〈TRIPs 协定〉与发展：资料读本》，中国商务出版社 2013 年版，第 688 页。

② TRIPs 第 47 条规定，司法机关有权责令侵权人将生产和分销侵权货物或服务过程中涉及的第三方的身份及其分销渠道告知权利持有人，除非这一点与侵权的严重程度不相称。

事司法程序的规定扩展到了判断是非曲直的行政程序中。由于我国已经加入 TRIPs，所以 TRIPs 已经转换为我国的国内法，我国国内法与这一款一致。

第 17 款规定了对规避技术措施的侵权行为进行规制可采取的法律手段。依据《世界知识产权组织版权条约》（WCT）的规定，缔约方应制止未经许可去除或改变任何权利管理的电子信息和未经许可发行或传播已被未经许可去除或改变权利管理电子信息的作品或作品的复制品的侵权行为。[①] 其后《视听表演北京条约》也规定，缔约国应规定适当和有效的法律补救办法，制止这一侵权行为。但上述两部国际条约均未限定缔约国应当采取何种法律补救办法。[②] CPTPP 第 18.74 条第 17 款将补救方法细化为临时措施、损害赔偿、为维权所支出的合理费用的支付以及销毁违法行为所涉及的装置和产品，体现了 CPTPP 重视打击规避技术措施的侵权行为，将制止侵权行为的法律手段固定下来后，更有利于缔约国的主管机关打击规避技术措施的侵权行为，也防止了各国推脱或者选择不同方法打击规避技术措施的侵权行为的情况。我国《著作权法》也明确规定，规避或破坏技术措施构成著作权侵权，[③] 承担民事和刑事责任，民事救济手段包括停止侵害、消除影响、赔礼道歉、赔偿损失，没收违法所得，没收、销毁侵权复制品，情节严重的，还可没收制作工具。并且，我国并未规定规避技术措施损害赔偿的例外，即使是无过错的非盈利的图书馆、档案馆、教育机构、博物馆或非商业性公共广播实体也应当承担损害赔偿责任。所以，我国对于规避技术措施的打击力度较 CPTPP 的规定而言更大，保护力度高。

---

① 参见《世界知识产权组织版权条约》第 12 条。

② 参见《视听表演北京条约》第 16 条。

③ 《著作权法》第 48 条规定，有下列侵权行为的，应当根据情况，承担停止侵害、消除影响、赔礼道歉、赔偿损失等民事责任；同时损害公共利益的，可以由著作权行政管理部门责令停止侵权行为，没收违法所得，没收、销毁侵权复制品，并可处以罚款；情节严重的，著作权行政管理部门还可以没收主要用于制作侵权复制品的材料、工具、设备等；构成犯罪的，依法追究刑事责任：……（六）未经著作权人或者与著作权有关的权利人许可，故意避开或者破坏权利人为其作品、录音录像制品等采取的保护著作权或者与著作权有关的权利的技术措施的，法律、行政法规另有规定的除外。

（三）对我国的可能影响

第 18. 74 条对中国带来的最大影响是由于其加大了知识产权侵权的民事赔偿金额，对在缔约国进行贸易的中国企业来说，要更加注意规避侵权风险，一旦被认定为知识产权侵权，尤其是著作权、邻接权侵权或者假冒商标侵权，都可能面临着巨额的赔偿金，赔偿金将远高于在中国国内被判定为侵权所要承担的损害赔偿。另外，还可能需要赔偿没有上限的额外赔偿，对比中国最高三倍的惩罚性赔偿。CPTPP 第 18. 74 条大大增加了中国企业在缔约国贸易中所要承担的高额风险。

一旦 CPTPP 规则被其他非缔约国接受，在与中国签订的双边协议或者多边协议中采纳该规则，则中国需要修改我国的法律以符合 CPTPP 规则的要求。目前，知识产权法中，仅《商标法》规定了一倍至三倍的惩罚性赔偿，但是，在司法实践中几乎没有判决惩罚性赔偿的案例。我国《著作权法》和《专利法》均计划增加惩罚性赔偿。2014 年 6 月 6 日国务院法制办公室公布的《中华人民共和国著作权法》修订草案送审稿中，在 76 条第 2 款中，也引入了“惩罚性赔偿”。2015 年 12 月 2 日国家知识产权局发布的《中华人民共和国专利法》修改草案征求意见稿中，也加入了惩罚性赔偿。所以，使得我国法律规定满足 CPTPP 规定的额外赔偿对我国并不是一个十分大的挑战。然而，适应 CPTPP 规则最困难的一步，应为修改我国的损害赔偿金额计算方法，如果我国向 CPTPP 规定的方向修改，则会给司法实践带来不小的挑战。

CPTPP 条文：

第 18. 74 条：民事和行政程序及救济

1. 各缔约方应向权利持有人提供实施本章所涵盖的任何知识产权执法的民事司法程序。[109]

2. 各缔约方应规定，其司法机关应有权适用与 TRIPs 协定第 44 条相符的禁令救济，包括阻止依据其法律构成侵犯知识产权的商品进入商业渠道。

3. 各缔约方应规定[110]，在民事司法程序中，其司法机关至少有权责令知道或有合理理由知道其从事侵权行为的侵权人向权利持有人支付足以补偿其因知识产权侵权所受损害的赔偿。

4. 在确定第3款规定的赔偿数额时，除其他因素外，缔约方的司法机关应有权考虑权利持有人提出的任何合法价值评估，这可包括利润损失、根据市场价格或者建议零售价格所估算出的商品或服务的价值。

5. 至少在版权或相关权侵权以及商标假冒案件中，各缔约方应规定，在民事司法程序中，至少在出现第3款规定的情形时，其司法机关有权责令侵权人向权利持有人赔付相当于侵权人因侵权行为所获得的利润。[111]

6. 在涉及侵犯保护作品、录音制品或表演的版权或相关权侵权的民事司法程序中，各缔约方应建立或维持包括以下一项或多项规定的制度：

（a）法定赔偿应依权利持有人的选择而提供；或

（b）附加赔偿。[112]

7. 在涉及假冒商标的民事司法程序中，各缔约方应建立或维持包括以下一项或多项规定的制度：

（a）法定赔偿，应依权利持有人的选择而提供；或

（b）附加赔偿。[113]

8. 第6、7款规定的法定赔偿应被设定为能充分补偿权利持有人因侵权所受损害并可遏制未来侵权的数额。

9. 在适用第6款和第7款规定的附加赔偿时，司法机关应有权在考虑了所有相关事宜，包括侵权行为的性质以及遏制将来发生类似侵权行为的需要，认为适当的情况下，判决附加赔偿。

10. 各缔约方应规定，至少在涉及版权、相关权或商标侵权的民事司法程序结束后，其司法机关在适当情况下有权责令败诉方，向胜诉方支付诉讼费和适当的律师费，或该缔约方法律规定的其他费用。

11. 如缔约方的司法机关或其他机关在涉及知识产权实施的民事诉讼中指派技术专家或其他专家，并要求诉讼当事人负担这些专家费用时，该缔约方应确保除其他因素外，这些费用相对于工作量和工作性质而言是合理和适当

的，并且不会不合理地妨碍对这些程序的援用。

12. 各缔约方应规定，在民事司法程序中：

（a）至少对于盗版商品和冒牌商品，除例外情况外其司法机关有权根据权利持有人的请求，责令在不给予任何补偿的情况下销毁侵权商品；

（b）其司法机关有权责令在没有不适当延迟、不给予任何补偿的情况下，将主要用于生产或制造此类侵权商品的材料和工具销毁或清除出商业渠道，以便将产生进一步侵权的风险减少到最低限度；以及

（c）对于冒牌商品，除例外情况外，仅除去非法加贴的商标并不足以允许放行该商品进入商业渠道。

13. 在不损害其本国法律有关特权、信息来源保密或个人数据处理的规定的前提下，缔约方应规定，在涉及知识产权执法的民事司法程序中，其司法机关有权应权利持有人的正当要求，至少基于收集证据的目的，责令侵权人或涉嫌侵权人根据法律、法规规定向权利持有人或向司法机关提供由侵权人或涉嫌侵权人所拥有或控制的相关信息。此信息可包括有关参与和涉嫌参与任何方面侵权的任何人的信息，有关侵权或涉嫌侵权商品或服务的生产方式或销售渠道的信息，包括指明涉嫌参与侵权商品或服务的生产、销售的第三方的信息以及销售渠道的信息。

14. 各缔约方应规定，在涉及知识产权执法的民事司法程序中，其司法机关或其他机关有权对当事人、律师、专家或其他受法院管辖的人违反有关保护诉讼程序中产生或交换的秘密信息的司法裁决，实施制裁。

15. 各缔约方应确保，如应一当事方的请求而采取措施，且该当事方滥用与知识产权有关的执法程序，这些知识产权包括商标、地理标志、专利、版权与相关权以及工业品外观设计，其司法机关有权责令该当事方向受到错误禁止或限制的当事方就因此种滥用而受到的损害提供充分的赔偿。司法机关还有权责令该申请当事方向被告支付费用，其中可包括适当的律师费。

16. 在以行政程序确认案件的是非而导致责令进行任何民事救济时，缔约方应规定，此类程序应符合基本与本条之规定相同的原则。

17. 在涉及第 18.68 条（TPMs）和第 18.69 条（RMI）所述行为的民事司法程序中，

（a）各缔约方应规定，其司法机关至少有权[114]：

（i）采取临时措施，包括没收或扣押涉嫌违法行为所涉及的装置和产品；

（ii）按照依据本条制定的国内法规定，责令适用于版权侵权的赔偿金类型[115]；

（iii）责令支付第 10 款规定的诉讼费用或其他费用；以及

（iv）责令销毁违法行为所涉及的装置和产品。

（b）缔约方可规定，赔偿不适用于非营利性图书馆、档案馆教育机构、博物馆，或非商业性公共广播机构，条件是这些机构能承担举证责任证明其不知道也没有合理理由知道其行为构成违法行为。

脚注 109：在本条中，“权利持有人”应包括获授权的被许可人，以及拥有法律地位和权限主张这些权利的联盟和协会。“或授权的被许可人”应包括享有包含在某一特定知识产权中的一项或多项知识产权专有权的排他被许可人。

脚注 110：缔约方也可规定，在发现商标未被使用的情况下，权利持有人无权享有第 3、5、7 款规定中的任何救济措施。为进一步明确，缔约方没有义务规定：第 3、5、6、7 款中的救济措施可以平行适用。

脚注 111：缔约方可推定该利润为第 3 款中提及的赔偿金。

脚注 112：为进一步明确，附加赔偿可包括惩罚性赔偿。

脚注 113：为进一步明确，附加赔偿可包括惩罚性赔偿。

脚注 114：为进一步明确，缔约方可以，但并没有义务，对第 18.68 条（TPMs）和第 18.69 条（RMI）规定单独的救济措施，只要这些救济措施在其版权法中已经存在。

脚注 115：如一缔约方的版权法同时规定了法定赔偿以及附加赔偿，则其只需提供其中一种赔偿形式，即符合本款要求。

五、临时措施

CPTPP 第 18.75 条对司法机关知识产权的侵权行为采取的临时措施进行了规定。其中第 1 款要求主管机关对知识产权救济请求快速做出处理且不作预先通知，第 2 款规定权利人申请司法机关采取临时措施时需要提供初步证据，并且司法机关有权要求申请人提供一定的保证金，第 3 款规定，在版权、邻接权侵权和商标假冒案件中，司法机关有权责令没收或扣押涉嫌侵权的商品、材料和工具。

（一）条款分析

第 18.75 条第 1 款对临时措施进行了原则性规定，其为依申请做出的程序，且处理过程快速，不会预先通知。临时措施是司法机关在对案件事实和法律问题进行全面审查并作出终局决定前，因情况紧急而为权利人采取的临时性的救济措施，由于其情况紧急，若不采取则可能会导致权利人无法弥补的损害，因此，在司法机关在审查是否有必要采取临时措施以及采取临时措施时，也应当迅速快捷。由于采取临时措施的很多情况中，证据并未固定，如果预先通知了侵权嫌疑人，则会导致侵权嫌疑人毁灭证据的后果。

第 2 款规定了，临时措施的申请需要权利正在受到侵犯或者侵权行为即将发生的证据，并可要求申请人提供一定的保证金，但保证金不得过高。临时措施的申请人需要提供初步的证据是出于“谁主张，谁举证”的考量，如果无须提供任何证据即可申请采取临时措施，一方面，对司法机关审查职能施加了过重的压力；另一方面，容易造成权利人滥用权力，阻碍自由贸易。由于临时措施有紧急性的特性，要求司法机关在极短的时间内对申请人的申请作出审查且并不会通知被申请人，这也意味着临时措施的采取势必不会如同司法判决，经历多重举证质证最后审判，错误采取临时措施的可能性也是极大的。规定申请人可保证金，是考虑到即使错误采取了临时措施，保证金也可对因被错误采取临时措施所造成损失进行补偿。

第3款规定，司法机关有权对版权和邻接权或假冒商标侵权的案件中涉及侵权的商品、材料和工具进行没收或扣押。对假冒商标的案件，还应当封存书面证据。另外，在版权和邻接权侵权以及假冒商标的案件中，司法机关有权依职权采取临时措施，说明了CPTPP尤其重视对盗版和假冒商标的打击。

（二）与我国法律规定及其他国际条约对比分析

采取临时措施的目的有三个：一是为了制止将要发生的侵权；二是阻止已经发生的侵权；三是保存侵权指控的相关证据。[①] TRIPs第50条对临时措施进行了详尽的规定。相较于TRIPs，CPTPP第18.75条规定的临时措施就较为简单，可以看作对TRIPs规则的补充和拓展。依据TRIPs规定，当证据容易灭失或不采取临时措施可能会给权利人造成不可弥补的损害时，司法机关有权不作预先通知就采取临时措施。[②] 而CPTPP第18.75条第1款则规定所有的临时措施均不作预先通知，表现出了更加强硬的制止侵权和保存证据的目的。

第18.75条第2款与TRIPs第50条第3款相似。[③] 第一，TRIPs中要求申请人证明其为权利持有人，且权利正在受到侵犯或侵权已经迫近。而CPTPP仅要求申请人的权利正在受到侵犯或侵权即将发生。由此可知，CPTPP并不要求临时措施的申请人为权利持有人，只要是权利受到或即将受到侵犯的利害关系人即可。第二，CPTPP较TRIPs增加了一条，“此类保证金或同等的担保不得不合理地妨碍对这些程序的援用”。这条限制了过高的保证金，促进利害关系人申请临时措施。我国也规定了临时禁令，其申请主体也涵盖了权利

---

① 参见何华：《〈跨太平洋伙伴关系协定（TPP）〉知识产权议题及中国对策研究》，世界图书出版公司2016年版，第203页。

② TRIPs第50条第2款规定，在任何迟延可能对权利持有人造成不可补救的损害时，或者存在证据被销毁的显而易见的风险时，司法机关有权采取不作预先通知的临时措施。

③ TRIPs第50条规定，司法机关有权要求申请人提供任何可合理获得的证据，以使司法机关有足够程度的确定性确信该申请人为权利持有人，且该申请人的权利正在受到侵犯或此种侵权已迫近，并有权责令申请人提供足以保护被告和防止滥用的保证金或相当的担保。

人和利害关系人，与 CPTPP 保护程度一致。①

第 18. 75 条第 3 款细化了 TRIPs 第 50 条第 1 款 b 项，司法机关采取临时措施以保存关于被指控侵权的有关证据。在保存证据的同时，也体现了 CPTPP 格外注重对盗版和假冒商标侵权行为的规制，主要司法机关依职权对侵权行为进行管辖的情况均为盗版和假冒商标侵权。也可见，打击盗版和假冒商标行为为 CPTPP 的首要目的之一，也是提高知识产权保护的第一步。

（三）对我国的可能影响

CPTPP 中临时措施的规定与我国规定一致，且依据《民事诉讼法》第 81 条，我国法院可依职权主动采取保全措施，所以我国也满足本条第 3 款的保护要求。这一条款在立法上不会给我国带来太大的影响。

然而，对于在缔约国贸易的中国企业，其自由贸易的货物被申请采取临时措施的概率势必会增加。首先，申请人由权利持有人扩展到了所有利害关系人，则可提出申请的人数增加了。其次，不预先通知直接采取临时措施，使得没有回避临时措施的可能性。所以，中国企业要尤其注意 CPTPP 缔约国对盗版和假冒商标行为的打击，以及在进入市场前注意评估知识产权侵权风险。

CPTPP 条文：

第 18. 75 条：临时措施

1. 各缔约方主管机关有权根据其司法规则，就涉及知识产权的救济请求，不作预先通知而快速作出处理。

2. 各缔约方应规定，其司法机关有权要求知识产权临时措施的申请人提供任何可合理获得的证据，以使司法机关充分确信该申请人的权利正在受到侵犯或此种侵权即将发生，并有权责令申请人提供足以保护被告和防止滥用的保证金或同等的担保。此类保证金或同等的担保不得不合理地妨碍对这些程序的援用。

---

① 参见《专利法》第 60 条，《著作权法》第 50、65 条。

3. 各缔约方应规定，至少在涉及版权或相关权的侵权以及假冒商标的民事司法程序中，其司法机关有权责令没收或扣押涉嫌侵权的商品、材料和工具，以及至少就假冒商标案件而言，封存与侵权有关的书面证据的原件或复印件。

六、边境措施

CPTPP 第 18.76 条共 9 款，对知识产权边境执法进行了详尽的规定，第 1 款规定了在进口程序中，构成盗版、假冒商标或混淆性相似商标的商品可依申请扣留，第 2 款规定了启动保护程序的条件为需要申请人提供初步证据，第 3 款规定了申请人担保的提交，担保可以采用附条件保函的形式，第 4 款规定了权利人的信息权，即主管机关告知权利人发货人、出口商、收货人或进口商的姓名和地址、商品数量以及商品来源地（如已知）。第 5 款规定了依职权保护的适用范围，包括进口、出口和转运。第 6 款规定了授予边境执法机关认定侵权与处罚的权力，第 7 款规定了侵权货物的处置，可销毁或将商品清除出商业渠道，第 8 款规定了边境保护的合理费用，第 9 款规定了微量物品的严格有限豁免。

（一）条款渊源

该条为在 TPP 谈判过程中，美国以其当前国内法为篮本所做出的提案，经过与其他谈判方的妥协折中后最终形成。美国 TPP 提案文本的内容，并非美国一时之意，也不是美国政府凭空形成，而是经过美国多年国内经验以及在多次试图在国际条约和多边协议中推进。美国所推动这套知识产权边境保护标准，曾经完整地体现于2008 年前后的世界海关组织（WCO）《关于海关统一知识产权执法的临时标准》（《SECURE 标准》）[①]，但遭到了发展中国家

① 参见世界海关组织：《关于海关统一知识产权执法的临时标准》（Provisional Standards Employed by Customs for Uniform Rights Enforcement，SECURE）。

的反对。《SECURE 标准》经过缩减与调整后出现在 ATCA 的边境执法条款中，但 ACTA 因欧盟议会的否决而搁置。而后又进入了 TPP 的边境保护文本。

当美国退出了 TPP 后，这一高标准的边境保护一字不变，成为 CPTPP。11 个缔约国并没有对这条进行修改，或者暂缓执行，而是直接适用了，这说明美国一直以来推行的高标准的边境保护已经受到了缔约国的认可。

（二）条款分析

第 18.76 条第 1 款，边境管理机关可依申请对进口环节涉嫌假冒、盗版或混淆性相似商标商品进行中止放行或扣留。本条只适用于进口环节，注释中定义了假冒商标或盗版商品，但并未对混淆性相似商标做出解释。

第 2 款规定了依申请启动边境执行，权利人需要提供的证据。申请扣留本条款规定可适用边境保护的三种商品（盗版、假冒商标或混淆性相似商标的商品），需要提供充分的证据，以及充足的应当知晓的信息，以便主管机关易于辨认这些商品。对这些证据和信息的要求不得过高，不得不合理地妨碍援用程序，这一句体现了 CPTPP 以权利人为本位，主要以保障权利人的维权为主要目的。

第 3 款规定了边境执行启动程序要求的担保，且保证金可采用附条件保函的方式，可以以债券的方式提供。

第 4 款规定了信息披露，在扣押或者中止放行商品时将发货人、出口商、收货人或进口商的姓名和地址、商品数量以及商品来源地（如已知）等信息无不当延迟地告知权利持有人。第 4 款第 2 项规定了，若缔约国未作出第 1 项的规定，即未强制主管机关无不当迟延地告知权利人，则至少规定在商品进口情况下在扣押或认定冒牌商品或者盗版的 30 天内告知权利人。本款中要求的信息披露让步条件是至少在进口商品的情况下，由于知识产权保护的地域性，严格说来，缔约国仅有权对国内的知识产权侵权行为进行规制，相同道理，一般边境保护仅限于进口环节，所以在本款中规定，至少在商品进口的情况下，将涉嫌侵权的商品信息告知权利人，也为了让权利人更好地在国内维权。

第5款规定了边境执法管辖权的范围，边境执法机关不仅依申请，还可依职权，在进口程序、出口程序或转运程序中进行边境管辖，依据注释转运程序包括了转关程序。

第6款主要就主管机关认定侵权的期限和随后的行政制裁措施进行了规定，限定在合理期限内，认定是否侵权。

第7条规定了救济措施，即将认定为侵权的商品进行销毁，清除出商业渠道之外。

第8款规定了边境保护的申请费、存储费或销毁费不得过高。

第9款规定了边境保护措施的例外，少量非商业性商品可不受边境执法规制。

（三）与我国法律规定及其他国际条约对比分析

第18.76条第1款对应TRIPs第51条，权利持有人有理由怀疑盗版或者假冒商标情形发生时，可以书面形式向主管机关提出申请，要求中止放行。[①]但其与TRIPs的区别为，CPTPP增加了“扣留商品”这一措施。根据脚注116，CPTPP要求依据缔约国法律构成盗版、假冒商标或者构成令人混淆的近似，而TRIPs则要求依据进口国法律，显然缔约国比起进口国的范围更大，即只要根据11个缔约国中任何一个构成侵权，即可以构成本款规定的商标假冒、盗版商品和令人混淆的近似商标，可见CPTPP的边境执法较TRIPs更为严格。

第18.76条第2款对应TRIPs第52条[②]，TRIPs中要求为“足够详细地说

---

① TRIPs第51条规定，各成员应在符合以下规定的情况下，采取程序使有正当理由怀疑假冒商标或盗版货物的进口有可能发生的权利持有人，能够向行政或司法主管机关提出书面申请，要求海关中止放行此类货物进入自由流通。

② TRIPs第52条规定，权利持有人需要提供充分的证据，以使主管机关相信，根据进口国法律，可初步推定权利持有人的知识产权受到侵犯，并提供货物的足够详细的说明以便海关易于辨认。

明”，CPTPP 中则要求“被合理期望知道的信息”，CPTPP 对信息提供的要求降低了，更有利于权利人申请边境保护。另外，“提供这些信息的要求不得不合理地妨碍对这些程序的援用”也体现了 CPTPP 有利于知识产权权利持有人进行维权。

第 18.76 条第 3 款与 TRIPs 第 53 条第 1 款相似①，CPTPP 中增加了保证金可以以附条件保函方式提供，仅在条件满足的情况下，才向相对方履行付款义务，即申请人在申请时虽然需要提供一定的保证，但并不必以现金或者是物权进行担保，而是可以以债权进行担保，大大减轻了申请人的经济负担，体现了 CPTPP 更倾向于保护权利人。同样，以附条件的保函进行保证，并不能确保错误扣留或者中止放行为相对人所造成的损失能够获得弥补，存在申请人无力支付这一债权的可能性，CPTPP 以权利人为本位的另一个体现。

第 18.76 条第四款与 TRIPs 第 57 条都规定了向权利人提供信息。TRIPs 第 57 条规定了在对案件做出是非曲直的判断的情况下，主管机关可以将发货人、进口商和收货人的姓名和地址及所涉货物的数量告知权利人。CPTPP 将信息披露的时间从法院判决时提前到被扣留或中止放行的时间，即侵权行为被发现的时间。且，CPTPP 较 TRIPs 增加了披露内容，出口商、商品数量以及商品来源地。

第 5 款对应 TRIPs 第 58 条规定，TRIPs 规定主管机关仅可在进口程序中依职权使用权利，而 CPTPP 将进口程序扩展到进口、出口和转运程序。

第 6 款对应 TRIPs 第 55 条，对海关中止放行的期限进行了规定。TRIPs 第 55 条规定，海关在送达中止放行通知后 10 个工作日内，未被告知当事方提出诉讼或者延长期限，应当予以放行，在适当情况下，可以再延长 10 个工作日。而 CPTPP 中仅要求在合理期限内，给了缔约国国内立法较大的空间。CPTPP 对 TRIPs 中规定的明确的工作日的限制进行了宽松规定，可能会导致

---

① TRIPs 第 53 条第 1 款规定，主管机关有权要求申请人提供足以保护被告和主管部门并防止滥用的保证金或同等的担保。此类保证金或同等的担保不得无理阻止对这些程序的援用。

缔约国主管机关不合理地延长放行期间，趁机拖延，从而不合理地损害被终止放行人的权益。

第7款对应TRIPs第59条，主管机关可以销毁或处理侵权货物，但不得损害权利人的其他诉权和被告寻求司法机关进行审查的权利。CPTPP弥补了TRIPs协定的漏洞，被裁定侵权的货品应被销毁，未被销毁的，应确保禁止进入商业渠道的方式进行处理。

第9款对应了TRIPs第60条，边境执行条款不适用于极微量货物，如个人行李和非商业性的少量货物。与TRIPs不同的是，CPTPP强调将小件托运的商业性货物适用本条边境措施列为缔约方的强制性义务。

中国知识产权边境执法，主要规定在《海关法》《对外贸易法》以及《知识产权海关保护条例》中。我国的执法保护程度基本和CPTPP保持在相同的高度，依据我国法律法规，我国边境保护程度也很高。边境保护适用于进口、出口和行邮渠道等。适用的货物范围为侵犯商标、专利、著作权及邻接权，以及两类特殊标志权的货物，货物范围远大于CPTPP中要求的。且，行政机关启动执法保护与CPTPP一样，可以依申请或依职权。所以，总体来说，我国的边境执法力度与CPTPP保持了一致，甚至还高出CPTPP的要求。

（四）对我国的可能影响

CPTPP是全球第三大自贸协定，将为占全球GDP总量超过13%的经济体降低关税，经济规模总计为10万亿美元。① 其采用的严格的边境保护，将势必给在缔约国进行进出口贸易甚至在其他国家进行进出口贸易的中国企业造成很大的压力。

（1）增加“令人混淆的近似”

将涉嫌带有“令人混淆的近似”标志的货物作为边境执法的货物标的之一，是阻碍货物贸易自由的极低的门槛。因为令人混淆的近似是一个充满主

① 参见白舒婕：《中国如何应对亚太经贸格局之变》，载《国际商报》2018年3月9日。

观裁判色彩的规定，为主管机关提供了巨大的裁量空间，海关执法机关可能依照合法程序判断货物为令人混淆的近似商标，进行扣留。即使最后被认定为非侵权货物，货方将承担巨大的时间和金钱损失。由于海关程序合法，且在法定期限内放行了货物，则货物被扣留期间的费用一般由货方自己承担。则因扣押所产生的查验费（吊柜、过磅、开箱搬运货物、重新包装与装箱费）、超期租箱费、仓储费、超期码 头堆场费、重新订舱费/改船费，以及此后可能带来的违约赔偿等，将对货方产生极其不利而无法弥补的损害。① 这是对中国企业将产生的无法避免的隐形壁垒。

（2）增加边境执法范围

TPP/CPTPP 将依职权保护模式设定为缔约方的义务，而且依职权保护模式所适用的通关程序范围又包括：进口、出口和转运程序。依据注释，转运也包括了我国“转关”这一通关程序，边境执法适用于自货物出口的缔约方境内从一个海关机构转运至另一海关机构的涉嫌货物。由于贸易的国际化发展，在我国企业的货物在供应链的每一个环节（出口、转运、转装、转关、进口等），只要出于某一缔约国的边境机关监管下，就有可能受到边境执法。

结合上述的边境机关管辖的案件从盗版和假冒商标侵权案件，增加了第三个依照自由裁量权判断的令人混淆的近似商标侵权案件，使得边境管理机关的管理权限增加了不少，再加上可以依职权管辖以及可以在几乎任何通关程序中进行管辖，中国企业在国际贸易过程中，容易受到高查验率和高扣留率的边境执法。

CPTPP 条文：

第 18.76 条：边境措施相关的特殊要求

1. 各缔约方应规定，对于任何涉嫌假冒商标或混淆性相似商标或盗版商品进口到缔约方域内时，可以申请中止放行或扣留商品。[116]

---

① 朱秋沅：《中国视角下对 TPP/CPTPP 知识产权边境保护条款的考量及相应建议》，载《电子知识产权》2018 年第 3 期。

2. 各缔约方应规定，如任何权利持有人要启动程序，请求主管机关[117]中止放行涉嫌假冒商标或混淆性相似商标或盗版的商品进入自由流通渠道，需要提供充分的证据，以使主管机关相信根据规定该程序的缔约方的法律，可初步推定权利持有人的知识产权受到侵犯，并提供充足的权利持有人被合理期望知道的信息，以便主管机关易于辨认这些涉嫌商品。提供这些信息的要求不得不合理地妨碍对这些程序的援用。

3. 各缔约方应规定，其主管机关有权要求启动程序，请求中止放行涉疑假冒商标或混淆性相似商标或盗版的商品的权利持有人，提供足以保护被告和主管机关并防止滥用的保证金或相当的担保。缔约方应规定，此类保证金或相当的担保不得不合理地妨碍对这些程序的援用。缔约方还可规定，此类保证金可采用附条件保函的形式，保障被申请人在主管机关裁定有关物品不是侵权商品时，免受任何中止放行商品行为所导致的损失或损害。

4. 在不损害缔约方有关隐私或信息保密法律的情况下：

（a）如缔约方主管机关已扣押或中止放行涉嫌假冒商标或盗版的商品，该缔约方可规定，其主管机关有权无不当延迟地告知权利持有人以下信息：发货人、出口商、收货人或进口商的姓名和地址、商品数量以及商品来源地（如已知）[118]；

（b）如缔约方未规定其主管机关在扣押或中止放行涉嫌商标时有上述（a）项所规定的权限，则其应规定，至少在进口商品的情况下，其主管机关有权通常在扣押或认定冒牌商品或盗版商品后30天内，告知权利持有人（a）项规定的信息。

5. 各缔约方应规定，其主管当局可依职权[119]，对以下处于海关控制下的商品[120]，启动边境措施：

（a）进口商品；

（b）用于出口的商品[121]；或

（c）转运商品。[122][123]

6. 各缔约方应采取或维持一项程序，使其主管机关可在第1款、第5款

(a) 项、第 5 款 (b) 项以及第 5 款 (c) 项 (如适用) 规定的程序启动后的合理期限内，认定涉嫌商品是否侵犯了知识产权[124]，如一缔约方对认定侵权规定了行政程序，可授予其主管机关实施行政处罚或制裁的权限，这可包括罚款、扣押被认定为侵权的商品。

7. 各缔约方应规定，其主管机关有权在认定商品侵权以后责令销毁该商品。如这些商品未被销毁，缔约方应保证，除例外情况外，将这些商品清除出商业渠道以避免对权利持有人造成任何损害。对于冒牌商品，除例外情况外，仅简单除去非法加贴的商标并不足以允许放行该商品进入商业渠道。

8. 如缔约方就本条规定的程序设立或确定了申请费、存储费或销毁费，则这些费用所确定的数额不得不合理地妨碍对这些程序的援用。

9. 本条也应适用于商业性质的小件托运商品。缔约方可将旅客个人行李中的少量非商业性商品排除在本条的适用范围之外。[125]

脚注 116：在本条中：

(a) 冒牌商品指包括包装在内的任何如下商品：未经许可而载有的商标与此类商品已有效注册的商标相同，或者其基本特征不能与此种商标相区分，因此根据规定有本节程序的缔约方法律，侵犯了有关商标所有人的权利；

(b) 盗版商品指任何如下商品：未经权利持有人同意或在生产国未获权利持有人适当授权的人同意而制造的复制品，以及直接或间接由一物品制成的商品，而该商品的复制根据规定有本节程序的缔约方法律，构成对版权或相关权的侵犯。

脚注 117：在本条中，除非另有专门规定，主管机关可包括依据缔约力法律所确定的适当的司法、行政或执法机关。

脚注 118：为进一步明确，缔约方可设立合理的程序来接收或获取该类信息。

脚注 119：为进一步明确，依职权的行动并不需要第三方或权利持有人提出正式的申请。

脚注 120：在本条中，缔约方可以将“处于海关控制下的商品”视为受该缔约方海关程序约束的商品。

脚注121：在本条中，缔约方可将“用于出口的”商品视为出口商品。

脚注122：本项适用于在一缔约方境内从一海关到另一海关转运过程中即将出口的涉嫌商品。

脚注123：作为本项规定的替代方案，为了消除国际贸易中的冒牌商品和盗版商品，各缔约方应努力向另一缔约方提供以下产品的信息：经过其检查、在其境内没有收货人，且该产品是经其领土转运、其目的地为该另一缔约方，以便另一缔约方能在涉嫌商品到达其领土时予以识别。

脚注124：对于判定第5款项下的涉嫌商品是否侵犯了知识产权，缔约方可通过判定涉嫌商品是否附有虚假贸易说明的方式，履行本条规定的义务。

脚注125：为进一步明确，缔约方也可将以小件邮寄的少量非商业性商品排除在本条的适用范围之外。

七、刑事程序和处罚

第18.77条规定了符合“商业规模”的具体情形。“商业规模”首次出现在TRIPs第61条,[①] 该条规定针对假冒商标或盗版案件。如果该侵权行为属于故意且具有商业规模，各成员国至少应规定刑事程序和处罚。但是，TRIPs并没有对“商业规模”的内涵进行界定，因此这一概念的适用范围长期以来饱受争议。在2007年“中美WTO知识产权案”中，美方就提出中国法律关于侵犯知识产权罪的刑事门槛太高，使得那些具有“商业规模”的侵权行为

① TRIPs协定第61条：各成员应规定至少将适用于具有商业规模的蓄意假冒商标或盗版案件的刑事程序和处罚。可使用的救济应包括足以起到威慑作用的监禁和/或罚金，并应与适用于同等严重性的犯罪所受到的处罚水平一致。在适当的情况下，可使用的救济还应包括扣押、没收和销毁侵权货物和主要用于侵权活动的任何材料和工具。各成员可规定适用于其他知识产权侵权案件的刑事程序和处罚，特别是蓄意并具有商业规模的侵权案件。

可以逃脱刑事制裁。[①] 美方甚至认为只要是具有商业性的行为就意味着是具有一定商业规模的行为，而专家组认定，“商业规模”应是典型或通常的商业性行为所具有的数量或程度。[②] 也有学者指出，根据《维也纳条约法公约》第31条关于条约解释通则的规定，“商业规模”通常含义意味着一定的数量界定，美国一味指责中国违反TRIPs第61条第一句项下义务，是完全没有道理的。[③]

除此之外，本条还将知识产权侵权构成犯罪的行为，细分为故意假冒商标或侵犯版权或相关权、故意进口或出口冒牌商品或盗版商品等行为，并且还规定了TRIPs中未提及的一种适用刑事程序的知识产权侵权行为，即未经授权拷贝电影院放映的电影作品。最后，本条第6款和第7款说明了上述犯罪行为应当适用的处罚措施及水平。

（一）具有商业规模的情形

CPTPP将“商业规模”分为两种类型，一种是为商业利益或财务收益而实施的活动，另一种是对版权或相关权权利持有人在市场上的收益造成了实质性损害的重大行为。根据CPTPP的规定，知识产权犯罪不应将“以营利为目的”作为构成犯罪的必要条件，只要行为人对版权人或相关权权利持有人在市场上的收益造成了实质性损害，就构成侵犯知识产权的犯罪行为。这一规定限制了缔约国根据本国知识产权保护情况来界定“商业规模”，使得部分缔约国，尤其是发展中国家被迫提升知识产权保护水平。ACTA与CPTPP做出了类似的规定，ACTA第23条第1款将符合“商业规模”的情形，概括为旨在实现“直接或间接的经济或商业利益”。其中的间接经济或商业利益概念

---

① 参见张伟君：《知识产权刑事保护门槛：从TRIPs到ACTA》，载《电子知识产权》2011年第8期。

② 参见张伟君：《知识产权刑事保护门槛：从TRIPs到ACTA》，载《电子知识产权》2011年第8期。

③ 张乃根：《论中美知识产权案焦点的“商业规模”——对美国书面及口头陈述的剖析》，载《世界贸易组织动态与研究》2008年第9期。

过于宽泛，对于各缔约方理解何种情况属于“商业规模”没有实质性帮助。但值得注意的是，ACTA 至少是对上述专家组所指商业规模内涵的超越。根据专家组的意见，商业性行为应当具有数量或程度，但是 ACTA 将达到商业规模解释为以经济或商业利益为目的，二者在本质上是有差别的。ACTA 只关注行为的性质，而非数量或程度。因此，ACTA 也无形中提高了对于知识产权的保护标准。与 ACTA 的规定相比，CPTPP 中的“商业规模”涵摄范围更广。因为 CPTPP 所定义的符合“商业规模”的第一种行为，已经涵盖 ACTA 的内容，只要行为人的行为是为商业利益或财务收益即具有商业规模。在此基础上，CPTPP 又将对权利人市场上的收益造成实质性损害，作为符合商业规模的情形。可以说，CPTPP 已经完全超越了 ACTA 的规定，对各缔约方提出了高水平的知识产权保护要求。

我国立法没有采用“商业规模”概念。我国《刑法》第 217 条侵犯著作权罪和第 218 条销售侵权复制品罪规定了“以营利为目的”，除此之外，构成刑事犯罪应当具备“违法所得数额较大或者有其他严重情节的”。中国刑法的概念认为社会危害性和刑事违法性要统一，所以侵犯著作权犯罪行为规定了“数额较大”或“情节严重”等要件，如果侵犯著作权的行为不达刑法保护的标准，就进入行政法或民法保护的范畴，从而在一定程度上弥补了刑法入罪门槛过高的缺陷。[①] 由此可以看出，我国知识产权侵权构成犯罪的要求是较高的，而且是将行为人预设为以营利为目的的主体。如果行为人大肆传播权利人受保护的作品，而行为人并不从传播行为中收取费用。在这种情况下，无法认定行为人是以营利为目的，然而，行为人的侵权行为却对权利人市场上的收益造成严重损害。与其他以营利为目的的行为人相比，不以营利为目的的行为人造成的损害可能更大。根据我国刑法规定，以营利为目的的行为人应受到刑事处罚，不以营利为目的行为人对权利人的市场利益造成更严重的损害，却不适用刑事程序，这显然是不合法理的，在逻辑上也不具有自洽

① 参见肖灵、颜宪军：《中美侵犯商标权犯罪刑事立法比较》，载《行政与法》2013 年第 7 期。

性。因此，我国可以适当参考CPTPP关于刑事程序和处罚的相关规定，将不以营利为目的，但对权利人市场收益造成实质性损害的行为纳入刑事处罚的范围。

（二）构成知识产权犯罪的行为与处罚措施

在刑事程序和处罚适用的案件类型上，CPTPP将TRIPs第61条中“至少在假冒商标或侵犯版权的情况适用刑事程序”延伸至“至少在假冒商标、侵犯版权或相关权的情况下适用刑事程序”。这一改变将原本在TRIPs中允许各成员国自行选择是否对邻接权侵权提供刑事保护的部分，变成了强制性的基本条款，不允许各成员国作出保留，这在根本上扩大了知识产权刑事保护的范围。[①]

与TRIPs相比，CPTPP还规定了一种新的犯罪行为。未经授权拷贝在电影院放映的电影，从而对权利人拥有的市场造成严重损害的行为，应适用刑事程序和处罚。随着经济的发展与生活方式的改变，观影逐渐成为一种普遍的休闲方式。最初人们只能在电影院观看最新的电影，随着互联网的出现，数字资源的传播更为便捷。有些观众通过录制电影院内播放的电影，上传至网络，形成所谓的“枪版”电影。借助这种手段，大量潜在观众在互联网上免费观看电影，而不是购票在电影院观看。电影作品权利人长期得不到合理收益，挫伤了权利人继续创作的热情，不利于文化事业的进步与繁荣。

在扣押、没收或销毁的环节，与TRIPs相比，CPTPP对扣押、没收的对象进行了扩张，将扣押的对象延伸至“与被控违法行为相关的文书证据、来源于或通过被控侵权行为获得的资产”。针对严重违法行为，“司法机关有权责令没收来源于或通过被控侵权行为获得的资产”。如果不对侵权人通过侵权行为而获得的资产进行扣押，有可能发生侵权人转移资产的行为。这种情况

---

① 徐彦冰、徐可倩：《CPTPP知识产权刑事保护规则探究》，载《中国人民公安大学学报（社会科学版）》2017年第6期。

一旦发生，权利人的权利便无法得到充分的救济。

我国《刑事诉讼法》第 141 条[①]对扣押的范围做出的是概括性规定。根据文义解释的方法，CPTPP 中所列举的源于或通过被控侵权行为获得的资产也属于我国刑诉法所规定的"证明犯罪嫌疑人有罪或无罪的各种财物、文件"。同时，《人民检察院扣押冻结涉案款物工作规定》第 2 条也明确指出，扣押的款物包括违法所得。[②] 对于已经扣押的财物，《刑事诉讼法》第 245 条第 4 款规定，除依法返还被害人的以外，一律上缴国库。[③] 由此可以看出，针对扣押、没收的范围，我国与 CPTPP 基本一致，甚至我国的相关规定更加严格。一方面，我国刑诉法并没有将扣押的对象类型化，而是使用证明有罪、无罪的方法进行区分。另一方面，针对没收的范围，刑诉法直接采用查封、扣押、冻结的范围。以能否证明有罪作为查封扣押对象的判断标准不具有合理性，因为这一标准的主观性太强，实质上不当扩大了侦查机关查封扣押的范围。侦查机关出于办案的需要，极有可能将与案件无关的材料，纳入证明犯罪嫌疑人有罪或无罪的范围，以避免可能发生的证据遗漏。除此之外，由于实体法上对刑事没收的范围界定并不明确，在司法实务中，没收的保全措施易被办案机关有意滥用或扩大适用。[④]

CPTPP **条文：**

第 18.77 条：刑事程序和处罚

1. 各缔约方应规定至少对具有商业规模的故意假冒商标或侵犯版权或相关权的案件适用刑事程序和处罚。就故意侵犯版权或相关权而言，"具有商业

---

① 《刑事诉讼法》第 141 条：在侦查活动中发现的可用以证明犯罪嫌疑人有罪或者无罪的各种财物、文件，应当查封、扣押；与案件无关的财物、文件，不得查封、扣押。对查封、扣押的财物、文件，要妥善保管或者封存，不得使用、调换或者损毁。

② 《人民检察院扣押冻结涉案款物工作规定》第 2 条：第二条 本规定所称扣押、冻结的涉案款物，是指人民检察院在依法行使检察职权过程中扣押、冻结的违法所得、与犯罪有关的款物、作案工具和非法持有的违禁品等。

③ 《刑事诉讼法》第 245 条第 4 款：人民法院作出的判决生效以后，有关机关应当根据判决对查封、扣押、冻结的财物及其孳息进行处理。对查封、扣押、冻结的赃款赃物及其孳息，除依法返还被害人的以外，一律上缴国库。

④ 向燕：《论刑事没收及其保全的对象范围》，载《中国刑事法杂志》2013 年第 3 期。

规模”至少包括：

（a）为商业利益或财务收益而实施的活动；以及

（b）并非为商业利益或财务收益目的而实施，但对版权或相关权权利持有人在市场上的收益造成了实质性损害的重大行为。[126][127]

2. 各缔约方应将具有商业规模的故意进口或出口冒牌商品或盗版商品的行为，视为应受刑事处罚的违法行为。[128]

3. 各缔约方应规定，刑事程序和刑事处罚适用于在贸易过程中具有商业规模的故意进口[129]，以及在本国使用以下标签或包装的情况[130]：

（a）未经授权而采用与在其域内注册的商标相同或无法区分的标志的标签或包装；

（b）意图在贸易过程中将该标签或包装用于与商标注册的商品或服务相同的商品或服务上。

4. 认识到有必要处理在电影院对放映的电影作品未经授权进行拷贝[131]，从而对权利持有人就该作品所享有的市场造成严重损害的行为，以及认识到有必要阻止此种损害，各缔约方应采取或维持措施，至少应包括但不限于适当的刑事程序和处罚。

5. 对于本条要求缔约方采取刑事程序和处罚的犯罪行为，该缔约方应保证其法律中规定有帮助和教唆行为的刑事责任。

6. 对于第 1 款至第 5 款规定的犯罪行为，各缔约方应规定：

（a）处罚措施包括监禁以及足以对未来的侵权行为起到威慑作用的罚金，并应与适用于同等严重性的犯罪所受到的处罚水平一致。[132]

（b）司法机关在确定处罚时，有权考虑情节的严重程度，包括对健康或安全构成威胁或产生影响的情节。[133]

（c）司法机关或其他有权机关有权责令扣押涉嫌冒牌商品或盗版商品、任何用于实施被控违法行为的相关材料和工具、与被控违法行为相关的文书证据、来源于或通过被控侵权行为获得的资产。如缔约方要求发出本项规定的扣押令前须先确认扣押物品，该缔约方不应在规定中要求物品描述的详尽程度超出为扣押而确认物品的需要。

(d) 至少就严重违法行为而言，司法机关有权责令没收来源于或通过被控侵权行为获得的资产。

(e) 司法机关有权责令没收或销毁：

(i) 所有冒牌商品或盗版商品；

(ii) 主要用于制造冒牌商品或盗版商品的材料和工具；

(iii) 已为假冒商标所适用，并用于犯罪的任何其他标签或包装。

在冒牌商品或盗版商品未被销毁的情况下，司法机关或其他有权机关应保证，除例外情况外，这些商品应被清除出商业渠道以避免对权利持有人造成任何损害。缔约方应进一步规定，依据本款以及（c）款进行的没收或销毁行为，无须对被告提供任何形式的赔偿。

(f) 司法机关或其他有权机关应有权向权利持有人发放或作为替代方案，使权利持有人可获取相关主管机关掌握的商品、材料、工具和其他证据，以便进行民事[134]侵权诉讼。

(g) 有权机关可主动采取法律行动，而无须第三方或权利持有人的正式申请。[135]

7. 对于第1款至第5款规定的违法行为，缔约方可规定，其司法机关有权责令扣押或没收资产，或作为替代方案，处以与来源于或直接或间接通过侵权行为所获得资产价值相当的罚金。

脚注126：缔约方通过其法律中有关对未经许可使用受保护的作品、表演和录音制品而实施的刑事程序和处罚来处理这些重大行为，即可被认为遵守第（b）项的规定。

脚注127：缔约方可规定在判定某一行为是否属于对版权或相关权利持有人在市场上的收益造成了实质性损害时，可以将侵权物品的数量和价值纳入考虑范围。

脚注128：缔约方通过规定具有商业规模分销或销售假冒商标商品或者侵犯版权的盗版商品是违法行为，依法追究刑事责任，可以履行其在本款项下的义务。此外，第 1、2、3 款规定的刑事程序和刑罚适用于一缔约方的任何自由贸易区。

脚注 129：缔约方可通过规定关于分销的措施，来履行其承担的有关标签或包装进口的义务。

脚注 130：缔约方可通过规定刑事程序和处罚适用于意图实施商标犯罪行为，来履行本款规定的义务。

脚注 131：在本条中，缔约方可将“拷贝”视为与复制同义。

脚注 132：各缔约方认为，其没有义务同时规定监禁和罚金。

脚注 133：缔约方可通过单独的罪行说明这些情节。

脚注 134：缔约方也可在行政侵权程序中，授予这一权限。

脚注 135：就第 1 款规定的盗版行为而言，缔约方可将该款的适用范围限于对权利持有人在市场上利用作品、表演或录音制品的能力产生影响的行为。

八、商业秘密的保护

第 18.78 条第 1 款要求各缔约方应当遵守《巴黎公约》第 10 条之二，给予制止不正当竞争的有效保护。该款规定了商业活动中违反诚实的习惯做法构成不正当竞争，并提出混淆、虚伪说法以及易于产生误解三项特别应予以禁止的行为。对于《巴黎公约》中规定的构成不正当竞争的行为，CPTPP 各缔约方均有制止这些行为的义务，CPTPP 在 TRIPs 的基础上，还新增了一项不公平竞争行为。除此之外，CPTPP 要求各缔约方应当制止侵犯商业秘密的行为，并规定了某些应受到刑事处罚的情形。

在商业秘密的定义上，CPTPP 援引了 TRIPs 关于未披露信息的定义[①]作为构成商业秘密的标准，即信息具有秘密性、价值性和保密性。TRIPs 有关商业秘密的构成要件要求非常低，涵盖的范围非常广，保护标准也非常严格。[②] 我国《反不正当竞争法》第 9 条第 3 款关于商业秘密的规定，也基本沿用了 TRIPs 的秘密性、价值性和保密性标准。值得注意的是，我国过去在“三性”之外，还强调一种“实用性”，这一点可能是为了表明我国不保护不具有实用性的信息，也有可能是为了实践操作上的方便。但是，这一规定与其他国家的保护强度不相适应，也与 TRIPs 协定的规定不符，有违背条约义务之嫌疑。[③]

本条第 2 款规定了侵犯商业秘密罪的客观方面，将其分为三种类型的行为，包括故意获取、故意盗用以及欺骗性披露或未经授权故意披露商业秘密。第 3 款概括了构成侵犯商业秘密罪的主观目的，涵盖了以商业利益或营利为目的等 5 种情形。值得注意的是，上述客观方面与主观目的是构成侵犯商业秘密罪的必要条件。除此之外，根据条文，各缔约方只需对其中一项或多项情形规定刑事程序和处罚。

本条第 3 款规定，符合特定目的的部分行为构成侵犯商业秘密罪。CPTPP 不仅将意图损害商业秘密所有人视为特定目的，还将为外国经济实体的利益或本国国家安全考虑在内。这一点，在其他国家的立法中也有所显现。美国国会颁布的《反经济间谍法》主要对商业秘密进行刑事保护，该法包括两部分内容：一部分是禁止为外国政府的利益而盗窃商业秘密的行为；另一部分是禁止一般性的盗窃商业秘密的行为，从对商业秘密进行刑事保护的角度规

---

① TRIPs 协定第 39 条第 2 款规定：自然人和法人应有可能防止其合法控制的信息在未经其同意的情况下以违反诚实商业行为的方式向他人披露，或被他人取得或使用，只要此类信息：（a）属秘密，即作为一个整体或就其各部分的精确排列和组合而言，该信息尚不为通常处理所涉信息范围内的人所普遍知道，或不易被他们获得；（b）因属秘密而具有商业价值；并且（c）由该信息的合法控制人，在此种情况下采取合理的步骤以保持其保密性。

② 杨正鸣、倪铁：《刑事法治视野中的商业秘密保护——以刑事保护为中心》，复旦大学出版社 2011 年版，第 4 页。

③ 参见周铭川：《侵犯商业秘密罪研究》，武汉大学出版社 2008 年版，第 78 页。

定了两个罪名：经济间谍罪和窃取营业秘密罪。① 该项的规定十分典型，不仅保护商业秘密所有权人的利益，还将国家利益考虑在内。

我国是历史悠久的大国，拥有许多传统工艺或配方。针对不愿意或不适宜申请专利保护的情形，作为商业秘密进行保护几乎成为唯一的选择。可以说，完善商业秘密制度对我国具有更为重大的意义。根据我国《刑法》第219条关于商业秘密罪的规定，判断行为人是否构成侵犯商业秘密罪，通常不考虑行为人的主观目的，而将重点放在研究行为类型以及损害后果上。

在我国构成商业秘密罪的行为，需要满足“给权利人造成重大损失”这一条件。然而，该条件的设置存在一些问题。一方面，被害人往往不知道如何证明自己的损失数额；另一方面，对于被害人提供的损失数额及计算依据，办案人员也无法确定是否具有可采性。② 除此之外，该要件仅强调保护权利人的利益，显然忽视了商业秘密的社会意义与价值，因为某些特殊商业秘密的披露也可能对国家安全造成严重影响。因此，笔者认为，可以适当改变过去认定侵犯商业秘密罪的思路，根据行为主体、主观目的、行为方式的不同，搭建侵犯商业秘密罪的构成要件。

CPTPP **条文：**

第18.78条：商业秘密[136]

1. 在保证对《巴黎公约》第10条之二规定的不公平竞争采取有效保护的过程中，各缔约方应保证自然人和法人享有法律手段，以防止其合法控制的商业秘密在未经其同意的情况下，以违反诚实商业行为的方式向他人（包括国有企业）披露或他人获取或使用。[137]在本章中，商业秘密至少包括TRIPs协定第39条第2款规定的未披露信息。

2. 在遵守第3款规定的前提下，各缔约方应对以下一项或多项行为规定刑事程序和处罚：

---

① 赵天红：《商业秘密的刑事保护研究》，中国检察出版社2007年版，第24页。

② 杨正鸣、倪铁：《刑事法治视野中的商业秘密保护——以刑事保护为中心》，复旦大学出版社2011年版，第45页。

（a）未经授权，故意获取存储在计算机系统中的商业秘密；

（b）未经授权，故意盗用[138]商业秘密，包括通过计算机系统的方式盗用；或

（c）欺骗性披露，或未经授权故意披露商业秘密，包括通过计算机系统的方式披露。

3. 对于第 2 款规定的相关行为，缔约方可以在适当的情况下，将刑事程序或刑事处罚程度限于以下一种或多种情形：

（a）以商业利益或营利为目的的行为；

（b）与在国内或者国际商业中的产品或服务有关的行为；

（c）意图对此类商业秘密所有人造成损害的行为；

（d）由外国经济实体主导，或为了外国经济实体的利益或者与其联合实施的行为；

（e）对缔约方经济利益、国际关系或者国防或国家安全有害的行为。

脚注 136：为进一步明确，本条规定不妨碍缔约方为保护善意合法的披露以提供违反其法律的证据所采取的措施。

脚注 137：在本款中，"违反诚实商业行为的方式"应至少包括以下行为：违反合同、泄密和违约诱导，并且包括第三方取得未披露的信息，而该第三方知道或因严重疏忽未能知道未披露信息的取得涉及此类行为。

脚注 138：缔约方可认为"盗用"一词与"非法取得"同义。

九、载有加密节目的卫星信号和有线信号的保护

第 18.79 条主要用于保护载有加密节目的卫星信号和有线信号，属于 CPTPP 的冻结条款。本条的第 1、2、3 款分别对卫星信号和有线信号进行保护，包括规定构成刑事犯罪的行为和民事救济措施。与载有加密节目的有线信号相比，CPTPP 对载有加密节目的卫星信号的保护范围更广、保护程度更高。针对制造、发行用于解码的设备或系统，后者不仅列举了组装、修改等

行为，并且对行为人主观方面的要求更低，甚至只需要行为人知道设备或系统的主要功能是用于解码上述信号。除此之外，就卫星信号而言，CPTPP 将进一步播送信号也纳入构成犯罪的行为类型。笔者认为，本条（a）项将行为人的主观目的降低为“知道或有合理理由知道设备或系统……主要功能就是用于帮助”，可能过度扩张了构成刑事犯罪的情形，过高的保护标准与各缔约方的知识产权保护目的相悖，致使本条成为 CPTPP 的冻结条款。

（一）与有关条约之比较

对于载有加密节目的卫星信号和有线信号的保护，其他贸易协定也有类似规定。《韩美自由贸易协定》（以下简称为 KORUS FTA）第 18.7 条规定，各缔约方应当保护载有加密节目的卫星信号和有线信号。KORUS FTA 并未区分侵犯载有加密节目的卫星信号和有线信号，构成刑事犯罪的行为。[①] KORUS FTA 规定行为人有理由知道设备或系统主要用于帮助解码未经合法授权的载有加密节目的卫星信号和有线信号，而 CPTPP 将行为人的主观方面进行了扩展，不仅包括有理由知道主要用于帮助解码，还包括意图用于解码或主要功能用于解码，这一规定将具有解码功能的功能设备或系统的制造行为也涵盖在内。这样的规定提高了对载有节目的卫星信号的保护水平，表明主导制定 CPTPP 的发达国家对载有加密节目的卫星信号进行保护的强烈意愿，因为这些解码设备的制造、销售会对其文化产业的发展造成严重损害。

《美 - 墨 - 加协议》（以下简称为 USMCA）第 20.86 条规定，各缔约方应保护载有加密节目的卫星信号和有线信号。与 CPTPP 和 KORUS FTA 不同的是，USMCA 仅提到了“意图用于帮助”和“主要用于帮助”两种情形，缺少 CPTPP 中的第三种情形“主要功能就是用于帮助”，可能是考虑到具有解码功能的系统或设备并非全部是用于解码载有加密解码的卫星信号或有线信号。

---

① 参见韩美自由贸易协定第 18.7 条第 1 款。

解码设备在现实生活中发挥着多种功能，既有合法的用途也有非法的用途，基于技术中立的原则，不应规范制造、销售解码设备的行为。

（二）我国的相关法律规定

根据 CPTPP 第 18.79 条第 1 款（a）项和 18.79 条第 3 款（a）项的规定，制造、发行用于解码载有加密节目的卫星信号和有线信号机器的行为属于刑事犯罪。这里行为人的制造、发行行为，实质上属于提供规避技术措施手段的行为。“技术措施”是版权人为保护自身利益而采取的主要手段之一。行为人通过制造、发行、租赁等方式向用户提供解码设备或系统，用户在获得解码设备或系统后，无须向版权人缴纳费用即可观看载有加密的电视节目。这种提供规避技术措施手段的行为无疑会对版权人的市场利益造成严重损害。

我国《著作权法》第 48 条只是概括性规定了故意规避技术措施的行为，并没有明确规定禁止提供技术措施规避手段。《信息网络传播权保护条例》第 4 条列举了四种提供技术措施规避手段的行为，包括“制造、进口或向公众提供……装置或部件”以及“提供技术服务”。2014 年国务院法制办公开征求意见的《中华人民共和国著作权法（修订草案送审稿）》第 69 条做出了与《信息网络传播权保护条例》类似的规定。这说明我国逐渐认识到规范提供规避技术措施行为的必要性。

理论上，有学者认为，规避帮助行为不应该纳入刑法的打击范围，规避帮助行为也不必然成立侵犯著作权犯罪的预备犯，制造、进口、提供规避设备、装置的行为人并非必然进行侵犯著作权的行为。[①]

对于版权人来说，少部分人通过解码获得其作品，不会对其市场利益造成实质性的影响，而且，在行为人实施复制作品等不符合合理使用的行为时，版权人也可以通过版权法获得保护。但是，他人提供规避手段的行为，会使更多的人无须支付费用即可享受作品，这将严重损害版权人的市场利益。禁

---

① 顾肖荣：《经济刑法》，上海人民出版社 2007 年版，第 128 ~ 129 页。

止间接规避技术措施行为，可能会对技术的发展造成一定影响，但是这可以有效地保护权利人的利益。① 除此之外，对于他人提供规避手段的行为，不应理解为构成侵犯著作权罪，而应理解为特殊违法行为。提供规避手段在版权法中并非是对专有权利的侵权行为，而是违反版权法禁止性规定的行为。②

值得注意的是，《著作权法》第48条和《信息网络传播权保护条例》第4条虽然明确指出，构成犯罪的，依法追究刑事责任，但是我国刑法并没有与之相衔接的条款。用以规范侵犯著作权犯罪行为的《刑法》第217条和第218条，也没有将提供规避技术措施手段的行为纳入其中，这种现象造成了刑法典的规定与著作权法的规定之间出现严重的脱节。③ “法无明文规定不为罪，法无明文规定不处罚”。因此，笔者建议通过刑法修正案的形式将提供规避技术措施手段的行为纳入刑法的调整范围，一方面能够保护权利人的利益，另一方面也能与我国著作权法、信息网络传播权保护条例的规定相衔接。

CPTPP条文：

第18.79条：保护载有加密节目的卫星信号和有线信号（CPTPP冻结条款）

1. 各缔约方应规定，实施以下行为构成刑事犯罪：

(a) 制造、组装、修改[139]、进口、出口、销售、租赁或以其他方式发行有形或无形的设备或系统，而其知道或有合理理由知道[140]设备或系统符合至少以下一种条件：

(i) 意图用于帮助；

(ii) 主要用于帮助；或

(iii) 主要功能就是用于帮助；

解码未经此类信号合法播放者[141]授权的载有加密节目的卫星信号；[142]以及

(b) 就载有加密节目的卫星信号而言，知道其未经合法的信号播送者授权而被解码，故意：

① 参见王迁：《论禁止规避技术措施的范围》，载《法学家》2016年第6期。
② 参见王迁：《论提供规避技术措施手段的法律性质》，载《法学》2014年第10期。
③ 王燕玲：《论规避技术保护措施之刑事制裁》，载《知识产权》2013年第5期。

(i) 接收[143]该信号；或

(ii) 进一步播送[144]该信号。

2. 各缔约方应对载有加密节目的卫星信号或其内容享有利益且受第1款所规定的行为损害的人，提供民事救济措施。

3. 各缔约方应对故意实施以下行为的人规定刑事处罚或民事救济措施[145]：

(a) 知道某设备将用于未经授权接收载有加密节目的有线信号，而制造或发行该设备；以及

(b) 未经合法的信号播送者授权，接收或帮助他人接收[146]载有加密节目的有线信号。

脚注139：为进一步明确，缔约方可将“组装”和“修改”视为属于制造的涵盖范围。

脚注140：在本款中，缔约方可规定“有合理理由知道”，可以在考虑与涉嫌违法行为有关的事实或情形的情况下，通过合理的证据来证明，并将其作为国内法中“知道”要件的一部分。缔约方可认为“有理由知道”系指“故意无视。”

脚注141：就第1款和第3款规定的刑事犯罪和处罚而言，缔约方可要求证明存在具有逃避向合法播放者付费的意图，或要求证明存在攫取接收者本来无权获得的金钱收益的意图。

脚注142：关于出口的义务，可以通过将拥有或发行本款规定的设备或系统规定为刑事犯罪的方式，予以履行。在本条中，缔约方可规定“合法播送者”系指在其领土内有合法的权利播送载有加密节目的信号并授权解码信号的人。

脚注143：为进一步明确，在第1款第(b)项和第3款第(b)项中，缔约方可规定，故意接收载有加密节目的卫星信号或有线信号系指：接收并使用该信号，或接收并解码该信号。

脚注144：为进一步明确，缔约方可将“进一步播送”解释为“向公众转播”。

脚注 145：如缔约方规定了民事救济，其可要求证明存在损害。

脚注 146：缔约方可通过对为了促成或帮助他人未经合法的信号播送者的授权而接收该信号，故意发布信息的人规定刑事处罚的方式，来履行有关“帮助他人接收”项下的义务。

十、政府使用软件的正版化

第 18.80 条关于政府应当使用正版计算机软件，并获得授权的规定，在 TRIPs 协定、ACTA 中都难以寻其踪迹，可以说是 CPTPP 首次对缔约国提出了该项要求。这也说明 CPTPP 在知识产权保护的深度和广度上，明显超越了过去所出现的国际条约或协定。政府使用正版软件不仅是知识产权发展的必然趋势，也是国家信息安全的必然要求。

该条第 1 款属于宣誓性的条款，该款要求各缔约方认识到保护知识产权的重要性，以及侵权行为的危害性。本款强调政府应当尊重知识产权，而没有局限于保护计算机软件，说明 CPTPP 希望缔约方提高对于知识产权的保护标准。

第 2 款针对的主体是政府，而不是普通公民、公司企业以及社会团体。政府属于行政机关，规定政府使用正版软件具有更强的可实施性，监管起来更为便利。同时，政府使用正版软件也能给公民带来良好的示范效应。正版软件往往价格高昂，强制规定公民使用正版软件，会给公民带来较大的经济负担，而且判断是否安装正版软件往往需要访问用户电脑，这可能会导致公民与执法机关的冲突，以及侵犯隐私权等问题。因此，CPTPP 仅规定中央政府机构使用受版权和相关权保护的计算机软件。

我国长期推行着政府软件正版化工作，为加强软件版权保护做出了卓有成效的努力。2013 年修订的《计算机软件保护条例》规定了侵犯软件著作权应当承担的民事责任，“触犯刑律的，依照刑法关于侵犯著作权罪、销售侵权复制品罪的规定，依法追究刑事责任”。[①] 2001 年 10 月国务院办公厅印发《关于使用正版软件清理盗版软件的通知》，对国务院系统使用正版软件工作进行了全面部署。2002 年 5 月国务院系统软件正版化工作完成。2007 年，信息产业部、国家版权局、商务部联合发布了《关于计算机预装正版操作系统软件有关问题的通知》，该通知规定，“在我国境内生产的计算机，出厂时应当预装正版操作系统软件，进口计算机在国内销售，销售前应当预装正版操作系统软件”。[②] 2013 年，我国国务院办公厅发布《政府机关使用正版软件管理办法》，该办法第 3 项规定，“各级政府机关的计算机办公设备及系统必须使用正版软件，禁止使用未经授权和未经软件产业主管部门登记备案的软件”。我国目前的相关规定，完全符合 CPTPP 第 18.80 条关于政府使用正版计算机软件的规定。上述规定说明我国已经意识到知识产权在促进经济、文化、科学事业等方面的发展所发挥的重要作用，以及对民族创新和社会进步所产生的深远影响。

CPTPP **条文**：

第 18.80 条：政府用软件

1. 各缔约方认识到，促进采取措施来提高政府对尊重知识产权和知识产权侵权行为危害的意识的重要性。

2. 各缔约方应采用或维持适当的法律、法规、政策、命令、政府发布的指南或者行政或执行条例，规定其中央政府机构只能使用受版权和相关权保护、不侵权的计算机软件；如适用，仅以获得相关许可授权的方式适用计算机软件。这些措施应适用于政府用计算机软件的采购和管理。[147]

脚注 147：为进一步明确，不应将第 2 款解释为：鼓励地方政府机构使用侵权计算机软件；或者在适用的情况下，以未获相关许可授权的方式使用计算机软件。

---

① 参见《计算机软件保护条例》第 23、24 条。

② 参见《关于计算机预装正版操作系统软件有关问题的通知》第 1、2 项。

第十章　互联网服务提供者

TPP 文本在第 J 节部分设置单独一节对互联网服务提供者[①]做出详细的规定，其中涉及互联网服务提供者的定义、避风港规则（也即在互联网服务提供者满足一定条件下，对其赔偿责任的免除）、反通知规则、虚假陈述的赔偿责任、互联网服务提供者的多项法定义务等问题。另外，TPP 文本规定了附件 18 - E 和附件 18 - F 进行补充。互联网服务提供者部分的规定主要以美国相关法律规定为蓝本，在美国宣布退出 TPP 之后，CPTPP 由 TPP 文本更名而来，对其中除关于互联网服务提供者的定义条款外，其他条款及附件均予以冻结。也正是由于美国的退出，使得本节对于互联网服务提供者规定的重要性大大降低。另外，CPTPP 前言部分规定，冻结的条款在各缔约方达成一致后，将予以解冻。

一、关于互联网服务提供者的界定

CPTPP 第 18.81 条规定，互联网服务提供者包括承担以下四类功能的服务提供者：(1) 在不改变材料内容的情况下，在用户指定的两点或多点之间，对用户选择的材料进行传输、提供路由或提供数字网络通信连接，或者在这一技术过程中自动完成的材料的中间和暂时的存储。(2) 在用户的指导下，将材料储存在由互联网服务提供者控制或操作的系统或网页上。(3) 通过信息定位工具，包括超链接和目录，将用户指向或链接到在线位置。(4) 通过

① 本文中“互联网服务提供者”与“网络服务提供者”同义。

自动程序缓存。文本实际上通过对互联网服务提供者职能的描述，列举了互联网服务提供者的具体类型，由于本条款的名称即为定义（definition），因此在 CPTPP 文本中明确将互联网服务提供者界定为以上四类。从文本的界定来看，互联网服务提供者主要体现为中立性质、提供被动服务。归纳以上四种类型的网络服务提供者即分别为：网络接入服务提供者、网络信息存储服务提供者、网络信息定位服务提供者以及网络缓存服务提供者。

（一）关于互联网服务提供者其他规范及学理的宽泛界定

在欧盟 2000 年颁布的《欧盟电子商务指令》中，服务提供者包括任何提供信息社会服务的自然人或法人。① 可见欧盟的该指令对于服务提供者的概念界定十分广泛。在指令的第四节中规定了“中间服务提供者”的责任，其中在第 12、13、14 条规定了网络服务提供者的免责条件，从中可以将其分为三类：“纯粹传输服务（Mere Conduit）”“缓存服务（Caching）”及“宿主服务（Hosting）”。② 该指令适用的范围较广，包括了网络环境中所有类型的侵权行为，区别于后文中的美国《千禧年数字版权法》（后文简称 DMCA），后者主要适用于版权方面的网上侵权行为。

2010 年 6 月，经济合作与发展组织（OECD）专门发布了一份报告其中对于互联网中介服务提供者的概念的定义是：互联网中介服务提供者促成众多第三方当事人在网络中的聚合或通过网络为第三方当事人之间的交易提供便利。互联网中介服务提供者为源自第三方当事人的内容、产品或服务提供网络接入、存储、传输或索引服务，或者向第三方提供借助网络提供的服务。③ OECD 对于互联网中介服务提供者的定义中涉及的其提供的服务类型，与 CPTPP 中对于互联网服务提供者的定义中列举的服务类型相一致，因而在这种视角下，CPTPP 中互联网服务提供者是中介性质的服务提供者，而不同

---

① 见欧盟《电子商务指令》2000，第 2 条。

② 参见《欧盟电子商务指令》。

③ 经合组织关于互联网中介的经济和社会角色的报告。

于直接提供内容的互联网服务提供者。

参看《世界知识产权组织版权条约》（WCT）以及《世界知识产权组织表演和录音制品条约》（WPPT）所附的声明，其中说明了仅仅系为传播而提供设施本身并不构成条约或伯尔尼公约所称的传播，WCT 和 WPPT 虽然作为“互联网条约”却并没有针对互联网服务提供者的类型、责任做出规定。

根据美国 DMCA 的规定，服务提供者指在线服务或网络接入的提供者，或相关设施的运营者。但在实践中法院发现这一定义过于宽泛，很难想象有什么在线服务不为其所涵盖。不过，DMCA 中只对四类服务提供者分别规定了责任避风港。美国 DMCA 第 512 条中对“避风港规则”的规定，间接地对互联网服务提供者的类型进行了列举：网络传输服务提供者、网络缓存服务提供者、网络信息存储服务提供者以及网络信息定位服务提供者。因此，对于服务提供者而言，重要的不是能否构成 512（k）下的“服务提供者”而是其提供的服务，包括临时复制、代码转换、服务器端数据处理等能否被认定为接入、缓存、存储或信息定位四者之一。[①]

德国规制互联网活动的首部法律对服务提供者的类型作出了区分，[②] 该部法律在学界多被称为“多媒体法”，主要包括三种不同的身份即“信息提供者”“网络接入或自动传输服务提供者”和“主机存放服务提供者”。[③] 在《多媒体法》当中，对于仅提供接入服务的服务提供者不需要对他人的信息承担责任，但如果互联网服务提供者知道并且能够采取相应措施的，则需要承担一定责任。从国外关于互联网服务提供者的概念界定来看，CPTPP 对于互联网服务提供者的界定范围缩小了，体现出其属于中介性质、提供被动服务的服务提供者。

---

① 刘文杰：《从责任避风港到安全保障义务——网络服务提供者的中介人责任研究》，中国社会科学出版 2016 年版，第 111 ~ 112 页。

② 1997 年《规定信息和通信服务的一般条件的联邦法》（德文简称 IUKDG）。

③ 参见张新宝主编：《互联网上的侵权问题研究》，中国人民大学出版社 2003 年版，第 32 页。

（二）我国关于互联网服务提供者的界定不明确

根据我国2013年《信息网络传播权保护条例》（以下简称《条例》）中对于互联网服务提供者的类型通过其提供的服务类型进行了间接列举，包括以下四类：提供网络自动接入服务或者自动传输服务、提供自动存储服务、提供信息存储空间服务以及提供搜索或链接服务。《最高人民法院关于审理侵害信息网络传播权民事纠纷案件适用法律若干问题的规定》（以下简称《信息网络传播权纠纷司法解释》）中增加了一类服务类型为提供文件分享技术的服务。因此在我国互联网服务提供者应包括五种类型。自2010年7月1日起施行的《侵权责任法》第36条的规定虽然也使用了“网络服务提供者”一词，但是该法中的规定较为笼统，并没有互联网服务提供者的详细界定以及不同责任的区分。从《侵权责任法》第36条第1款规定来看，网络服务提供者为自己主动提供的信息负责；第2款、第3款规定了网络服务提供者为他人提供的信息负责。因此这里的“网络服务提供者”应做广义的理解，即包括“内容提供者”，也包括提供其他类型服务的网络服务提供者。[①] 因而可以看出，我国法律规范中对于互联网服务提供者的具体定义未有明确的规定，虽然在我国条例和司法解释中互联网服务提供者的“避风港规则”对其服务类型进行了列举，但是均未上升到法律层面进行规定，《侵权责任法》并非版权侵权责任的专门性法律规定，未能对互联网服务提供者的具体类型及定义做出细致的规定，只有较为笼统的、一般性的描述。

在知识产权学界关于互联网服务提供者的具体定义莫衷一是，如吴汉东教授在其文章中将互联网服务提供者定义为是为网络信息交流和交易活动的双方当事人提供中介服务的第三方主体。王利明解释互联网服务提供者包括但不限于网络接入服务提供者、网络空间提供者、搜索引擎服务提供者、传

① 申屠彩芳：《网络服务提供者侵权责任研究》，浙江大学出版社2014年版，第5页。

输通道服务提供者，还应当包括内容服务提供者。① 还有学者根据研究将互联网服务提供者作为互联网中介服务提供者以及内容提供者的上位概念，而在中介服务提供者下又包括网络接入服务提供者、信息平台服务提供者以及信息定位服务提供者。②

CPTPP **条文**：

第18.81条：定义[148]

在本节中，

版权一词包括相关权；以及

互联网服务提供者是指：

（a）在用户指定的两点或多点之间，对用户选择的材料进行传输、提供路由或提供数字网络通信连接，并承担第18.82.2（a）（法律救济与避风港）所述功能的在线服务提供者；

（b）承担第18.82（c）条（法律救济与避风港）或第18.82.2（d）条所述功能的在线服务提供者。

为进一步明确，互联网服务提供者包括以上所列的、通过自动程序从事缓存服务的互联网服务提供者。

脚注148：附件－F适用于本节。

二、法律救济及避风港规则

TPP第18.82条第1款（a）项中规定了缔约方应当采取法律或其他的方式促进互联网服务提供者与版权人之间的合作以遏制未经授权的存储和传输版权材料。第18.82条第1款（b）项规定了互联网服务提供者对于其不控制、不发起或不主导的版权侵权行为以及发生在由互联网服务提供者或代表

① 吴汉东：《论网络服务提供者的著作权侵权责任》，载《中国法学》2011年。

② 于波：《网络中介服务商知识产权法律义务研究》，载《华东政法大学》2013年。

其控制或操作的系统或网页的版权侵权行为，应当排除其赔偿责任。适用该免责条款的互联网服务提供者包括定义条款中列举的四类互联网服务提供者。上述四种行为的共同点在于强调互联网服务提供者行为的“被动性”和“中立性”，即互联网服务提供者本身没有主动传输信息材料、选择信息材料或者选择信息内容的接收者，而是根据用户的指示行为或者依据系统自动化过程的行为。只有当互联网服务提供者的行为属于上述四种行为范畴时，它才有资格适用避风港制度。文本中同时规定了对于适用避风港规则的限制，虽然互联网服务提供者处于被动且中立的地位，但是仍需满足法定的义务才能免除赔偿责任。文本第 18.82 条第 3 款第（a）项规定，对于提供存储服务和信息定位服务的互联网服务提供者，在其知道存在侵权或相关事实或情节使其意识到侵权明显时，迅速地移除或拒绝访问其网络或系统内的材料，才可以适用避风港规则。规定将版权人或其授权的人向互联网服务提供者发出通知作为一种互联网服务提供者知道存在侵权，或者相关事实或情节使其意识到侵权明显的一种典型情形。文本第 18.82 条第 3 款第（b）项规定了互联网服务提供者需要在善意地移除或拒绝访问材料事前或事后采取合理步骤通知被移除或被拒绝访问材料的人，才能免除责任。同时，对于提供自动缓存服务的互联网服务提供者，文本规定缔约方可以要求对于原网站的更新状况，自动缓存的互联网服务提供者也需要做出同样的更新。另外，TPP 对权利人删除通知的内容要求更宽松。TPP 关于本款的注释指出，涉嫌侵权通知必须包含：（a）能充分使网络提供者识别主张其权利被侵犯的作品、表演或录音制品、被控侵权材料以及被控侵权的网址；（b）对发送通知的人规定了承担充分真实性的责任。对于互联网服务提供者是否需要在收到有效的反通知时恢复被移除或拒绝访问的材料的，文本第 18.82 条第 4 款规定的是缔约方的法律如果规定反通知规则，则应当要求互联网服务提供者在接到反通知后恢复被移除或拒绝访问的材料，除非原通知人在合理时间内寻求了司法救济。也就是说，如果即使互联网服务提供者接到了反通知只要原始通知人在合理时间内寻求了司法救济，就可以不恢复被移除或拒绝访问的材料。TPP 第 18.82

条第 5 款对行为人故意发出错误通知或者反通知的责任问题进行了规定。该条第 6 款排除了互联网服务提供者的审查义务，即在互联网服务提供者适用避风港规则时，不以监控其服务或积极寻求侵权事实为条件。文本第 18.82 条第 7 款规定缔约方应当提供司法或行政程序，同时符合缔约方的法律系统以及正当程序和隐私原则，使得版权人在发出合法充分的版权侵权主张后能迅速地从互联网服务提供者处获得被控侵权人的信息，但是需要出于保护或执行版权的目的。因此 TPP 文本中规定的是互联网服务提供者可以进行材料提供者的信息的收集和保存，并在必要的情况下，向权利人提供被控侵权人的信息。该条第 8 款规定，指明了互联网服务提供者在不满足 TPP 规定的避风港规则时，并不一定承担法律责任，其仍然可依据缔约方自身的法律规定的其他限制和例外作为抗辩理由而免除互联网服务提供者的责任。另外，该条最后一款明确指出各缔约方履行义务需要考虑到对权利持有人和互联网服务提供者的影响，而未提及互联网用户。

（一）“法律激励”规则为非强制性规定

学界对（a）项提及的“法律激励”存在一定的担忧。网络服务提供者与著作权人二者的利益并不一致，著作权人在网络环境中传播作品在于获得作品传播的可得利益，极度反感网络用户对自己作品的擅用以及任何侵犯自身利益的行为，而对于互联网服务提供者来说，目的在于用户对其提供服务的依赖性，倾向于鼓励吸引更多的用户使用其网络服务。另外，“法律激励”可能意味着互联网服务提供者对网络平台中的言论自由和用户隐私产生威胁，互联网服务提供者可以对任何内容进行审查，这种既似权利又似义务的做法，可能并不利于网络环境的正常发展。从该项规定来看，没有要求缔约方必须或只能采取法律规定的形式促进互联网服务提供者和版权人的合作，这在一定程度上排除了互联网服务提供者承担法律责任的可能性，因为在某些情况下，可以理解为当版权人企图与互联网服务提供者取得合作而遭到拒绝时，互联网服务提供者可能会面临违反了法律规定而需要承担一定责任的风险。

TPP 采取非强制性规定也在一定程度上避免了网络产业不太发达的国家受到网络产业发达国家的责难，同时也未规定版权人与其他有权机构的合作。但是附件 F 作为互联网服务提供者一节的替代性方案，当中没有允许缔约方可以采取其他方式促进版权人和互联网服务提供者的合作。

（二）“避风港”规则的比较分析

TPP 避风港规则的规定主要以美国 DMCA 为蓝本，但是也未完全照搬美国的相关规定。与美国 DMCA 不同的是，TPP 并不要求通知发送者做出诚信声明。对于提供自动缓存的互联网服务提供者的免责的限制条件还有要求其在缓存的材料已经在原始网页被移除或拒绝访问后，在互联网提供者接到有效的主张侵权的通知时，迅速地移除或拒绝访问缓存的材料。TPP 文本中只是在脚注中提到，并且未作为强制性规定，而是允许缔约方可以做出相关规定。关于提供存储空间和信息定位服务的互联网服务提供者免责的限制，附件 F（美国智利自由贸易协定）的替代方案中多出两项：一是未直接从侵权行为中获得利益；二是公开指定一名代表接受这样的通知。对于指定代表接受通知，在 TPP 中只在脚注中规定了缔约方可以建立一个代表互联网服务提供者和版权人的利益相关者，履行通知的查验职能。

我国在规定互联网服务提供者的免责条件也借鉴的是美国 DMCA。对比 TPP 文本中避风港规则与我国相关规定可以发现：（1）关于提供网络自动接入服务的，由于服务提供者都是出于被动状态，仅提供“管道”式服务，因此不论 TPP、美国 DMCA 还是我国条例均做出大致相同的规定，该服务提供者可以适用免责规定。[①] 我国《条例》第 20 条明确了“未选择并且未改变所传输的作品、表演、录音录像制品”以及“向指定的服务对象提供该作品、表演、录音录像制品，并防止指定的服务对象以外的其他人获得”的互联网服务提供者不承担赔偿责任。（2）提供自动存储服务的服务提供者，TPP 文

① CPTPP 第 18.82 条第 1 款第（b）项，第 18.82 条第 2 款第（a）项。

本中在脚注部分允许缔约方规定服务提供者对原网站的更新状况进行同步的更新,[①] 我国《条例》第 21 条第 1 款的第 3 项同样规定了该服务提供者的此项责任。而在 DMCA 中强调了系统缓存不能改变缓存材料外，自动存储需要符合可接受的书籍传输的工业标准，以及服务提供者也要依据通知删除规则采取合理的措施。虽然在 TPP 正文中未作规定，但是在附件 F 中有类似的规定。[②]（3）提供信息存储服务的提供者的免责条件，我国《条例》除了与 TPP 文本中相同的规定，即通知删除规则之外，不同的部分在于，我国《条例》还规定了该服务提供者的标示义务、未直接获得经济利益的要求。虽然在 TPP 的附件 F 部分，也即缔约方可选择的替代方案中，规定了该服务提供者未直接从侵权行为中获得经济利益,[③] 但是 TPP 在 J 节部分没有以条文形式规定甚至也没有在脚注中做出说明。并且我国也只是针对提供信息存储服务的服务提供者规定了此项限制，而附件 F 中对于提供信息定位工具的服务提供者也要求未获得直接的经济利益。[④] 另外，美国 DMCA 中对于“直接获得经济利益”，在 DMCA 的立法资料中为“法院应采依据常识、以事实为根据”的方法，如果用户侵权者和非侵权者都支付同样的费用则不能认为属于直接获利。（4）提供信息定位工具的服务提供者的免责限制在 TPP 与我国《条例》的规定似乎是一致的，均规定了服务提供者在收到主张侵权的通知后，移除或拒绝访问相关材料。但是 TPP 中规定的是通知人为版权人或其授权的人，我国《条例》规定的是权利人的通知，但此处权利人的范围除了版权所有者之外，其授权的人应当也是享有权利的人。我们在对比文件过程中，考虑到 TPP 将服务提供者收到通知作为一种典型的“知道或意识到”的例子，而我国的规定是穷尽的，但是在通知删除的条款后半部分规定“但是，明知或应知所链接的作品、表演、录音录像制品侵权的，应当承担共同侵权责

---

① CPTPP，脚注 158。

② 《美国智利自由贸易协定》第 17.11 条第 23 款第（c）项。

③ 《美国智利自由贸易协定》第 17.11 条第 23 款第（c）项该部分第二段第一项规定。

④ CPTPP，脚注 158。

任”，也就是说，如果该服务提供者虽未接到侵权通知，但其存在知道或应知侵权的情形，此时该服务提供者并不能被免除赔偿责任。

欧盟2000年《电子商务指令》，该指令创建了电子商务的内部市场体系，为商家和消费者提供了明确的法律规则，指令较多地借鉴了美国DMCA的规定，但在某些方面又表现出自己的特点。在《欧盟电子商务指令》（以下简称《指令》）中，免责及义务承担主要体现在第12～15条。其中第12条至第14条明确定义了如信息通道服务提供者、缓存服务提供者等互联网服务提供者的免责内容。免责内容严格限定在特定的行为上，而不是宽泛地赋予某种服务提供者或针对某些特定的信息，该指令所规定的免责内容是以集中地方式表述的，包括由第三方的非法行为所引起的所有的刑事、民事责任。《欧盟电子商务指令》使得互联网服务提供者的版权侵权的责任风险大大降低，但超链接服务提供者的法律责任并不受《指令》调整。《指令》第12条规定，单纯的传输服务提供者如果没有启动传输，没有选择接受者，也没有选择或修改传输所包含的信息，就不应为其在网络上传输的信息承担责任。其中“修改”不包括传输过程中技术层面的修改，因为不会改变所包含的信息的完整性。该条规定的免责适用于自动存储和临时性的复制，根据《指令》序言第42章的解释，因为自动存储和临时复制行为的发生是技术性的、自动的和被动的。[①]《指令》第13条规定了缓存服务，服务提供者对于仅为了提高信息的传输效率，根据用户的要求对在网络传输的信息进行了自动的、中间的和暂时性的存储，不需要承担责任。序言中指出此时服务提供者不知道也无法控制传输或存储的信息的内容。但是适用第13条的条件是，服务提供者没有修改缓存的信息；服务提供者遵守关于访问信息的条件；服务提供者需要遵守与信息的更新的规则；服务提供者不干预合法使用被业界广泛认可和使用的技术，以获得关于信息使用的数据；服务提供者在获悉信息在原始来源已被移除、断开或知道法院或行政机关责令移除或断开的事实时迅速地对缓存的

① 王迁：《中欧网络版权保护比较研究》，法律出版社2008年版，第86～87页。

信息进行移除、断开。《指令》第 14 条规定了宿主服务，其中存储的信息来自用户等第三方，服务提供者对于明显的违法的行为或信息，迅速移除或禁止访问侵权信息的，就可以免除其责任。该条第 2 款规定免责规定并不适用于当用户是在服务提供者的监控或管理下实施的行为。最后第 3 款规定成员国可以在其法律体系中规定移除或断开侵权连接的程序规则。

德国《多媒体法》如上文提到的，在《多媒体法》第 1 章的第 5 条中列举了四种情况，对网络服务提供者的责任进行了区分，对于提供内容的服务提供者需要承担侵权责任，如果服务提供者仅提供接入等服务的，不需要对他人提供的内容承担责任，但如果网络服务提供者知晓且能够采取措施阻止他人提供的内容时，需要承担一定的责任。① 可以看出，德国的法律中对于网络服务提供者只有在其对内容有一定的掌控能力时，才涉及责任承担问题。

澳大利亚于 2001 年 3 月实施的《数字著作权修正案》（简称 CADA），CADA 制定的重要目的之一就是对于第三方侵犯版权的活动，限制网络服务提供者的责任。在这个法案颁布后，法庭主要考察以下因素：（1）网络服务提供者是否有能力阻止侵权活动；（2）网络服务提供者和侵权者是否有本质的联系；（3）网络服务提供者是否采取合理措施阻止侵权活动。② 除此之外，2004 年 8 月通过的《澳大利亚 - 美国自由贸易协议》（Australia - United States Free Trade Agreement，AUSFTA），这个修正案不关注网络服务提供者是否对侵权行为承担责任，而是这个责任的后果是什么。可见，澳大利亚也是受美国 DMCA 影响较大的国家之一，目的都是减轻网络服务提供者的责任，因此在法庭断案中重点考察网络服务提供者是否有能力阻止侵权活动以及发现侵权后是否采取合理措施。③

---

① 王晋：《网络服务提供者著作权侵权责任研究》，北京知识产权出版社 2016 年版，第 55 ~ 58 页。

② CADA 36（1A）和 101（1A）。

③ 王晋：《网络服务提供者著作权侵权责任研究》，北京知识产权出版社 2016 年版，第 55 ~ 58 页。

加拿大的《加拿大现代版权法案》①（简称 C-11 法案），在网络版权规制方面极具特色，不同于“通知-删除”规则，加拿大采取的是“通知-通知”规则（notice and notice regime），即此时网络服务提供者仅是通知的传送人，并不需要采取屏蔽、删除等措施。当网络服务提供者接到侵权通知时，只需要将该通知发送给侵权人。该法案规定，当网络服务提供者为中介服务者时，不因用户的版权侵权行为而承担侵权责任。因此，在加拿大对于网络服务提供者的责任规定较轻。

（三）反通知规则在不同国家和规范中的规定

TPP 所规定的“通知-删除”规则在缔约方未规定反通知规则的情况下更易于被过度执法和滥用。附件 F（《美国智利自由贸易协定》作为附件 F 选择的替代方案）中是强制要求了反通知的恢复规则：第 17.11 条第 23 款（g）项规定如果服务提供者善意地移除或屏蔽材料是基于主张的或明显的侵权，它应当被排除于任何主张的责任。如果在材料属于其系统或网页的情况下，其采取合理的步骤迅速地通知材料的提供者其材料已被移除或屏蔽。如果材料的提供者做出了有效的反通知，而且他受侵权诉讼的管辖，应当恢复材料，除非原始的通知一方在合理的时间内寻求了司法救济。

《欧盟电子商务指令》没有规定详尽的通知和反通知程序，而只是规定普通的通知删除源文件程序。美国 DMCA 第 512 条中，只有（a）的“临时数字网络通信”的互联网服务提供者，也即我国《条例》中的“自动接入服务”和“自动传输服务”的服务提供者不涉及反通知规则。而第 512 条（b）中“提供系统缓存”的互联网服务提供者适用反通知规则，系统缓存会在互联网服务提供者的系统或网络中临时存储相关资料以提供给非指定接收人，即使时间可能并不长。② 美国 DMCA 第 512（c）条第 3 款赋予被控侵权网络用户

---

① 王晋：《网络服务提供者著作权侵权责任研究》，北京知识产权出版社 2016 年版，第 55～58 页。

② 熊文聪：《避风港中的通知与反通知规则——中美比较研究》，载《比较法研究》2014 年第 4 期。

反通知的权利，互联网服务提供者根据权利人的通知对其用户发布的信息移除、屏蔽或断开链接时，认为自己没有侵权的被控侵权者和其他相关网络用户可以向互联网服务提供者发送证明自己没有侵权的反通知。另外在美国DMCA 第 512（g）第 2 款中规定互联网服务提供者在收到反通知后，应及时通知权利人或其代理人，除非法院认定被控侵权者行为确实为侵权行为，否则涉嫌侵权的信息将在 10 个工作日内被恢复。而我国《条例》第 16、17 条虽然也规定了反通知规则，但其中对于被断开的作品、表演、录音录像制品的链接规定的是互联网服务提供者在接到反通知时，“可以”而非“应当立即”恢复。《条例》第 20 条所列“自动接入服务”“自动传输服务”和第 21 条所列“自动缓存服务”的三类服务提供者并不涉及反通知的规则，只有第 22 条的“信息存储空间”和第 23 条的“搜索或链接服务”的服务提供者才涉及反通知规则。另外，由于我国《侵权责任法》第 36 条第 2 款未对反通知作出明确规定，也就引发了学界对于该条款是否包含反通知规则的争论。但是由于网络侵权责任法律规定的设置需要平衡网络关系中各方当事人，如果设置了“通知－删除”规则，就必须配置“反通知－恢复”规则。①

（四）通知或反通知的虚假陈述的赔偿责任

美国 DMCA 第 512（f）款强调：任何人在通知或反通知时存在知晓的实质虚假陈述，使互联网服务提供者对相应内容进行移除、断开链接；或者恢复、重新链接，导致被控侵权人、版权人或互联网服务提供者蒙受损失的，都应对包括诉讼费、律师费在内的损失承担赔偿责任，情节严重的以伪证罪论处。我国《条例》第 24 条规定，因权利人的通知导致网络服务提供者错误删除作品、表演、录音录像制品，或者错误断开与作品、表演、录音录像制品的链接，给服务对象造成损失的，权利人应当承担赔偿损失。从 TPP 规定

① 杨立新、李佳伦：《论网络侵权责任中的反通知及效果》，载《法律科学（西北政法大学学报）》2012 年第 2 期。

可以看出，TPP 的损害责任承担者为任何人而非仅为权利人，可以寻求金钱救济的为任何利益相关方，而非仅为被控侵权人、版权人或互联网服务提供者，虽然在 TPP 的脚注中指出“利益相关方”可由缔约方法律进行限定，但是在 TPP 的文本用语中采取宽泛的规定。同时 TPP 没有像美国 DMCA 规定赔偿包括诉讼费、律师费以及情节严重的伪证罪，因而 TPP 对于行为人的通知或反通知的虚假陈述并没有规定十分严格的责任。

规定通知与反通知的虚假陈述之赔偿责任在一定程度上是为了防止权利滥用，否则任何人都可以利用通知或反通知规则要求互联网服务提供者移除或屏蔽材料或者恢复被移除、屏蔽的材料，在给一方造成损害的同时也极大地扰乱了互联网正常秩序，不利于互联网的正常发展。而对于出于相同目的即防止权利滥用，在其他国家存在着不同的制度，如在新西兰，通过立法首次确立了“三振出局”规则，在一定程度上也达到了防止权利滥用的效果。“三振出局”也就是互联网服务提供者依据版权人的投诉和举报对被控侵权的网络用户进行警告，前两次被控侵权的网络用户可以提出异议，若警告达到三次，则互联网服务提供者停止为该网络用户提供服务。又如，加拿大独特的“通知 - 通知”规则，也即互联网服务提供者并不需要在接到主张侵权的通知后移除或拒绝访问材料，其只是充当“信使”的角色，只需要将主张侵权的通知转通知给被控侵权人，并且告知主张侵权者该通知向被控侵权人发出的情况，通知数据保留 6 个月一般查证。因而，也就没有必要规定虚假的通知或反通知的赔偿责任。

（五）互联网服务提供者的审查义务

TPP 规定互联网服务提供者在实际知道或意识到明显侵权的事实或情况时，删除或禁止访问存在于其网络或系统内的材料，这实际上强调了对互联网服务提供者的注意义务要求。

欧盟《电子商务指令》第 15 条规定，欧盟各国不得要求网络服务提供者承担监督传输和存储的信息，或者积极发现相关侵权事物的义务，即规定了互联网服务提供者一般不承担监督义务，指令（2000/31/CE）立法说明之（40）规定，“成员国立法和案例法在作为中间人的服务提供者的责任问题上现存的以及新出现的不协调和不一致阻碍了市场内部的正常运行，特别是有损于跨境服务的发展，并且导致竞争扭曲：在特定情况下，服务提供者有义务采取行动防止或制止非法行为”。同时，立法说明之（46）规定，服务提供者可在特殊情况下履行监督义务，但成员国不能将监督义务强加于服务提供者。另外，立法说明之（48）规定，成员国可以应要求服务提供者为阻止一定类型的非法活动而承担注意责任和义务。因此在指令中，并没有完全排除网络服务提供者承担监督审查义务的可能性。

在美国 DMCA 中，第 512 条（m）款规定：“隐私的保护——本条之任何规定不得解释为对以下服务提供者限制适用（a）到（d）规定：（1）在遵守符合（i）款规定的标准技术措施范围内监督其服务或积极寻找侵权活动的事实的服务提供者；（2）提供接入服务，移除或断开链接的服务提供者。”因而，美国的互联网服务提供者没有审查的义务。

根据我国《条例》第 23 条的规定，意味着链接提供者对于明显侵权的链接需要采取删除措施，但是对于其他链接，网络服务提供者并不需要逐一进行审查。某些视频分享网站，网络服务提供者可以仅通过由用户上传的作品的外在表现如名字和画面就可以初步判定是否属于侵权作品。对于那些对由用户上传的作品进行分门别类的网站，网站的经营者应当负有更大的注意义务。在某些情况下，如果由用户上传的作品恰为热播影视作品的，网络服务提供者则能十分清晰地感知到这些作品涉嫌侵权。① 因而，根据我国司法解释第八条规定，互联网服务提供者一般不承担审查义务，也即“网络服务提供者未对网络用户侵害信息网路传播权的行为主动进行审查的，人民法院不应据此认定其具有过错”。但是在某些情形下，互联网服务提供者需要承担审查义务：（1）直接获得经济利益，司法解释第 11 条规定了“网络服务提供者从

---

① 王迁：《网络版权法》，中国人民大学出版社 2008 年版，第 206 页、第 245～246 页。

网络用户提供的作品、表演、录音录像制品中直接获得经济利益的，人民法院应当认定其对该网络用户侵害信息网络传播权的行为负有较高的注意义务”。(2) 对热播影视作品的特殊服务，司法解释第10条规定对热播影视作品等已设置榜单、目录、索引、描述性段落、内容简介等方式进行推荐，且公众可以在其网页上直接以下载、浏览或者其他方式获得的，属于互联网服务提供者“应知”的情形。虽然法条字面规定的是“应知”情形，但这也就是说，互联网服务提供者如果提供了此种服务，就默认其事前对所提供的内容熟悉了解。(3) 具体事实明显时，服务提供者的特殊服务，司法解释第9条列举了六类具体情形以及一类兜底情形，要求人民法院根据网络用户侵权具体事实是否明显，综合考虑七类因素，认定网络服务提供者是否构成应知。也即如果侵权事实明显，在具体的六类情形下，默认网络服务提供者事前了解涉嫌侵权的内容。同时，我国《侵权责任法》第36条第3款规定“网络服务提供者知道网络用户利用其网络服务侵害他人民事权益，未采取必要措施的，与该网络用户承担连带责任”，法律起草者认为，这里的知道包括“明知”和“应知”两种主观状态。①

德国有关网络服务提供者的责任规定见于电信媒介法（TMG），其中的责任避风港条款系依据欧盟电子商务指令制定，而后者的蓝本就是美国DMCA中的避风港规则。因此，德国考察网络服务提供者中介者责任同样以“服务提供者不对他人上传信息负有主动审查义务”（TMG第7条第2款）为出发点。② 德国法院早期判决也认为网络服务提供者有义务确保任何侵犯版权的行为不会在它的服务器中发生。因此网络服务提供者应对在其系统中存放的任何非法内容承担责任。法院实际上是进行了“过错推定”即只要网络服务提供者提供的服务客观上成为侵权行为的工具，就推定其没有尽到合理注意义务，具有主观过错。同时网络服务提供者实际上有时无法证明自己已经尽到

---

① 王利明主编：《中华人民共和国侵权责任法释义》，法律出版社2010年版，第195页。

② 刘文杰：《从责任避风港到安全保障义务——网络服务提供者的中介人责任研究》，中国社会科学出版社2016年版，第201页。

了注意义务。这种做法会极大影响网络服务业的发展，是极为不公平的。① 德国实践中的判决认定网络服务提供者不承担一般性的监控义务，因为至少目前为止，第三方的行为是与服务提供者无关的。另外，网络服务提供者如果采用并实施了过滤技术，对于该技术无法检测出的侵权内容，服务提供者不应承担侵权责任。但德国联邦最高法院存在判决构成了有关用户在服务者网站上张贴信息时，在特定情况下服务者应当承担的注意义务的判例法。②

日本 1997 年通过的版权法修正案中提到，电子公告板经营者对其系统上的信息负有常规监督义务。2000 年 6 月由日本政府推出的“数字化日本之发端——行动纲领”指出，网络服务提供者不应当承担过重的责任，否则将阻碍日本网络业的投资。③ 在 2000 年后续立法中也不主张要求网络服务提供者承担较重的义务。

总之，从各国的规定来看，对于互联网服务提供者不需要承担一般的审查义务，其根本原因在于，首先，事前进行知识产权合法性审查的成本往往过高，利用网络传播的信息数量巨大，逐一审查难度太大。其次，知识产权合法性审查本身难度较大，互联网服务提供者无法进行专业性判断，事前审查的执行成本太高。但是，虽然互联网服务提供者一般不负有审查义务，但其仍需在事前采取必要的、合理的预防侵权的措施。如果事前采取预防成本较小就可以有效预防侵权行为的发生，其不采取预防成本较小的合理的预防措施应当被认定为有过错。④

（六）互联网服务提供者的信息提供义务

TPP 中规定了互联网服务提供者向已做出了合法充分的版权侵权主张的版权人提供侵权人的信息的义务，其中涉及两个问题，一个是“向谁提供”

---

① 王迁：《网络版权法》，中国人民大学出版社 2008 年版，第 136 页。
② 王迁：《中欧网络版权保护比较研究》，法律出版社 2008 年版，第 92 ~ 93 页。
③ 郑成思、薛红：《各国电子商务立法概况》，载《法学》2000 年第 12 期。
④ 石必胜：《网络服务提供者的事前知识产权审查义务》，载《电子知识产权》2013 年第 9 期。

的问题，另一个是“由谁提供”的问题，“由谁提供”在此处也意味着由谁收集和保存信息。

首先，向谁提供，根据 TRIPs 协议中“right of information”条款的规定，在司法部门的要求下侵权人向权利人提供第三方侵权人的信息。[①] 虽然此处规定的是有关于产品、服务或分销渠道，但是也是涉及关于信息披露的国际条约中的具体规定，因而笔者在此做出列举。同时在查阅资料的过程中，笔者看到尚未生效的《反假冒贸易协议》（ACTA）中对于在数字环境下知识产权的执行的规定中要求缔约方规定主管部门要求在线服务提供者披露侵权人的信息给权利人。[②] 美国 DMCA 规定的是向版权人提供侵权人信息，DMCA 第 512（h）规定，一旦服务商依据 DMCA 享受责任避风港，版权人就只能向直接侵权人主张损害赔偿，不过版权人能够获得的信息至多只是直接侵权人的 IP 地址，其姓名、身份等信息往往需要服务提供者提供。因此 DMCA 允许版权人向法院申请传票，命令服务提供者披露足以识别通知书中指控的侵权材料的行为人的信息。《德国多媒体法》规定要求互联网服务提供者公开披露其名称、地址、授权代理机构等信息。同时，互联网服务提供者还应在屏幕上免费向用户提供其产品和服务的、可被用户关闭的价格信息。[③]《法国数字经济信任法》规定的是向司法机关提供侵权人信息。[④] 我国《条例》作为行政法规，第 13 条规定了版权行政管理部门可以获得被控侵权人的信息，同时在《最高人民法院关于审理利用信息网络侵害人身权益民事纠纷案件适用法律若干问题的规定》的司法解释中，人民法院可以责令网络服务提供者向其提供能够确定涉嫌侵权的网络用户的信息。因此，在我国，目前没有其他法律或行政法规规定，权利人可以直接获得侵权人信息。

---

① TRIPS 协议第 47 条。

② ACTA 第五部分第 4 条。

③ 叶京生：《国际知识产权学》，上海立信会计出版社 2000 年版，第 278 页。

④ 于波：《网络中介服务商知识产权法律义务研究》，华东政法大学 2013 年博士学位论文，第 42 页。

其次，由谁提供。TPP 中规定的信息提供者为互联网服务提供者，也即在第一条定义中规定的那四类互联网服务提供者，而在美国 DMCA 中并不包含接入服务提供者。《德国多媒体法》制定了保护个人资料的方法，以保护人们的个人隐私权和自我决定权。互联网服务提供者有义务采取技术措施防止他人对用户个人数据的收集。对用户个人资料的使用需要取得用户的同意或者属于法律明确规定。[①] 因此在德国，对于用户信息有较为严格的保护。根据《法国数字经济信任法》第 6 条第 2 款规定[②]，仅网络服务接入商和网络平台服务商可以收集和保存用户信息。根据我国工业和信息化部 2011 年发布的《规范互联网信息服务市场秩序若干规定》的规章规定，关于“用户个人信息”的规定是互联网服务提供者收集用户的信息并且将该信息提供给他人的，需要取得用户的同意，但是法律、行政法规可以作出例外规定。从但书条款可以看出，如果法律、行政法规有规定，互联网信息服务提供者可以收集用户信息。同时，我国《条例》25 条规定了“网络服务提供者无正当理由拒绝提供或拖延涉嫌侵权的服务对象的姓名（名称）、联系方式、网络地址等资料的，由版权行政管理部门予以警告；情节严重的，没收主要用于提供网络服务的计算机等设备”，互联网服务提供者需要承担行政责任。总之，相较而言，TPP 和我国均就可以收集和保存信息的主体范围扩大化。

值得注意的是，《反假冒贸易协议》第 27 条第 4 款对这一事项的规定是缔约方可以规定网络服务提供者根据主管机关的命令向权利人及时披露侵权用户的信息，但是前提是权利人需要提出充分的主张，声称其商标权和版权或相关权利受到侵犯，并且信息的寻求目的在于保护或实施这些权利。[③] ACTA 使用的是“缔约方可根据自身的法律法规”，而 TPP 使用的是“每一缔约方应依据其法律制度”。可以看出，相比较之下，TPP 的规定更为严格。信息披露义务从 ACTA 规定的缔约方选择性义务（may）变为 TPP 规定的强制性义

---

① 叶京生：《国际知识产权学》，上海立信会计出版社 2000 年版，第 278 页。
② 王迁：《中欧网络版权保护比较研究》，法律出版社 2008 年版，第 98 页。
③ ACTA 第五节第 27 条第 4 款。

务（shall）；ACTA 只规定了行政程序，执法主体是行政机关，使用的表述是“主管机关”，即“主管机关有权命令网络服务提供者向权利持有人及时披露”。而 TPP 则将司法或行政程序作为救济路径，意味着权利人不但可以选择启动行政程序，也可以绕开行政机关向法院申请由法院发出披露信息的命令或对行政机关的不作为或不披露行为向法院起诉；ACTA 规定有资格获取相关信息的是权利持有人（right holder），而依据 ACTA 第 5 条的定义，权利持有人包括具有维护知识产权的法律地位的联盟或协会。但 TPP 则规定有资格获取信息的是版权所有人（copyright owner），其范围明显比 ACTA 小。①

（七）互联网服务提供者的其他抗辩

实际上，作为补充的附件 E 部分共列出两条规定，指明 TPP 允许缔约方不适用第 18.82 条第 3 款和第 4 款（法律救济与避风港），前提是缔约方在 TPP 协议达成原则性协议之前，缔约方作出相应的规定。附件 E 第 1 条规定中包括 5 项规定，其中（d）项规定：引诱提供信息定位工具的互联网服务提供者，在原始材料已从通知中列明的网络地址被移除以后，收到涉嫌侵权的通知后在规定期限内移除作为其提供信息定位工具的过程中制作和向公众传播的任何材料的复制品；以及（e）引诱实施第 18.82（c）条（法律救济与避风港）所述功能的互联网服务提供者，在知悉该缔约方法院对存储侵权材料的人作出判决以后，移除材料或拒绝对材料的访问。笔者认为，这两项规定应被视为对第 18.82 条第 8 款的列举。附件 E 的 1（d）规定提供信息定位工具的互联网服务提供者可在规定期限内对涉嫌侵权的材料的复制品进行移除，而 TPP 正文文本中规定的是，提供信息定位工具服务的互联网服务提供者需要在实际知道或意识到明显的侵权事实时，迅速地移除或拒绝访问材料，才可以免除互联网服务提供者的赔偿责任。同时附件 E 的 1（e）项规定提供

---

① 何华：《跨太平洋伙伴关系协定知识产权议题即中国对策研究》，世界图书出版广东有限公司 2016 年版，第 235 页。

存储空间的互联网服务提供者可以在法院对被控侵权人做出判决后移除材料或拒绝对材料的访问，这与 TPP 正文文本中规定的，提供存储空间的互联网服务提供者需要在实际知道或意识到明显的侵权事实时，迅速地移除或拒绝访问材料，才可以免除其赔偿责任的情形也不相同，换言之，就是在不满足此种避风港规则的条件下，互联网服务提供者可以援引的其他的抗辩理由。

另外，TPP 第 18.82 条最后一款指出缔约方履行义务需要考虑对权利人和互联网服务提供者的影响。互联网环境下，权利人、互联网服务提供者以及互联网用户是利益三大方，对其中任何一方造成过多的影响或采取过少的控制都不利于互联网正常的发展，三方的利益平衡才是互联网治理的宗旨。虽然该项规定更像一个宣示性的条款，但也可以看出 TPP 对互联网环境中利益相关方的态度和偏重点。

三、互联网服务提供者的规定对我国的启示

（一）明确互联网服务提供者的定义

CPTPP 中明确了互联网服务提供者的定义，明确互联网服务提供者属于被动的、中介性质的服务提供者，虽然在我国法律中对于互联网服务提供者的类型有相应的列举，但是没有一个概念性的定义条款。而对于互联网服务提供者的定义是有其必要性的，有利于明确不同互联网服务提供者的责任承担规则，在《侵权责任法》中规定过错原则、过错推定原则、严格责任原则，如果互联网服务提供者的概念不明，对于区分其责任承担规则来说，显得模糊不清。在学术界，学者对于互联网服务提供者的具体类型应当包括哪些也存在分歧，虽然未必需要认可 CPTPP 对互联网服务提供者中立性质的规定，但是也需要在我国法律中以条文的形式明确互联网服务提供者的界定。同时，在一定程度上也有利于完善我国网络立法。

（二）促进互联网服务提供者与版权人的合作

TPP 中的法律激励措施并不是其首创，在《美韩自由贸易协定》中就存在类似规定。虽然有人认为，由于互联网服务提供者与用户的利益并非完全一致，鼓励互联网服务提供者参与到网络侵权的监督与防范，可能导致的后果是对内容的审查和抑制网络平台创新技术的风险，对用户的监视甚至可能会威胁到隐私和表达自由。[①] 但是对于版权人来说，如果其与互联网服务提供者合作，在收集证据、及时获得侵权救济方面可能会具有较好的效果。尤其是对于提供存储空间、信息定位工具的互联网服务提供者，对于被控侵权人信息的掌握可能便利纠纷解决。版权人和互联网服务提供者的合作，对于用户隐私和表达自由是否会产生威胁，值得商榷和探讨，因为对于互联网提供者来说，即使其不与版权人合作，其掌握的用户的信息也关系到用户的隐私，其单方面的行为也关系到表达自由问题。

（三）合理规定互联网服务提供者的免责条件及限制

对于提供存储空间服务以及信息定位服务的互联网服务提供者的免责条件及限制，我国规定与 TPP 存在较多差异。首先，对于提供存储空间的互联网服务提供者需要满足条例规定的五个条件，才可以免除赔偿责任，对于条件中的“未改变服务对象所提供的作品、表演、录音录像制品”“不知道也没有合理理由应当知道服务对象提供的作品、表演、录音录像制品侵权”以及“在接到权利人的通知书后，根据本条例规定删除权利人认为侵权的作品、表演、录音录像制品”与 TPP 的规定大致相同，但是除此之外，我国《条例》还规定了标示条件以及未直接获得经济利益的条件。我国学者认为标示条件与互联网服务提供者的免责条件无关，[②] 且根据相关立法解释，《条例》的此

---

① 参见喻玲：《〈跨太平洋伙伴关系协定（TPP）〉网络服务提供者侵权责任规则评析——兼评我国网络服务提供者版权侵权责任制度》，载《华东理工大学学报（社会科学版）》2016 年第 6 期。

② 参见王迁：《网络环境中的著作权保护研究》，法律出版社 2011 年版，第 230 页。

规定只是为了避免权利人产生疑惑，而将该服务提供者作为侵权人告上法庭，增加社会成本。[①] 这样看来，标示条件不应当作为该服务提供者的免责的限制，但按照条例的规定，如果该服务提供者未明确标示，就不满足其不承担赔偿责任的条件。对于“未直接获得经济利益”，TPP仅在附件F中有此项规定，其规定的是服务提供者对侵权活动有权利和能力进行控制的时候，其未直接获得经济利益，我国《信息网络传播权纠纷司法解释》第11条规定了服务提供者如果直接获得经济利益的，法院应认定其负有较高的注意义务。因此，根据《信息网络传播权纠纷司法解释》，服务提供者直接获得经济利益的不一定是承担赔偿责任，而是负有较高的注意义务，如果其履行了较高的注意义务，不应当仍然因为不满足条例的规定，而承担赔偿责任。其次，对于提供信息定位工具的服务提供者，虽然在附件F中，规定了该服务提供者免责的更多的限制，但是在TPP正文文本中，要求的是知道或应知侵权时的删除或拒绝访问，并在事前或事后通知材料提供者。我国《条例》第23条仅规定了通知删除规则，以及明知或应知侵权的共同侵权责任规则。正如笔者在上文中分析的一样，我国《条例》的规定似乎不够完善，该服务提供者在事后知道应知侵权行为，但未接到主张侵权的通知，其履行了移除或拒绝访问涉嫌侵权的材料的，是否可以适用免责规则。

（四）互联网服务提供者的法定义务

1. 扩大有权获得用户信息的主体范围

我国《条例》以及司法解释规定了版权行政管理部门和人民法院在特定情况下可以要求互联网服务提供者提供侵权人的信息，但是TPP中规定的是根据司法或行政程序，版权人可以获得此信息，并且考虑到版权人可能会滥用信息获得的权利，因此要求其在做出合法充分的版权侵权主张后，才能要求从互联网服务提供者提供侵权人的信息。对于我国是否也可以规定司法或

---

① 参见张建华：《信息网络传播权保护条例释义》，中国法制出版社2006年版，第85页。

行政程序，使得版权人也享有获得侵权人信息的权利，是一个值得探讨的问题。在我国现存的法律规定中，互联网服务提供者可以依法收集并保存用户的信息，这种情况下，可以考虑规定，在版权人有合法充分的侵权主张时，在一定的司法或行政程序的匹配下，可赋予版权人获得侵权方用户信息的权利。

2. 审查义务存在有其必要性

TPP 正文文本明确排除了互联网服务提供者的审查义务。我国司法解释对于互联网服务提供者的规定为一般不承担审查义务，但一定情况下需要承担审查义务。虽然从互联网服务提供者的定义总结出其为中立的、被动服务的服务提供者，但其中立的性质不能否定其审查义务。互联网服务提供者的中立原则是为了排除其审核或歧视对待用户内容的可能性，保障用户的经济自由和言论自由；以及是为了互联网服务提供者避免因第三人发布的内容而承担责任。[①] 虽然互联网服务提供者的中立原则可以减轻其在提供服务时可能承担的负担，但是对于用户来说，享有完全的自由，是对版权保护的一种威胁。从我国司法解释的规定来看，互联网服务提供者其提供的服务可能是中立的，但是其行为并不一定与侵权活动完全划清界限，根据实践情形，规定互联网服务提供者的审查义务，有利于版权在网络范围的有效保护。

根据 CPTPP 的生效条件，经过 6 个成员国国内程序的批准之后 60 天内生效，目前生效条件已经具备，CPTPP 将对各成员国以及我国产生的影响尚未可知。针对 CPTPP 中关于互联网服务提供者的相关规定，可以看出其规定与各国际条约以及主要国家的法律规定存在差异。我国虽然未加入该条约，但是仍需密切关注条约的内容和变化。CPTPP 虽然暂时冻结了互联网服务提供者除定义外的条款，但是文本中也规定达到一定条件时，各缔约方将适用被冻结的条款。在 CPTPP 更名之前，TPP 作为以美国为主导的国际协定，具有高水准的知识产权保护制度，因其保护水平超过了 TRIPs 条约，而被称为

① 于波：《网络中介服务商知识产权法律义务研究》，华东政法大学 2013 年博士学位论文，第 137 页。

"TRIPs - Plus" 协定。我国在发展和完善国内相关法律时，需要及时了解和分析国际动态，以期不断完善国内知识产权制度。

CPTPP 条文：

第 18.82 条：法律救济及避风港[149]（冻结条款）

第 18.82.1 条：

缔约各方认识到，促进作为中介的合法在线服务的持续发展的重要性，并认识到以符合 TRIPs 协定第 41 条规定的方式允许权利持有人对在线环境下发生的属于本章涵盖的版权侵权行为采取有效行动的执法程序的重要性。据此，各缔约方应保证权利持有人为处理该类侵权能够获得法律救济，并应为互联网服务提供者设立或者维持适当的避风港。该法律救济和避风港的架构应包括：

（a）为互联网服务提供者提供法律激励，[150]使其与版权人合作，遏制未经授权存储和传输受版权保护的材料的行为，或者作为替代方案，采取其他行动来遏制未经授权存储和传输受版权保护材料的行为；以及

（b）在其法律中规定限制，免除互联网服务提供者因以下版权侵权行为而承担的金钱赔偿责任：通过由其或代表其控制或运营的系统或网络发生，但又并非他们所控制、发起或主导的版权侵权行为。[151]

脚注 149：附件 18 - E 适用于第 18.82 条（法律救济与避风港）第 3 款和第 4 款。

脚注 150：为进一步明确，各缔约方认为，在履行第 1 款（a）项有关"法律激励"的义务时，可采取不同的形式。

脚注 151：各缔约方认为，如某一缔约方根据其国际法律义务认为，某一特定行为并不构成版权侵权，则其没有义务对该行为规定相关限制。

第 18.82.2 条：

第 1 款所述的限制应当包括涉及以下功能的限制：

（a）对材料进行传输、提供路由或者连接，而没有改变材料的内容，[152]或者在这一技术过程中自动完成的对该材料的中间性的和临时性的存储；

（b）通过自动过程实施的缓存；

（c）根据用户的指令，将存放在由互联网服务提供者或为互联网服务提供者控制或运营的系统或网络中的材料加以存储；[153] [154]以及

（d）通过使用信息定位工具，包括超链接和目录，将用户指引或链接至一个网址。

脚注 152：缔约各方认为，此种改变不包括作为技术过程的一部分或纯粹为了诸如拆分信息包的技术原因所作的改变。

脚注 153：为进一步明确，缔约方可将“存储”解释为“宿主”。

脚注 154：为进一步明确，此类材料的存储可包括：存储在网络服务提供者服务器中的电子邮件及其附件以及网页。

第 18.82.3 条：

为便利对侵权行为采取有效行动，各缔约方应在其法律中规定互联网服务提供者享受第 1 款（b）项规定的限制的资格条件，或者作为替代方案，应规定在何种情况下，互联网服务提供者无资格享受第 1 款（b）项规定的限制：[155] [156]

（a）就上述第 2 款第（c）项和（d）项提及的功能而言，资格条件应包括：要求互联网服务提供者在实际知道存在版权侵权或者相关事实或情节使其意识到侵权明显时，如从权利人或其代理人处收到指控侵权通知，[157]迅速移除存储在其网络或系统内的材料或拒绝该材料的访问；

（b）互联网服务提供者根据（a）项规定善意移除材料或拒绝对材料的访问，应对此行为不承担任何责任，只要其事先采取了合理的步骤或事后立即通知当事人其材料已被移除或被拒绝访问。[158]

脚注 155：缔约方可通过规定以下架构的方式来履行第 3 款项下的义务：

（a）有一个由政府参与设立、包括有网络服务提供者和权利持有人代表的利益相关人组织；

（b）该组织开发并维持有效的及时、高效程序，以使被该组织认证的实体在将经验证的指控版权侵权的通知转发给相关网络服务提供者之前，能够

及时确认指控版权侵权的通知不是错误或者虚假的结果，以验证该通知的有效性；

(c) 有网络服务提供者可遵循的适当的指导意见，以使其符合享受第1款 (b) 项规定的限制的资格条件，包括要求网络服务提供者在收到经验证的通知后，迅速移除或者拒绝访问被识别的材料；网络服务提供者依据该指导意见，善意实施前述行为，可豁免其法律责任；以及

当网络服务提供者实际知道侵权或者从相关的事实和情节中意识到有明显侵权时，规定有适当的措施追究其责任。

脚注156：各缔约方认为，如某一缔约方还没有履行第3款和第4款规定的义务，则其应以有效并且符合该缔约方现行宪法规定的方式来履行这些义务。为这一目的，缔约方可在不损害第3款和第4款规定的程序时间表的情况下，为政府设立适当的职责，但不得要求对每一通知都进行事先的政府审查。

脚注157：为进一步明确，缔约方法律可规定，一项指控侵权的通知应包括：

能充分使网络服务提供者识别主张其权利被侵犯的作品、表演或录音制品、被控侵权材料以及被控侵权的网址；

对发送通知的人规定了承担充分真实性的责任。

脚注158：就第2款 (b) 项规定的功能而言，缔约方可将第3款涉及的网络服务提供者移除材料或拒绝对材料的访问限制为以下情形：网络服务提供者意识到或收到通知，被缓存的材料已经在其原始网络上被移除或被拒绝访问。

第18.82.4条：

如果缔约方法律规定了反通知制度，而且材料已经根据第3款的要求被移除或者拒绝访问，该缔约方应要求互联网服务提供者恢复该材料，除非发出原通知的人在合理期限内寻求司法救济。

第18.82.5条：

各缔约方应保证其法律制度规定有金钱救济措施，以制止任何人故意在

通知或反通知中对材料进行实质性虚假陈述，而令互联网服务提供者根据该虚假陈述导致任何利益相关方[159]遭受损失。

脚注159：为进一步明确，各缔约方认为，“任何利益相关方”可被限制为仅包括那些拥有缔约方法律所承认的法律利益的人。

第18.82.6条：

获得第1款规定的限制的资格，不应以网络服务提供者监控其服务或积极寻找指示侵权活动的事实为条件。

第18.82.7条：

各缔约方应依据其法律制度，并在符合正当原则和隐私原则的前提下，规定司法或行政程序，使已经提出了在法律上充分的版权侵权请求的版权所有人，能迅速从互联网服务提供者处获得提供者所拥有的可识别被控侵权者的信息，用于保护或实施该版权。

第18.82.8条：

各缔约方认识到，互联网服务提供者不符合第1款（b）项规定的限制的资格条件这一情况本身不导致其承担责任 。此外，本条不妨碍有关版权的其他限制和例外或缔约方法律中的任何其他抗辩理由。

第18.82.9条：

各缔约方认识到，在履行本条规定义务时，把对权利持有人和互联网服务提供者的影响纳入考虑的重要性。

附件E

1. 为便利互联网版权执法，避免对网络环境造成市场紊乱，第18.82条第3款和第4款（法律救济与避风港）不应适用于一缔约方，只要自本协定达成原则性协议之前，该缔约方继续：

（a）在其法律中规定互联网服务提供者无资格享受第18.82.1（b）条（法律救济与避风港）规定的限制的情况；

（b）对于通过互联网或其他数字网络提供主要目的在于促成版权侵权行为的服务的人，在考虑法律规定的各种因素的情况下，对版权侵权规定了法定的间接侵权责任，此类因素包括诸如：

（i）该人是否对促成版权侵权行为的服务进行了市场推广或促销；

（ii）该人是否知道其服务可用于促成大规模的版权侵权行为；

（iii）其服务除用于促成版权侵权行为外，是否有其他重要用途；

（iv）作为提供服务的一部分，该人是否有能力限制版权侵权行为，以及该人是否为此采取了任何行动；

（v）促成版权侵权行为后，该人是否从中受益；以及

（vi）如服务不被用于促成版权侵权行为，其在经济上的可行性；

（c）要求实施第 18.82.2（a）项和（c）项（法律救济与避风港）所述功能的互联网服务提供者，加入转发涉嫌侵权通知的系统，包括材料已在互联网提供，而互联网服务提供者未能如此作为，对该互联网服务提供者的不作为应适用法定赔偿；

（d）引诱提供信息定位工具的互联网服务提供者，在原始材料已从通知中列明的网络地址被移除以后，收到涉嫌侵权的通知后在规定期限内移除作为其提供信息定位工具的过程中制作和向公众传播的任何材料的复制品；以及

（e）引诱实施第 18.82（c）条（法律救济与避风港）所述功能的互联网服务提供者，在知悉该缔约方法院对存储侵权材料的人作出判决以后，移除材料或拒绝对材料的访问。

2. 对于根据本附件第 1 款不适用第 18.82 条第 3 款和第 4 款（法律救济与避风港）的缔约方而言，根据本附件第 1 款（b）项的规定，在第 18.82.1（a）条中，法律激励不得指第 18.82.3 条规定的互联网服务提供者有资格享受第 18.82.1（b）条中的限制的条件。

附件 F

作为实施 J 节（互联网服务提供者）的替代方案，缔约方可实施 2003 年 6 月 6 日在迈阿密缔结的《美国－智利自由贸易协定》第 17.11.23 条，其已被纳入作为本附件的一部分。

图书在版编目（CIP）数据

TPP/CPTPP 知识产权问题研究 / 丛立先等著．—北京：中国法制出版社，2020.9

ISBN 978-7-5216-1261-5

Ⅰ.①T… Ⅱ.①丛… Ⅲ.①知识产权-贸易法-研究 Ⅳ.①D996.1

中国版本图书馆 CIP 数据核字（2020）第 168488 号

策划编辑/责任编辑　韩璐玮（hailuwei666@163.com）　　封面设计　杨鑫宇

TPP/CPTPP 知识产权问题研究

TPP/CPTPP ZHISHI CHANQUAN WENTI YANJIU

著者/丛立先等

经销/新华书店

印刷/北京京华虎彩印刷有限公司

开本/710 毫米×1000 毫米　16 开　　印张/21.25　字数/265 千

版次/2020 年 9 月第 1 版　　2020 年 9 月第 1 次印刷

中国法制出版社出版

书号 ISBN 978-7-5216-1261-5　　定价：88.00 元

北京西单横二条 2 号

邮政编码 100031　　传真：010-66031119

网址：http：//www.zgfzs.com　　**编辑部电话：010-66070084**

市场营销部电话：010-66033393　　**邮购部电话：010-66033288**

（如有印装质量问题，请与本社印务部联系调换。电话：010-66032926）